JN296883

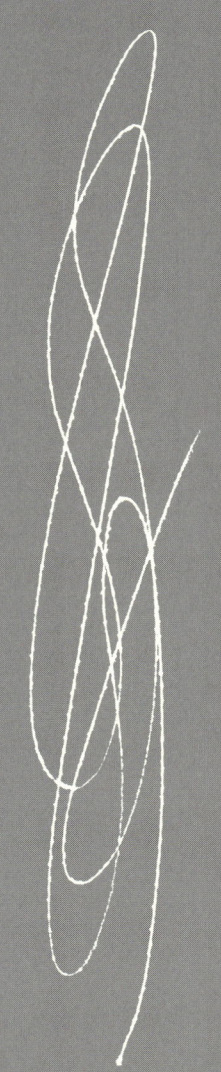

永谷健 著

富豪の時代

実業エリートと近代日本

新曜社

まえがき

近年、富裕層にたいする関心が高まっている。

金融サービス・不動産・貴金属類など、新しい富裕層をターゲットとするさまざまな商品が考案されはじめた。また、彼らを読者として想定した雑誌の類もいくつか発刊されている。

こうした関心の高まりは、インターネットや金融の分野で成功した現代の〝長者〟たちが昨今、メディアによって注目されたことと、おそらく無関係ではなかろう。彼らの戦略的な経営手法や挑発的な言葉が集中的に報道されていた時期があり、そのことは、富裕層への関心をいわば押し上げたはずである。

ある投資グループの主宰者だった人物が記者会見の席上で、『お金もうけは悪いことですか』と逆に問いかけていたが、私はその言葉から、明治・大正期に富を蓄えた実業家や〝成金〟のことをすぐさま思い浮かべた。金銭についての言葉は、その時代の思潮を如実に映しだしているし、さらにそれは、多様な「格差」を内に含んだ階層構造といったものを、かなりの程度反映しているはずである。かつてバブル経済が崩壊したのち、こうした拝金主義的な言説とは対照的なフレーズがはやった。「清貧」のフレーズである。そしていつしか、金銭的にストイックな道徳・作法を印象づけるそうしたフレーズとは対照的な言葉が、のちの時代の成功者によって語られることになるのである。さらに彼らの素朴ともいえる拝金主義的な言説は、おそらくはふたたび、別のストイックな道徳的言説によって包み隠され、また駆逐されていくであろう――。

このように繰り返される対立的な諸言説のプロトタイプは、明治・大正期の言説世界をいわば起点とするものではないかと私は考えている。維新以降の富裕な実業家たちやメディア、あるいは大衆が、いわば共同で築いた実業や金銭をめぐる言説世界である。

そもそも維新以降の数十年は、新興の実業家たちが台頭した時期であり、彼らはしばしば「富豪」「金満家」などと呼ばれた。いってみれば、新たに築かれつつあった当時の階層社会が、巨富を蓄えつつある彼ら――いわば超富裕層――と対面した時代である。

その時代のメディアは、彼らのことをさまざまに語ろうとした。富において傑出した彼らのことを語らずにはおれなかったのだともいえよう。そして富裕な実業家たちは、新しい階層秩序のなかで、いわば自己が占めるにふさわしいポジションを模索した。さらに、メディアに露出した「富豪」の姿や彼らの動向から、さまざまな刺激や影響を受ける人々も存在した。本書では、こうしたいくつかの主体による多様な言動が交互に影響を与えあった時期について考える。いってみれば、富裕な実業家たちを中心に構築されていった近代日本の階層社会の一断面、そして、そこに現れた言説世界についての分析である。近代日本の「富豪」たちと社会の〝あいだ〟に築かれた世界を探索する試みともいえよう。

目次

装丁　上野かおる

富豪の時代

——実業エリートと近代日本

本文および注釈の引用箇所では、読みやすさを考え、適宜、常用漢字や現代かなづかいを用いた。

序論

近代日本の実業エリート

実業世界の「長者」たち

本書は、近代日本の〝お金持ち〟にかかわる諸問題について社会学的に考察し、一書にまとめたものである。考察のターゲットは、実業の分野で成功し明治から大正にかけて莫大な富を築いたスーパー・リッチたち、そして彼らを取り巻いていた社会である。

第二次世界大戦前の日本では、一部の財閥当主や成功実業家たちが、富のヒエラルヒーの頂点を形成していた。彼らは保有する資産が莫大である点で近代日本においては稀少な存在であり、また、社会的な注目度も高かった。新聞や雑誌などのメディアは、彼らのことをさまざまに論評していた。維新以降の時代にあっては、突出した富を有する彼らをめぐって、多様な評価や解釈、そして定義が繰り返されていたのである。

現代においては、〝お金持ち〟とは誰かを知るのは意外に難しい。各時代に勢力のある職種に携わる人々の実名を、所得税高額納税者名簿の公示制度は伝えてきたが、これはすでに廃止された。国内では、ほかに信頼性の高い調査をふまえた資産の総合的データが継続的に公表されているわけではない[1]。少なくとも、私たちは資産を網羅した緻密な「長者」リストを容易に目にできるわけではない。いってみれば、〝お金持ち〟は社会のなかでは見えづらい存在なのである。[2]

翻って戦前の日本社会では、少数の「長者」が資産の点で傑出しており、彼らは社会的に注目を浴びる存在であった。多様な機関が「長者」に関心を示し、彼らの実名と資産額を調査した。そして、その結果は新聞などのメディアをつうじてしばしば公表された。とくに本書がとりあげる財閥の当主やその他の富裕な実業家たちは、富のピラミッドの頂点を形成する近代日本のスーパー・リッチであり、また、メディアが伝える「長者番付」の常連であった。

実業世界の「長者」たちは、維新以降の時代において急速に富を築いた者たちである。封建秩序が崩壊した維新以降の社会では、営利追求や資本の蓄積といった経済的営為に関わる思潮は、劇的に変化した。商売や貨殖に道徳性を認めない封建的な社会通念が名残をとどめるなかで、彼らの多くは新しく事業をおこし、それを積極的に拡大し、また多角化していった。そして、最終的には莫大な富を蓄積して、一部は財閥を形成していった。三井家の当主や三井関連企業の経営者、三菱を創始した岩崎弥太郎・弥之助兄弟、大倉喜八郎、安田善次郎、森村市左衛門などは、その典型である。彼らは実業という限られた分野のエリート——いわばビジネス・エリート——であるにとどまらず、明治期・大正期をつうじて、「紳士」や「富豪」といった呼称のもとに新時代の代表的人物として注目される存在になっていった。近代日本社会のなかで、彼らには独特の存在感があったのである。

本書が実業世界の「長者」たちをことさらとりあげるのは、当時の〝お金持ち〟にたいする好事家的な好奇心からというわけではない。彼らが近代日本に占めた独特のポジションは各時代の精神世界に大きな影響を及ぼした、と考えるからである。彼らの営利追求の姿勢や資産における突出は、しばしば反道徳的なものとして非難の対象になった。しかし、それとは対照的な評価もあった。彼らの存在は、明治後期から大正期にかけて、近代日本の先導者、あるいは模範的な〝成功者〟として徐々に認知されていったのである。いうならば彼らは、営利追求や蓄財を蔑むプレ・モダンの思潮からすれば〝悪玉〟だったが、「実業」を礼讃するモダンの思潮からすれば〝スター〟だったのである。近代日本の精神世界において、彼らは、いわば批判と礼讃、プレ・モダンとモダンのはざまに位置していたのである。

とりわけ、「実業」という活躍の〝場〟と彼ら自身との関係は、近代日本に占める彼らのプレゼンスを語る際には重要である。そもそも「実業」という言葉は、明治前期においては「農工商」といった民間の職業分野のことを単に意味していた。その後、この言葉は独自の価値を含むものとなり、明治後期には、後続世代が憧れる職業世界を意味する概念へと変容していった。そして、そうした変容のプロセスの中心に、実業家たちは存在していたのである[3]。詳しくはまたあとで述べるが、近代日本社会において、彼らは「実業」をこころざす後続世代の「役割モデル」として、徐々に影響力ある位置を占めていったのである。彼らは維新後の社会において、蓄財のプロ、金銭的成功の模範者として認知されていった。さらに、彼らは、模範的な金銭の扱い方、模範的な実業のあり方について語り、また、それらの規準を示すスポークスマンの位置を占めることになったのである。

階層・文化・メディア

このように実業家たちは、近代日本社会において独特なポジションを占めていた。本書では、そうしたポジションの特徴的なあり方を明らかにしようと思う。そのためには、まず、彼らを取り巻いていた社会が彼らをどのような集団として捉えたのかという、社会的な定義・解釈・評価の問題を扱わなければならない。身分秩序が崩壊した時代において、富裕な新興階層としての彼らを、新しい社会はどのように見つめ、また、どのような集団として解釈しようとしたのかについてである。次のように言い換えることもできよう。〝彼らの存在はどのような社会的・歴史的な脈絡によって捉えられ、また、評価されたのか〟と。とくに彼らの存在にいち早く注目したメディアは、どのような関心から、どのようなイメージで彼らを「表象」したのか。それは好意的なものであったのか、それとも拒絶的なものであったのか。

また、これらの問題とあわせて、次のことをも問わなければならない。すなわち、実際にどのような行動をとることで、彼らは階層社会において高いポジションを獲得していったのかという、彼ら自身の上昇移動のあり方についてである。維新後に再編されつつあった当時の階層的な序列や文化的な序列のなかで、彼らはどのような位置に自己を帰属させようとしたのであろうか。つまり、当時の階層状況にたいする彼ら自身の対応や適応についてである。

したがって本書では、財閥の当主や富裕な実業家たちが同時代の社会的・歴史的な脈絡のなかでどのように位置づけられたのかを問うとともに、彼らが新しい階層秩序や文化的な状況へとどのように参入したのかを問題にしようと思う。こうしたふたつの側面を問うことによって、社会と実業家たちを、いわば〝相互反映的〟に捉えることができるのではないかと考えている。社会が実業家たちを捉える〝方向性〟は、実業家たちの動向に大きな影響を及ぼしたであろう。また、逆に、実業家たちの存在やその動向が社会に何がしかの衝撃を与え、社会秩序の新しい脈絡を形成した可能性もあろう。これらのことを問うことによって、〝近代日本の実業家〟という個性的な歴史事象が含んでいるであろう社会的な意味を、いわば立体的に捉えることができるのではないかと考えている。具体的には、次のような多様な問題が検討の対象となるだろう。すなわち、彼らが参入しようとした階層、彼らの階層上のポジションを保障し、また正当化するものとしての文化、彼らの活躍の〝場〟としての「実業」が含む意味、彼らの存在を定義し、彼らを社会的に「表象」したメディアのあり方などである。

本書が問題にしようとしていることは、これまでおこなわれてきた実業家研究の問題関心から、いささか外れるものかもしれない。明治期の実業エリートについては、主に経営史学という分野で研究が進められてきた。なかでも、企業史の分野では、個別の企業についてとても緻密で分厚い研究蓄積がある。そこでは、実業家たちが企業体を介して、いかなる経営活動や経営戦略で自己の資産や企業体の資産を運用し拡大してきたかといった、「経営管理活動」が集中的に研究されている。それらは「管理史的見地」に立つ企業史・経営史であるといわれている。[4] たとえば、財閥の創始者たちが戦争協力などをつうじて明治政府や諸官公庁の要望や需要に応え、諸事業の独占的展開の特権を得て自己資本の充実を図っていったプロセス、また、彼らがそうした自己資本の蓄積過程で経営の多角化を進め、財閥を形成していったプロセスなどが、個別企業ごとに明らかにされてきている。[5] 言い換えれば、維新以降の激変する状況――とくに経済的環境――にたいして、彼らがどのような手段でみずから主宰する企業体を適応させ、また、結果として莫大な富を蓄積していったのかが検証されているのである。

本書が扱うのは、そうした彼らのマネジメント活動そのものについてではない。むしろ、社会的な領域や文化的な領域における彼らの動向やそれを取り巻く状況についてである。階層や文化、あるいはメディアといったものを問題化する点で、本書は社会学的な関心にもとづいている。企業史の研究では、もちろん、企業体そのものや企業体を介した経営主体のあり方へと考察の関心は集まっている。本書の場合も、新しい時代に生きる実業家たちの適応のあり方を同じようにとりあげる。ただし、企業体を介した適応よりも、むしろ階層や文化の領域における適応のあり方に照準をあわせている。そうすることで、社会的・歴史的な脈絡に占める彼らの個性的なポジションにスポットを当てようと考えている。

彼らは明治期をつうじて莫大な資産を形成し、近代日本の経済資源のきわめて大きな部分を掌握した。維新以降の日本経済の発展を支えた主導的な人々として、彼らの歴史的意義を認めることができよう[6]。また、財閥という企業支配の個性的な形態を築いてきたのも、彼らである。しかし、おそらく、彼らの歴史的意義は、それらの点に尽きるものではない。もし、経済発展の主導、財閥の形成と拡大というテーマのみで彼らについて叙述するならば、彼らを取り巻いていた個性的な状況の多くを見逃してしまう。彼らを介して語りうる社会的・歴史的なリアリティの鉱脈の多くは、いまだ掘り返されずに残されているのである。

実業エリート研究、雑感

そもそも、なぜ私がこうした問題や事柄をとりあげようと考えたのかについて、ここで少し述べておきたい。そのなかで、本書がとるアプローチの特色が浮き彫りになればと思う。

封建期への遡及

実業家についてのこれまでの研究を読みあさったとき、私は経営史の素人として素朴な印象をいくつか抱いた。経営史のなかでも企業者史と呼ばれる分野では、企業体よりもその経営主体である経営者にスポットが当てられる。その場合、彼らの経営行動に見られる諸傾向は、封建期に由来する要因へと遡って説明されることがとても多いのではないかと感じた。封建期に由来する思想、あるいは、封建期に彼らが経験した身分的な状況といったものが、明治期実業家の経営のエートスを説明するための根拠として、しばしば引証されている。そして、たしかに封建期の思想や身分状況についての興味深い指摘がそれらの叙述には多く含まれる。ただ、私は同時に、説明の根拠を封建期へと遡るよりも、身分秩序崩壊後の新しい状況へと叙述のウェイトを移したほうが、彼らの動向や存在そのものをもっと特徴的に描くことができるのではないかと感じた。彼らを新しい社会秩序との関係性のもとに捉える試みを重点的に行うことにより、彼らの歴史的な個性は一層立体的に浮かび上がるのではないか、と。

たとえば、明治期実業家の経営姿勢は、殖産興業という国策の理念に合致した——あるいはそれと調和するような——国益・公益優先の経営思想にもとづいていたという主張がある。そして、彼らの経営思想の核を、封建期に由来する儒教思想や国益思想に求める研究や概説は多い。新時代における革新的行動へのインセンティヴを、彼らが封建期において内面化した価値観やイデオロギーに求めようとするのである。しかし意外に、そうしたプレモダンの思想体系が、どのようなプロセスで彼らの革新的行動に結びついたのかという肝心な点が、具体的に検証されていないことがよくある。(7)

ここでそれらの研究や概説を逐一批判しようなどとは思わない。それらの研究はそれぞれ重要な指摘や発見を含んでいるし、また、それぞれが資料的な限界のなかでの貴重な業績だからである。厳密な検証をしようとすれば、封建期を端緒とする価値観やイデオロギーを、実業家たちがどの程度内面化していたのかが問われねばならない。さらに、そうした価値観やイデオロギーは、具体的にいって、彼らの経営行動のどの部分に反映しているのかということも、問題になってくる。かつて、明治期経営者の封建的出自をめぐって、武士説や商人説や均等説などの立場のあいだで論争が繰り広げられたことがある。こうした論争も、広い意味では、実業家たちの経営行動のルーツを封建期の状況へと遡ろうとする研究動向のひとつであろう。石川健次郎は一九八〇年代半ばに、こうした学問的な状況を振り返って、今後は封建身分に由来する「特徴」と「具体的な企業経営の動向・特徴とを関連づけながら、意味づけてゆく作業がのこされている」と述べている。(8)封建期に由来する要因が、維新後の企業経営の特徴へとどのような影響を与えたのかを明らかにすることが経営史学の今後の課題であるという認識である。経営史学のなかにも、こうした石川氏のような反省的な視点がもちろんある。しかし、幕末から明治にかけての実業家の微妙な内面の変化を語ってくれる資料は非常に乏しいし、また、価値観やイデオロギーを具体的な行動へと対応させる作業は困難を極めるであろう。

封建期の要素と維新後の動向をつきあわせる作業は、憶測を積み上げた議論と隣りあわせなのである。

もうひとつ、気になったことがある。それは、実業家たちを駆り立てた内面的な要因を検証するために、研究者がしばしば、自叙伝、伝記、公表された経営理念などを、証拠資料としていわば〝代用〟してきたことである。財閥の創始者ともなると、自叙伝や伝記など、容易に入手できる資料は多い。しかしそれらに記述されていることは、公表された時代や状況の脈絡に大きく依存している。そうした資料には、公表を意識したさまざまな粉飾がしばしば認められるし、その内容は、公表を促し、公表を導くさまざまな条件によって強く規定されている。

たとえば、論語を読みかえて士魂商才の経営思想を普及させた渋沢栄一の影響力や、実業の活性化に果たした彼の役割を評価する論者は多い(9)。そして、彼の思想をあたかも明治期経営思想の代表のように語る場合も、多く見られる。渋沢は、たしかに商売や実業の地位向上に明治の初期から強い関心をもち、その実現を模索していた。しかし、論語の読み替えをつうじて商行為や実業の正当性を本格的に主張し、それを公表したのは、財閥創始者たちが充分な富を築いていた明治の半ば以降である。渋沢が功名を立てたあとに体系づけ、公表した思想を、工業化・産業化を推進したイデオロギーとして特徴づけることには、慎重を期すべきであろう。

むしろ、実業家たちが莫大な富を築く過程で経営思想をいわば大量に公表していったこと自体に、新しい時代に生きた彼らの歴史的な意義を読み取っていくためのヒントが隠されているのではないだろうか。本書では、経営思想の源泉を過去へと遡っていくかわりに、経営思想が語られるテキストが多く生産されたという事実に考察の照準をあわせようと思っている。彼らを、テキストの生産という同時代の脈絡との関係で捉えることによって、新しい社会秩序における彼らのポジションを特徴づけようと思う。従来の思想史的なアプローチとは異なる視点に立つことによって、彼らと彼らを囲む状況の個性的な特徴を照射できるのではないかと考えるのである。

思想史的な研究についてばかりではなく、実業家たちの封建的身分に着目する研究についても、私は同じようなことを感じた。

ここでは、J・ヒルシュマイヤーと由井常彦による有名なテーゼについて手短に言及しておこう。彼らのテーゼは

「限界階層者説」として知られ、もはやこの分野の古典的な学説となっている。いまでも一定の評価があり、賛同者も多い(10)。ヒルシュマイヤーは著書のなかで、論理体系を有する思想的な基盤のかわりに、実業家が置かれていた身分的状況に着目している(11)。彼は、明治二〇年代の著名な実業家や財閥創設者、五〇名の出身階層・教育・出生地などを分析し、実業家の出自に特定の身分への偏りが認められないことを、いち早く指摘した。

この指摘は、由井常彦との共著では、近代日本の企業者精神を説明する文脈でさらに展開され、次のように主張される(12)。身分制原理が弛緩し、身分や階層の流動性が高まった近世末期の社会において、半農および〝半商〟の武士層や「教養」と「品性」を身につけた商人層・農民層といった身分横断的な中産的階級が、実業家を輩出する母体となった。そうした、いわばマージナルな階層的位置のなかで形成された「価値体系」や共通の「資質」が、彼らをして革新的行動へと導いたのである。この点は、由井も単独の論文のなかで指摘している。すなわち、「限界的な階層」の出身者には、「世襲的身分の価値を絶対視せず、能力と業績を尊重する価値観」が浸透しており、そうした階層と「そこに生成した諸価値こそ、前衛的ないし先駆的企業家の形成の社会的基盤であった」のだという(13)。

このように、ヒルシュマイヤーと由井は、身分的状況への適応の結果、実業家の内部で醸成され、内面化された「価値観」や「イデオロギー」が彼らの革新的な経営活動を準備したと主張する。著名な実業家が出身身分や出身階層においてマージナルな状況にあったという〝事実〟をもとに、彼らの革新的なメンタリティを総合的に捉えようとしている点で、仮説的ではあるが、このテーゼは大胆かつ説得的である。ただし、思想史的研究と同じように、革新的な「価値観」や「イデオロギー」が実業家の内部において、どれだけ内面化されていたのかを検証しているわけではない。また、それらが維新以降の経営活動のどの局面に反映しているのかを、具体的に確認しているわけでもない。

ただ、ここで問題としたいのは、そうしたことではなく次の点である。そもそも、封建期における身分的な状況が、かりに彼らの出奔・出郷の動機や立身出世アスピレーションが加熱していく契機といったものを説明する根拠になりえたとしても、はたしてそれは、経営活動などの維新後の諸動向までをも説明するものなのか。維新後における彼らの諸動向を総合的に捉えようとするのならば、やはり封建期に由来するものとは異なる要因を問題にする必要があろう。この点について、たしかにヒルシュマイヤーと由井は、維新後の実業家たちが営利追求一辺倒の姿勢から「公共的な責任感」の実現へと〝転向〟していくという興味深い問題に言及している。だが、それはいわば断片的な指摘であり、維新後の実業家の一般的傾向に関するテーゼを志向しているわけではない[14]。維新以降の実業家たちの動向を特徴づける要因――ヒルシュマイヤーと由井が詳しく敷衍しなかったもの――を探る必要がある。とりわけ、立身出世アスピレーションは、新しく秩序化されつつある社会的・階層的な状況のなかで、どのような有様を示すものとなったのかを問う必要があろう。彼らのアスピレーションのあり方を、新しい時代との関係性のなかで捉えるのである。

「大量観察」の手法

このように、実業家自体が考察される場合は、論理的な思想体系や身分的な状況などといった封建期の要因が問題にされることが多いという印象を、私は抱いた。そして、視点を維新後の状況へと移動させて、そうした状況にたいする実業家の適応過程を問題にすれば、いっそう厚みのある歴史記述ができるはずであると感じた。ただ、比較的新しい研究では、従来のものとは異なるアプローチが目立ってきている。なかでも私が注目しているのは、過去の要因へと遡る因果的な説明には頼らずに、維新前後の激変する状況との関係で実業家たちの経営動向を総合的に捉えようとするアプローチである。それらは本書が問題にしようとしている階層や文化の問題を、とくに扱っているわけではない。しかし、本書がめざそうとする方向性と軌を一にする研究動向が経営史のなかにも存在することに、私は意を強くした。ここでは一例として阿部武司氏の研究を少し紹介し、あわせて、本書のアプローチとの違いについて述べておこう[15]。

阿部氏は一人ひとりの実業家について個別に問題にするのではなく、彼らの全体像を一目で把握できるようなデータを利用する。実業家たちの動向を総合的に捉えるために、「大量観察」の手法を用いるのである。具体的には、明治前期までに刊行された長者番付類を使用している。それらから阿部氏は、新しい時代における資産家・商人・実業家の興亡・淘汰の現象を読み取っていく。「新旧の富豪の交代が全国的にドラスチックに進んだこと」「鴻池、三井、住友等ごく一部の者のみが全国有数の資産家の地位を維持したこと」「岩崎、大倉、安田をはじめ東京等の大都市を活動基盤とする新興企業家の台頭がめざましかったこと」などである[16]。さらに阿部氏は、興亡・淘汰の政治的・経済的要因を、次のように推測していく。三井らが資産家として生き残ったのは、彼らが同族外の有能なリーダーを得たからである。他方で、岩崎、大倉、安田らの新興勢力が台頭した原因は、藩権力の弱体化や政府による商人への援助といったさまざまな改革や事件を、彼らが「経営発展のスプリング・ボード」とした点にある、などなど[17]。

ここでは、資料から綿密に確認していくのが難しい「価値観」や「イデオロギー」には、ほとんど言及されていない。あたかも入念に排除されているかのようである。そのかわりに、「大量観察」が可能な資料を用いて、鳥瞰的な視点から、実業家たちに関わる歴史的事実に迫ろうとしている。今後の進展によっては、こうした研究は実業家の動向についての大胆な仮説を生み出しうるのではないかと思う。ただし、「長者番付」という資料は、かりにそれが「大量観察」を可能とするものであるとしても、そこに表現されているのは、ある時期における実業家たちの興亡・淘汰の結果が記された一覧表であるにすぎない。そこから興亡・淘汰を導いた政治的な要因や経済的な要因を読み取るには、番付類以外の資料を精査することが必要となる。阿部氏はさしあたり、彼らを成功に導いた要因として、有能なリーダーの有無や状況にたいする適応の才覚といった偶然的あるいは個別的な要素を強調している[18]。番付類で観察されることを他の要因といかに関連づけて説得的に説明していくか、その経営史的説明が待たれる。

私が阿部氏らの研究を興味深く思ったのは、歴史的な事象として実業家をトータルに「大量観察」できる資料を、それらが分析の起点にしているからである。「価値観」などのメンタルな要因を起点や土台にした憶測の積み上げを廃するところに、アカデミックな信頼性を感じた。ただ、それとともに、「長者番付」という資料を阿部氏らとは異なる視点から検討すれば、一層、実業家たちを囲む状況を特徴的に捉えることができるのではないかとも感じた。阿部氏は番付類を、実業家の興亡を反映するデータとして用いている。しかし実のところ、それらは必ずしも興亡の事実をそのまま反映しているわけではない。阿部氏も「その信頼度を疑い出せばきりがない」と認めているように[19]、番付類は大衆の興味に応えることに重きを置いており、事実の記録としての価値は必ずしも大きいわけではない。

しかし番付類には、史料としてこれとは別の価値がある。それらは実業家たちの興亡を鳥瞰するメディアとして出現した。そして、このような鳥瞰的なメディアが出現したこと自体に、実業家たちと新しい時代との関係に迫りうる歴史的・社会的な脈絡が潜んでいる。たとえば、番付類を刊行するという営みには、富において傑出した実業家たちを、実名の掲示によって〝可視化〟しようとする〝社会的な動き〟を読み取ることができる。さらに、番付類が彼らの実名を掲示し、表現する形式にも注意を払うべきである。それらには、彼らが同時代においてどのような存在として定義されたのかが反映している。つまり、番付類は経営史のデータソースであるとともに、実業家を取り巻いていた社会的状況の鳥瞰図でもある。彼らが新しい時代、新しい社会によって、どのように受け入れられたのかを知るための重要な資料なのである。

本書の構成

さて、このように本書は、実業家を論じたこれまでの研究をある程度意識している。ただし、それらが進んでとりあげてこなかった問題を多く扱っている。また、同じ資料を用いる際にも、それらとはいささか異なる視点で分析している。以下では、これまでの研究との関わりに触れながら、本書のおおまかな構成を示しておこう。

富裕層への視線

第Ⅰ部では、実業家という存在をいわば鳥瞰的に捉えようとしたメディアについてとりあげてみたい。具体的には、番付類、人名録や紳士録の類、そして総合雑誌などである。それらは維新後の時代に、実業家たちを俯瞰の位置から捉え、彼らを新時代における個性的な存在として認識し、受け入れ、あるいは拒絶した。これらのメディアを検討すれば、秩序化が進む維新以降の社会のなかで実業家たちはどのような集団として定義され、解釈され、また評価されたのかに接近できると考える。先にも述べたように、ここでは経営史の個別的な事実を確認するためにこれらの資料を利用しようとしているのではない。むしろこれらから、新興実業家層の存在に注目し、彼らを一括して捉えようとする維新以降の〝社会的な動き〟を読み取ろうと思う。メディアのこうした眼差しに注目することにより、維新以降の社会が実業家たちをどのような脈絡や形式のもとに捉えたのかを考えようと思うのである。

本書でまっ先にこれらのメディアをとりあげるのには、理由がある。明治中期以降、人名録や「長者番付」が数多く刊行された。そこには富裕な新興実業家たちの実名が掲載されている。本書では、これらが数多く刊行された事実を重く見たい。これらのメディアに実名が掲載されることで、いわば巷に埋もれていた富裕な実業家たちが注目を浴び、一種のエリートとして定義されていった。あとで述べるが、彼らを新興階層としてどのように意味づけるかは、明治国家の進路と直結する重要な問題として認識されていた。実名が掲示されたことで、彼らはある種のエリート的な範疇のなかで捉えられていったと考えられる。彼らはみずからが関知しない場面で自己の存在を定義され、維新後の新しく秩序化されつつある状況へと組み込まれていったのではないか。そして、このことは彼ら自身の動向にも影響を及ぼすほど重要なプロセスであったと思うのである。

メディアをとりあげるのには、もうひとつ理由がある。身分秩序が崩壊したのち、明治期には階層秩序の曖昧な状況が現出した。そして、そのなかでメディアは独特な役割を果たしている。それらは必ずしも、階層の実体をそのまま映す鏡のような存在であったのではない。むしろ、新たな階層を仮想し、それに実体性をもたせる役割を果たした。この点については有山輝雄氏が興味深い指摘をしている。有山氏はいう。明治二〇年代に徳富蘇峰は、実際には存在しない「中等社会」を基盤とする「輿論」を「代表」させようとして、『国民之友』や『国民新聞』といった雑誌や新聞を発刊し、ありもしない「中等社会」の立場から、それらに数々の論考を掲載した。実体的な階層的基盤がない状況下で、徳富蘇峰のように、それをあるかのごとく報道・評論活動を行う点に、明治期ジャーナリズムの特徴がある[20]。氏の指摘は、そのまま番付類や人名録といったメディアに当てはまる。それらは富裕者の氏名をピックアップして記載することで、彼らを新しい集団、新しい階層として評価し、そして定義していった。

そこで**第一章**では、明治期にさまざまな人名録が数多く刊行された事実をとりあげる。人名録は、富裕層をいち早く新時代のエリート層として定義したメディアであった。続く**第二章**では、「長者番付」の類が明治三〇年代以降、人名録にかわって金銭的なエリートたちを析出する主要なメディアとなった点をとりあげる。「長者番付」の刊行は、成功致富した実業家たちに社会的な眼差しが集まる大きなきっかけとなった。さらに**第三章**では、総合雑誌に掲載された実業家関連の記事をとりあげる。総合雑誌は彼らの姿を特徴的に描いた。それは実業家に関する画一的なイメージを形成した典型的なメディアである。ここでは記事に頻出する表現やレトリックを追いかけることによって、実業家たちについて語り、評価し、また定義しようとする主体の視点やそれが依拠する立場について考えてみたい。

エリート実業家の動向

このように、第I部では、実業家たちが新しく秩序化されつつある社会でどのように定義され、また解釈されたのか、そして、彼らはどのような脈絡やカテゴリーで捉えられたのかを考える。それにたいして**第Ⅱ部**では、実業家たち自身が、逆に、維新後の秩序とどのような関係を結んでいったのかを考えたい。とくに、新しい階層社会のなかでの彼らの自己定義や位置取りについてである。

先に述べたように、ヒルシュマイヤーと由井は、実業家たちの封建期における身分的な特徴をマージナルなものとして捉えた。そして、その点が彼らの革新的なメンタリティの源泉であると主張した。いうならば、崩壊しつつある身分秩序にたいする彼らの適応のあり方に、アスピラントとしての歴史的個性を見いだしたのである。この視点は、実業家たちの出奔や出郷を支えたアスピレーションについて雄弁に語る。ただし、維新後の彼らの諸傾向については、必ずしもそうではない。第Ⅱ部で検討するのは、そうしたアスピラントたちの維新後の動向についてである。つまり、彼らは構築されつつある階層秩序のどこに自己を帰着させようとしたのか、あるいは、彼らは新しい階層秩序へとどのように適応していったのかについてである。

近代化が進む社会のなかで新興勢力である実業家たちがどの階層に参入していくのかは、彼らのライフスタイルや思想的な傾向と密接に関わる問題である。かつてM・J・ウィーナは、近代イギリスの新興実業家を、既存の貴族文化を模倣してジェントリ化した「中流階級 middle class」として描いた。そして、貴族文化を模倣した彼らは、反産業主義的なエートス――金銭の獲得や商工業活動そのものを蔑視し、学問・芸術的な教養を志向し、レジャーや奉仕に関心をもつといった貴族的な価値観――に感化されていき、それがイギリス産業精神の衰退につながったと主張した。[21]このテーゼの当否はここでは問わないが、実業家の革新的な気質やそれに導かれた経済活動の行方が、彼らが参入しようとする階層のあり方と深い関わりをもっていることを、ウィーナは教えてくれる。

近代日本の実業家の場合はどうだったのか。維新後の社会は、階層がいまだ秩序化されない不明確な状況にあった。そのなかで、新興実業家たちは、階層秩序にどのようなスタンスで向かいあったのだろうか。

あとで詳しく述べるが、近代日本にも、近代イギリスとよく似た貴族制度（華族制度）があった。華族は主に旧公卿と旧諸侯で構成されていたが、明治一七年以降は、旧公卿・旧諸侯以外の者でも国家にたいして功績がある場合は授爵のチャンスを得た。ただし、ウィーナが新興実業家による貴族文化の模倣を語るときのイメージのような、いわゆる上流階級に共有される明確なライフスタイルというものが、そこに存在していたとは思えない。この点については、華族の政治的・経済的実力を検討した園田英弘氏も次のように指摘している。すなわち、華族は一般的に、働くことから解放されている有閑階級であったのではなく、一部の諸侯出身の華族を除いて、経済的に隔絶した立場にはなかった。[22] したがって、「中流階級」を感化するような独自の上流階級文化は近代日本においては育たなかった。[23] 園田氏も示唆するように、おそらく明治前期の新興実業家たちは、自己を帰属させるべき明確なライフスタイルや価値観をともなう階層のイメージを見つけ出しにくい、きわめて混沌とした階層状況のなかに置かれていたはずである。また、彼らが自己を階層秩序へと帰着させる仕方は、模索を伴い、また、さまざまな作為に満ちたものであったことが予想される。すくなくとも、威信ある既存の階層文化を忠実に模倣するという比較的単純な階層秩序への参入の仕方や同化の仕方とは異なっていたはずである。

そこで第Ⅱ部では、模倣の対象となる既存の階層のライフスタイルや思想、および模倣のプロセスを考察の中心とするのではなく、むしろ、成功致富した実業家たちの模索と作為の過程を重点的に検討しようと思う。**第四章**では、姻戚関係を中心に彼らと華族および華族制度がどのようなつながりをもち、また、彼らが華族へとどのように接近していったのかを、まず概観する。続く**第五章**では、彼らがどのような階層に自己を帰属させようとしたのかを経年的にたどり、結果的に独自の高級文化を形成していった事実を明らかにしたい。**第六章**では、その点を安田善次郎のケースでたどり、前章の概説的な叙述を補おうと思う。

道徳的実業家の偶像化プロセス

このように、第Ⅰ部と第Ⅱ部では、社会的な脈絡のなかで彼らがどのように位置づけられたのかを問うとともに、逆に彼ら自身が階層や文化の新しい状況のなかでみずからをどのように位置づけたのかを問う。

これらをふまえて**第Ⅲ部**では、実業家たちを定義し解釈する時代の営みと、実業家たち自身による自己定義の営みとが、相乗的にどのような効果をもたらしたのかを考えてみたい。とくに、雑誌や書籍といったメディアとの協働的な関係のなかで、実業家たちが道徳上の模範者として仕立て上げられていったプロセスを問題にしたい。

先に少し述べたように、明治後期から大正期にかけて、実業家たちの経営思想や処世訓が盛り込まれたテキストが、雑誌や書籍をつうじて大量に公表された。そして、彼らはあたかも実業世界の英雄として扱われていった。ではー体なぜ、この時代にそうしたテキストが大量に生み出されたのであろうか。テキストの大量生産という事実は、同時代の実業家たちのプレゼンスを象徴する出来事であり、また、彼らを言説世界の中心に据えようとする一種の〝社会的な動き〟をそこに見いだすこともできる。こうしたことは、おそらく、時代や社会が実業家たちをどのように定義したのか〔第Ⅰ部〕や、実業家たち自身が新しい時代にどのような自己定義を行ったのか〔第Ⅱ部〕といった問題領域のいずれかに還元できる問題ではないであろう。彼らが自己の思想を公表できたのは、彼らを許容する何らかの社会的状況や特定の社会的要請があったからであろうし、また、そうしたものが経営や人生にたいする彼らの想いを一定の形式、そして内容へと導いたということもあろう。第Ⅲ部では、実業家たちをめぐるそのような協働的なプロセスに光を当てたい。すなわち、彼らが自己の信念や実業家としての生き方の規準を開陳することが、どのような社会的・歴史的脈絡においてなされたのか、そして、その結果、何が導かれたのかを検討したい。

先にも触れたように、これまで多くの研究は、こうした問題を扱わず、実業家たち自身が公表した自叙伝や伝記などのテキストを、もっぱら彼らの経営思想や経営動向を知るために利用してきた。しかし、そうしたテキストの多くは、いわば公表を意識して生産された言説群である。そこには、彼らの意識の中核を占めるような〝内面化されたイデオロギー〟のかわりに、みずからの経営活動の正当性を得ようとするためのイデオロギー――いわば経営イデオロギー――が表現されている場合がある。この点については、実は経営史の安岡重明氏も、すでに指摘している。「語られている経営理念とか経営思想とかが、その経営者の願望であったり、自戒の表明であったり、また建て前である場合は多いであろう。〔中略〕わが国における日本の経済思想の研究とか経営理念の研究は、いまだ、この点に十分な注意を払っているようには思えない」[24]。氏の指摘のように、公表を意識したテキストには、実業家たちの信念以外の多種多様な要素が含まれている。しかし、かといって、それらを改変や粉飾の混ざった〝信憑性〟の劣るテキストとして片づけてしまう必要もない。それらは、実業家を包み込んでいた時代を象徴的に語るテキストなのである。

そこで第Ⅲ部では、次の諸点について考えてみたい。**第七章**では、維新後、実業家たちの思想が受容され、必要とされる状況がどのようにつくりだされていったのかを考察する。とくに経済ジャーナリズムに注目し、いまだ商売や貨殖にたいする蔑視が根強かった時代に、それが実業という職域の社会的地位と実業家たちの社会的なプレゼンスを高め、彼らの言説へと大衆的な関心を引き寄せたプロセスを検討する。また**第八章**では、実業家の言説や彼らについての情報にたいする需要を飛躍的に高めた雑誌、『実業之日本』の編集意図や記事内容を検討する。そのなかで、著名な実業家たちの言説が必要とされたいくつかの要因、そして、彼らが新しい秩序における模範者として表象されていったプロセスについて考える。最後の**第九章**では、実業家たちの言説がどのような形式と内容をもつ思想となって表明されたのかを、彼らが著した成功書や自叙伝をもとにたどり、そうした形式と内容を条件づけた社会的・歴史的脈絡を検討したい。

（1）アメリカでは、フォーブズ Forbes という経済雑誌が世界の「長者 Billionaires」を定期的に発表しており、それをもとに日本の「長者」を知ることができる。日本版 Forbes にも「日本の億万長者」の特集が組まれることがある。しかし、それらは保有する株式の時価などをもとに算出されたリストであり、そこに掲載された人々が、ただちに一般的な〝お金持ち〟像や資産家像に合致する「長者」たちであるとは必ずしもいえない。

（2）周知のとおり、個人情報の慎重な取り扱いという観点から、納税者名簿の公示制度は廃止された。高額納税者名簿の社会的・経済的データとしての重要性については、橘木俊詔「日本のお金持ちと学歴大研究」『文芸春秋』第八三巻第十一号〔二〇〇五年八月〕を参照。また、高額納税者名簿から現代における富裕層の動向や傾向を分析した興味深い研究として、橘木俊詔・森剛志『日本のお金持ち研究』〔日本経済新聞社、二〇〇五年〕がある。

（3）明治期における「実業」という言葉の意味とその変容については、次の浅野俊光による研究が参考になる。浅野俊光「明治期における「実業」概念の形成――「実業」・「実業家」概念の文献史的考察」『商経論集』第四三号〔早稲田大学大学院商学研究科、一九八二年〕。

（4）経営史学における「管理史的見地」の基本的な学問的スタンスについては、経営史学会編『経営史学の二十年 回顧と展望』〔東京大学出版会、一九八五年、二一―二六頁〕が参考になる。

（5）これについては次の端的な概説が参考になる。宮本又郎・阿部武司・宇田川勝・沢井実・橘川武郎『日本経営史』〔有斐閣、一九九五年、第二章、第二節〕。

（6）産業化・工業化を推進した主役は誰かという点については、財閥創始者であると見る従来の立場のほかに、地方の商工業者や名望家であると見る比較的新しい立場がある。二つの立場については、次の論文が参考になる。谷本雅之・阿部武司「企業勃興と近代経営・在来経営」、宮本又郎・阿部武司編『日本経営史 二 経営革新と工業化』〔岩波書店、一九九五年〕。

（7）ここで数例示しておく。たとえば次の著名な経営史の概説書では、数名の実業家を例示し、彼らが表明する公益優先の思想や儒教思想をそのまま明治期実業家の企業動機として一般化するくだりがある。中川敬一郎・森川英正・由井常彦編『近代日本経営史の基礎知識〔増補版〕―明治維新期から現代まで』〔有斐閣、一九七九年、四―五頁〕参照。また、藤田貞一郎による研究は、明治期実業家の経営思想の中核を国益思想とみて、その思想的ルーツを封建期へと遡るきわめて緻密な経済思想研究である。ただ、近世の国益思想の検証がメインであり、それを実業家の具体的な動向に結びつける作業は、本格的には行われていない。藤田貞一郎「明治期経営者国益思想の源流」、安岡重明・天野雅敏編『日本経営史 一 近世的経営の展開』〔岩波書店、一九九五年〕。

（8）前掲『経営史学の二十年 回顧と展望』〔九六頁〕。

（9）次の論考はその典型であろう。長幸男「実業の思想」、長幸男編『現代日本思想体系 一一 実業の思想』〔筑摩書房、一九六四年、一一―二五頁〕、中川敬一郎『比較経営史序説』〔東京大学出版会、一九八一年、一四九頁〕。

(10) たとえば次の宮本又郎による評価を参照。宮本又郎『日本の近代 一一 企業家たちの挑戦』〔中央公論新社、一九九九年、三三三頁〕。また、「限界階層者説」と類似するアメリカ経営史学における「マージナル・マン」仮説については、瀬岡誠『企業者史学序説』〔実教出版、一九八〇年〕が参考になる。

(11) J・ヒルシュマイア〔土橋喬雄・由井常彦訳〕『日本における企業者精神の生成』〔東洋経済新報社、一九六五年〕参照。

(12) J・ヒルシュマイヤー・由井常彦『日本の経営発展——近代化と企業経営』〔東洋経済新報社、一九七七年、一三〇－一三一頁〕参照。

(13) 由井常彦「〔総論〕工業化と企業者活動」由井常彦編『工業化と企業者活動』〔日本経営史講座 二〕〔日本経済新聞社、一九七六年、三九頁〕。

(14) J・ヒルシュマイヤー・由井常彦、前掲書〔一八六頁〕参照。

(15) 以下、阿部武司「第一章 政商から財閥へ」、法政大学産業情報センター・橋本寿朗・武田晴人編『日本経済の発展と企業集団』〔東京大学出版会、一九九二年〕参照。また、こうした研究動向の典型的な例としては他に、宮本又郎「近代移行期における商家・企業家の盛衰」『同志社商学』第五〇巻第五・六号〔一九九九年〕を挙げることができる。

(16) 阿部武司、前掲書〔二二頁〕。

(17) 前掲書〔二二頁、二六頁〕。

(18) 前掲書〔三〇頁〕。

(19) 前掲書〔一五頁〕。

(20) 有山輝雄「経済ジャーナリズムとしての『東京経済雑誌』」杉原四郎・岡田和喜編『田口卯吉と東京経済雑誌』〔日本経済評論社、一九九五年、三一〇－三一二頁〕。また、有山輝雄『徳富蘇峰と国民新聞』〔吉川弘文館、一九九二年〕参照。

(21) M.J. Wiener, *English Culture and the Decline of the Industrial Spirit, 1850-1980*, Cambridge Univ.Press, 1981, p.13, p.159. 原剛訳『英国産業精神の衰退——文化史的接近』〔勁草書房、一九八四年、二〇頁・二七四頁〕。

(22) 園田英弘『西洋化の構造』〔思文閣出版、一九九三年、二〇〇－二〇四頁〕、同「近代日本の文化と中流階級」青木保他編『近代日本文化論 五 都市文化』〔岩波書店、一九九九年、一一〇頁〕。

(23) 前掲『近代日本文化論 五 都市文化』〔一一二頁〕。

(24) 安岡重明「三井の経営理念」日本思想史懇話会編『季刊日本思想史』第一四号〔ぺりかん社、一九八〇年、一九頁〕。

第Ⅰ部　富裕層への視線

第一章　人名録の思想——「紳士」発見の試み

明治維新以降、一部の実業家たちは莫大な富を蓄えていった。三井家の一族、三菱会社の岩崎一門、そして、大倉喜八郎、安田善次郎、森村市左衛門といった財閥の創始者たちである。そして彼らは、実業の成功者として巨富を掌握する過程で、徐々に「紳士」や「名士」といった概念で捉えられていった。致富とともに、彼らは多様なメディアによって一種のエリートとして注目されていったのである。それでは、どのようなプロセスで、彼らの存在は新時代のエリートとして認知されていったのであろうか。

三井などの徳川期からの富商を除けば、彼らは必ずしも明治初年から傑出した資産を保有していたわけではない。また、新時代のエリートとして著名であったわけでもない。とくに、一代で財閥の基礎を築いた実業家たちにとって、明治初年はいわば駆け出し実業家の時代であった。安田善次郎が両替店・安田商店を質商兼業とし、事業の拡大を図りつつあったのが明治二年である。[1] また、大倉喜八郎が銃砲商として得た財をもとに商会・大倉組を設立して、輸出入委託販売業を本格的に始めたのが明治六年のことである。[2] たしかに明治一〇年代には、彼らの諸活動を有力実業家の動向として伝える新聞記事が散見されるが、それらは断片的な報道記事にすぎず、彼らを新興エリート層として捉えようとするものではない。

では、彼らが「紳士」「名士」と呼ばれるような新興エリート層として捉えられだしたのは、どのような契機によるものなのか。彼らが本格的にひとつのエリート的なカテゴリーで捉えられ始めるのは、おそらく明治二〇年代を待たなければならない。明治二〇年代から三〇年代初頭にかけては、『日本紳士録』など、多種多様な人名録が刊行された時期である。人名録ブームとでもいえるほどの刊行ラッシュが生じ、人名録は同時代における刊行物の一ジャンルを形成したのである。そして、その多くが、新時代の〝富裕層〟を実名で公表した。人名録は、致富した実業家たちを新興富裕層としていち早く捉えたメディアである。

新しく階層秩序が再編されつつあった明治中期に人名録が数多く刊行されたという事実には、独特な意味がある。あとで述べるように、人名録ブームは、明治前期にしばしば観察されるある種の思潮によって支えられている。すなわち、維新以降の時代を先導している人々——あるいは先導すべき人々——とは誰かを知ろうとする〝社会的な好奇心〟といったものである。刊行された多くの人名録は、国税（とくに所得税）を納めている富裕な少数者の実名を明らかにすることで、こうした〝好奇心〟に応えようとした。富裕層を取り出してみせ、彼らを新しい社会の先導者と見立てたのである。エリートであるかどうかの指標を、納税の事実で〝間にあわせた〟といってもよい。そして、新興実業家たちの多くが〝富裕層〟を代表する者として、多くの人名録に掲示されたのである。(3)

「長者番付」から人名録へ

実は、誰が裕福なのかを実名の記載によって明らかにする試みは、すでに明治前期において、別のメディアがおこなっている。「長者番付」の類である。それらは富裕な人々の実名を「長者」というカテゴリーのもとに公表した。ただ、「長者番付」の類は、新時代のエリートを示してみせるメディアとしては長続きしなかった。明治二〇年代には、それらにかわって人名録が、新しいエリートの時代を象徴するメディアとして数多く刊行されたのである。人名録について考えるまえに、ここで少し「長者番付」について述べておこう。

徳川時代には、相撲や歌舞伎の番付になぞらえたさまざまな番付類がいくつも発刊されている。俳優番付、職人番付、そして「長者番付」などである。「長者番付」は「長者鑑」や「持丸鑑」といった題目のもとに明治前期まで数多く発刊されている。「長者番付」は資産家上位の実名を記載したランキング表であり、その記載形式は独特である。

「大関」や「前頭」などといった力士のランクにあわせて「長者」の氏名と居住地を記すのが基本である。具体的に見てみよう。次頁以下の見開きは『大日本持丸鏡』〔明治八年〕と『大日本長者鏡』〔明治二一年〕であり、これらに序論で紹介した阿部武司氏も考察している番付である。それぞれには、「長者」の氏名とそのランクが記されている。

【表1a】に示したものは、『大日本持丸鏡』で上位に記載された者と彼らに関する記載内容である。「勧進元」に「三井八郎右エ門」、「大年寄」に「住友吉治郎」が配置されている。これらは維新後も「長者」として生き残り、財閥を形成した商家の当主に該当する。阿部氏によれば、ここに記載された上位者のほとんどが江戸時代の商人であり、のちの時代の番付では、彼らの多くが姿を消すという。[4] こうした明治初年の番付は、その後も記載形式をほとんど変えていない。【表1b】では、『大日本長者鏡』のおもな上位者を抜き出してみた。封建期以来の商人の氏名とともに、岩崎・大倉・安田といった新興実業家たちの氏名が「今時盛熾」という欄に掲載されている。さらに、総資産額と思われる数値も記されており、この点は明治初年の番付とは異なっている。

このように、各番付の上位者は時代とともに変化する。ただしここで考察してみたいのは、幕末・明治における商人や実業家たちの興亡といったものではない。「長者番付」のメディアとしての意義やその消長についてである。明治期にどのような資産家名簿や「長者番付」がどの程度刊行されたのかについては、渋谷隆一氏らの調査によってそのおおよそを知ることができる。[5] 渋谷氏が作成した名簿・番付リストに筆者が多少の改変を加えたものを挙げておこう【表1c】。明治一〇年代から明治二二年・二三年頃にかけて、毎年のようにこの種の番付類が刊行されているのがわかる。しかし、それ以後は刊行数が格段に減少している。番付衰退の時代であり、この時期は人名録の刊行ラッシュの時期と重なる。富裕な人々の実名を公表するメディアは、番付類から人名録へと移動したのである。

番付類が衰退した理由については、何点か挙げることができる。ひとつはランキング自体の信憑性という問題である。番付類のほとんどは資産額を記載していない。一般的に、番付の板元や作者が番付を作製するときに、何をランキングの根拠としたのかは明らかではない。明治一九年頃からは、『大日本長者鏡』のように資産総額を記載した番付が現れ始めたが、[6] 番付に記された資産総額の数字は何に依拠したものかわからない。そもそも「長者番付」は、役者番付などの他の番付と同様に、徳川時代から主に大衆的な興味に応えることを目的としていた。これまでしばしば

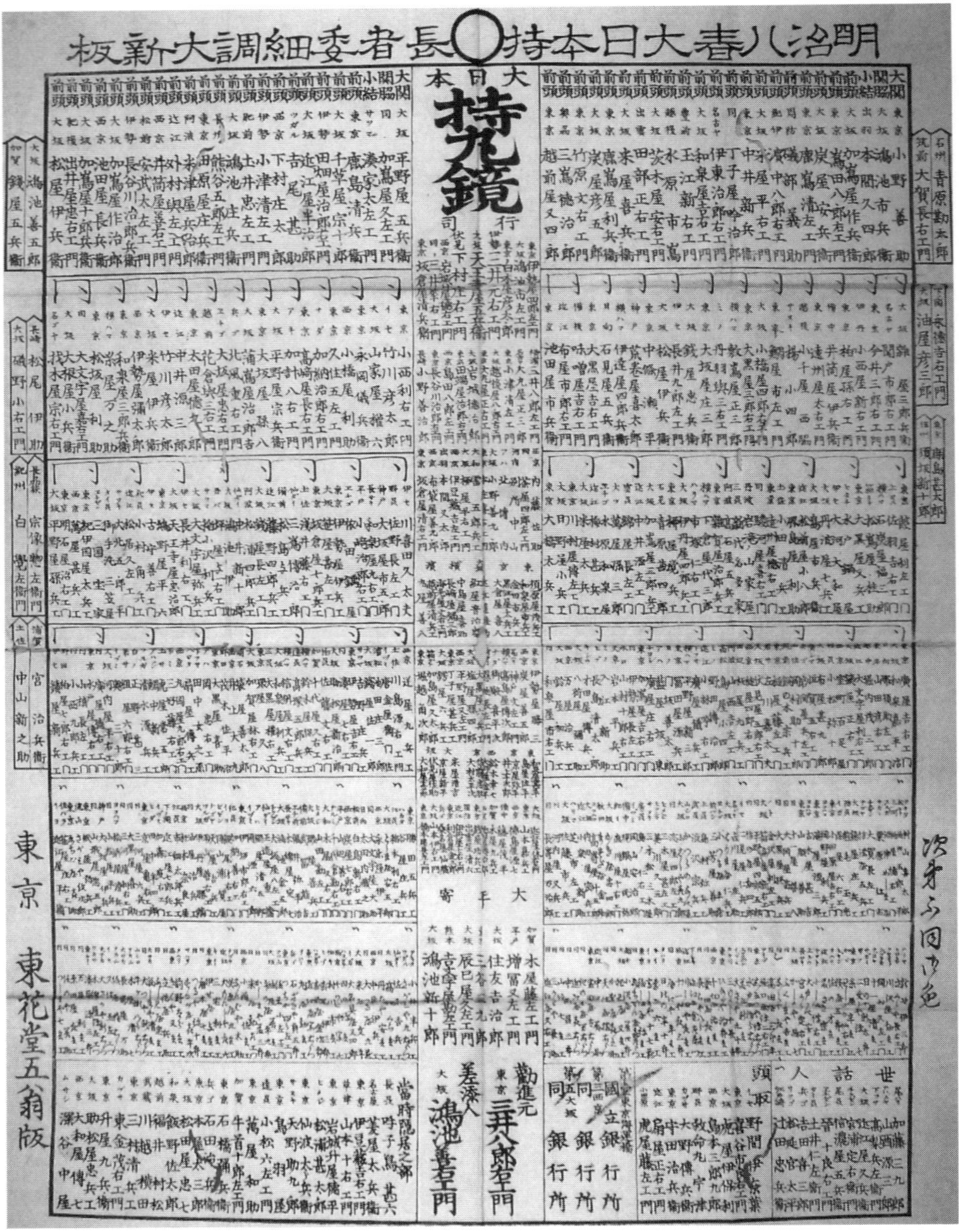

大日本持丸鏡（明治８年）
〔人間文化研究機構 国文学研究資料館所蔵：二次使用厳禁〕

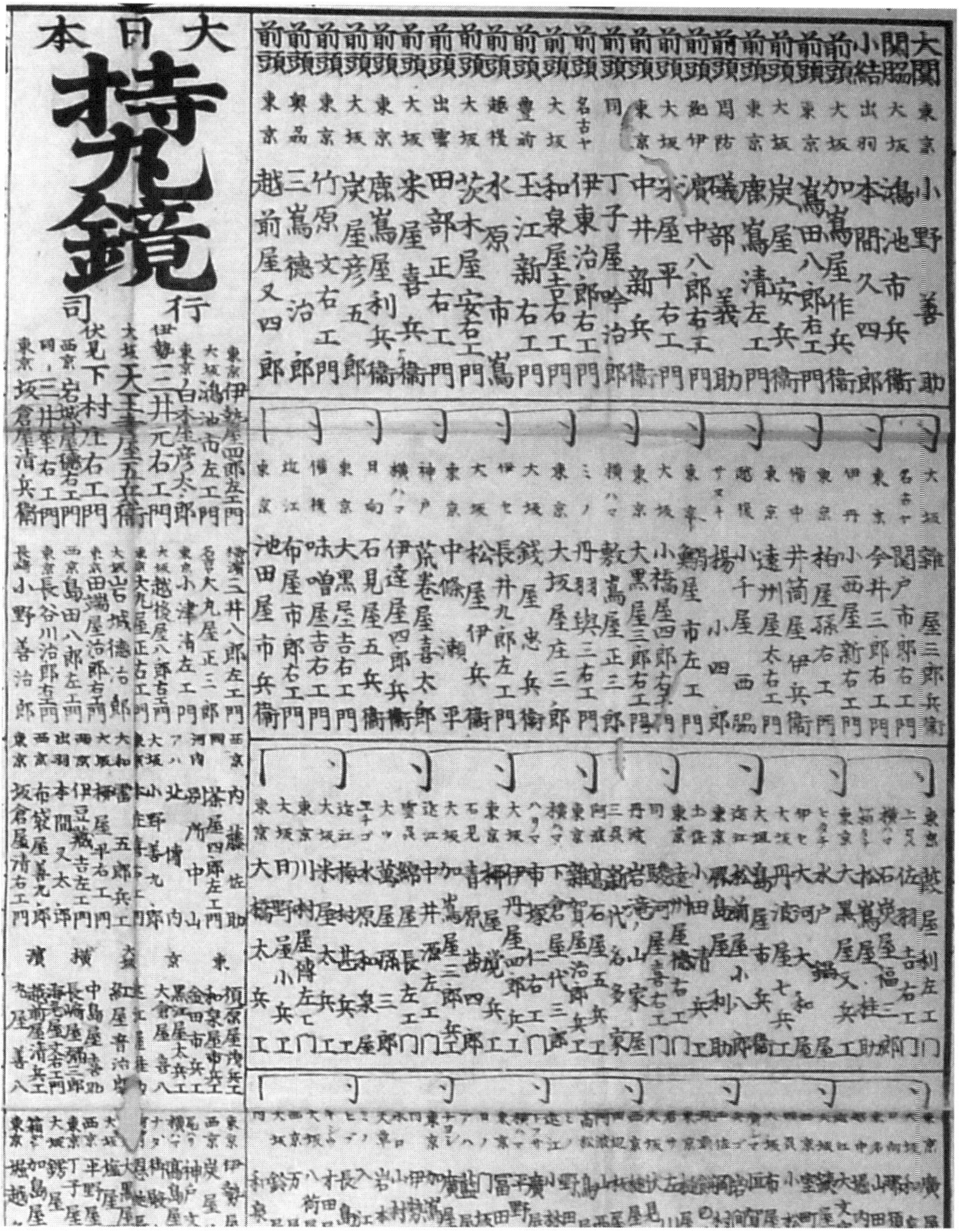
大日本 持丸鏡

同右（部分拡大）

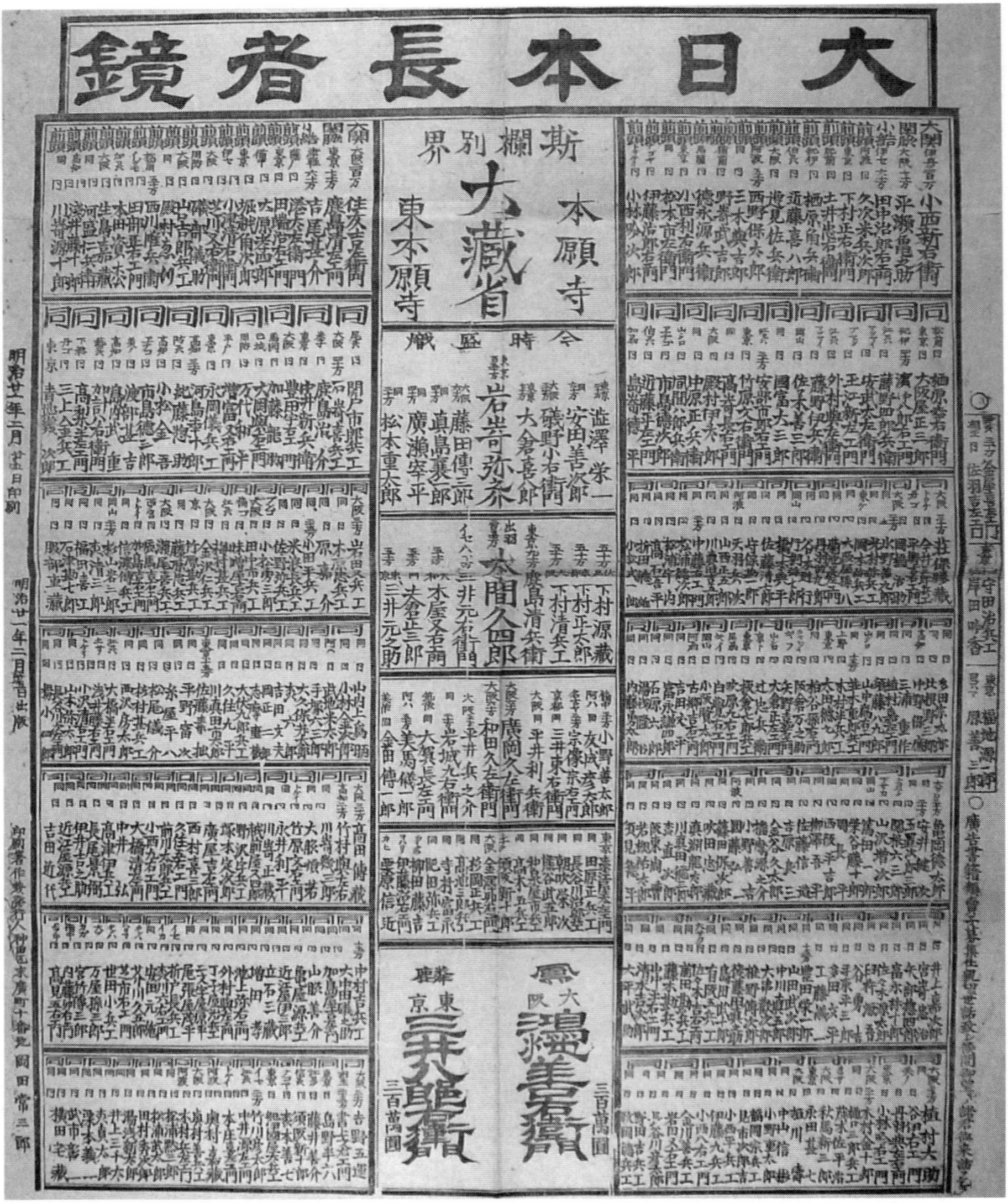
大日本長者鏡

斯欄別界

本願寺

大蔵省

東本願寺

大阪 鴻池善右衛門 三百萬圓

東京 三井八郎右衛門 三百萬圓

大日本長者鏡（明治 21 年）

〔人間文化研究機構 国文学研究資料館所蔵：二次使用厳禁〕

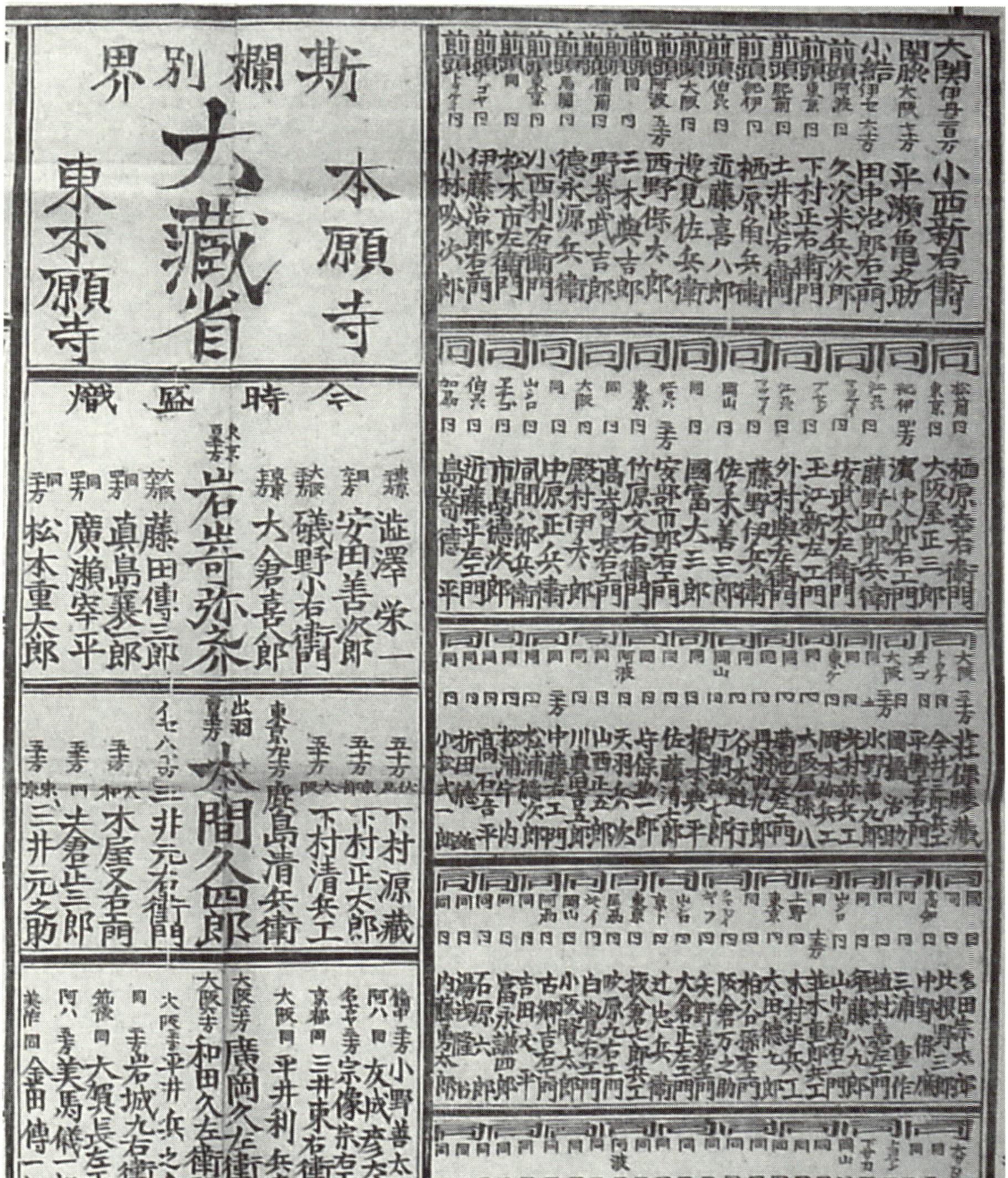
斯欄別界
本願寺
大藏省
東本願寺
今時監職
澁澤栄一
安田善次郎
磯野小右衛門
大倉喜八郎
岩嵜弥之助
藤田傳三郎
真島襄一郎
廣瀬宰平
松本重太郎
下村源藏
下村正太郎
下村清兵エ
鹿島清兵衛
本間久四郎
三井元右衛門
三井元之助
小野善太郎
友成彦太郎
平井利兵衛
廣岡久右衛門
和田久左衛門
平井兵之介
岩城九右衛門
大賀長左エ門
美馬儀一郎
金田傳一郎
大関
小西新右衛門
平瀬亀之助
田中治郎右衛門
久次米兵次郎
下村正右衛門
栖原角兵衛
近藤喜八郎
逸見佐兵衛
西野保太郎
三木与吉郎
伊藤治郎右衛門
同

同 右（部分拡大）

ランク	記載内容
勧進元	東京　三井八郎右エ門
差添人	大坂　鴻池善右エ門
大年寄	加賀　木屋藤左エ門
	平戸　増冨又左エ門
	大坂　住友吉治郎
	東京　三谷三九郎
	大坂　辰巳屋久左エ門
	熊本　吉文字屋勘左エ門
	大坂　鴻池新十郎
行司	大坂　天王寺屋五兵衛
	伊勢　三井元右エ門
	伏見　下村庄右エ門
	東京　白木屋彦太郎
	西京　岩城升屋徳右エ門など81名
欄外	石州　青原勘太郎
	筑前　大賀長右エ門
	大坂　鴻池善五郎
	加賀　銭屋五兵衛など14名
大関	東京　小野善助
	大坂　平野屋五兵衛
関脇	大坂　鴻池市兵衛
	大坂　加嶌屋久左エ門
小結	出羽　本間久四郎
	サツマ　湊家太左エ門
前頭	大坂　加嶌屋作兵衛
	東京　鹿島清兵衛
	東京　嶌田八郎右エ門
	大坂　千草屋宗十郎など436名
世話人	尾ハセ　加藤三九郎
	江戸崎　辻田忠兵衛など11名
頭取	イセ　野間伊奈葉など9名
当時隠居之部	草津　山本十右エ門
	東京　伊豆蔵吉右エ門など25名

『大日本持丸鏡』（東京，東花堂五翁版，明治８年）から作成。原資料のランク名と，それぞれのランクに記載された上位数名の記載内容を挙げた。人名で誤表記と思われるものも，そのまま記載した。

表１ａ　『大日本持丸鏡』（明治８年）の掲載者

ランク	記載内容
今時盛熾	出羽　二百五十万　本間久四郎
	東京　百五十万　岩崎弥之介
	東京　九十万　鹿島清兵衛
	イセ　八十万　三井元右衛門
	東京　七十万　大倉喜八郎
	東京　六十万　安田善次郎
	大阪　六十万　藤田傳三郎
	大阪　六十万　和田久左衛門
	大阪　六十万　廣岡久左衛門
	大阪　五十万　磯野小右衛門
	大阪　四十万　真島襄一郎
	大阪　四十万　廣瀬宰平
	東京　二十万　渋沢栄一
	大阪　二十万　松本重太郎など46名
鳳	大阪　三百万円　鴻池善右衛門
麟	東京　三百万円　三井八郎右衛門
大関	伊丹　二百万　小西新右衛門
	大阪　二百万　住友吉左衛門
関脇	大阪　七十万　平瀬亀之助
	東京　七十万　鹿島清左エ門
小結	伊セ　六十万　田中治郎右エ門
	津軽　六十万　吉尾甚介
前頭	阿波　六十万　久次米兵次郎
	薩摩　六十万　湊太左衛門
	東京　六十万　下村正右衛門
	東京　六十万　田端治右エ門
	肥前　六十万　土井忠右衛門
	備中　六十万　大原孝四郎など301名
欄外	桐生　三十万　佐羽吉左エ門など6名

『大日本長者鏡』（印刷著作兼発行・岡田常三郎，明治21年）から作成。原資料で分類されたランク名と，おもな上位者を挙げた。「岩崎弥之介」など，誤表記と思われるものも，そのまま記載した。

表１ｂ　『大日本長者鏡』（明治21年）の掲載者

指摘されているように、明治前期の番付類が信頼のおける資産データに依拠している可能性は著しく低い。[7] そして明治二〇年代に入って、所得税の納税額という客観的なデータに依拠した人名録が登場したのである。人名録は番付類とは対照的に、納税額という客観的な数値にもとづいて富裕層を特定し、その氏名を公表する新しいメディアである。こうした人名録の時代を迎えたことで、「長者番付」は、資産家を抽出していく正確性と信憑性の点で、その存在意義を失ってしまったのではないか。

また、明治前期の「長者番付」のほとんどが、いわゆる〝大商人〟の世界だけを表現しようとしていた点も重要である。それらは新しい時代を映すメディアとしての限界に突きあたったにちがいない。封建期の番付類の多くが、俳優番付や職人番付のように職業分野別や活動分野別に作製されていた。明治前期の「長者番付」も、このような伝統

刊行年（明治）	編者・発行者	標　題
6	吉野家勘兵衛	大日本持丸長者鑑
7	吉野家勘兵衛	大日本持丸長者鑑
8	東化堂	大日本持丸鏡
11	内務省勧農局	豪族及富民ノ姓名調
11	前田喜治郎	大日本持丸鏡
11	田中安治郎	維新改革大日本新持丸長者鑑
11	大谷勘兵衛	大日本持丸長者鑑
12	加藤富三郎	大日本改正持丸長者鑑
12	加藤富三郎	皇国金満
12	加藤富三郎	四方一覧
12	山口市太郎	改正大日本持丸長者鑑
12	多賀甚五郎	大日本持丸長者競
13	田中安治郎	大日本持丸長者鑑
13	井上茂兵衛	大日本全国持丸長者改正一覧
14	井上茂兵衛	大日本全国持丸長者改正一覧
14	内田由兵衛	大日本新持丸長者鑑
14	田中安治郎	大日本新持丸長者鑑付国立銀行
14	安田安五郎	東京八方一覧（皇国長者鑑）
15	——	大日本皇国万宝一覧
15	高橋惣太郎	四方一覧（大日本持丸鑑他）
15	安田安五郎	大日本国立銀行本支店付持丸長者鑑
15	加藤富三郎	大日本長者鑑付国立銀行資本金
16	——	大日本持丸長者競
17	——	大日本持丸長者競
18	田中安治郎	大日本持丸長者・付国立銀行資本金
18	井上茂兵衛	大日本全国持丸長者改正一覧
19	小林藤次郎	新撰・四方一覧
19	前田徳太郎	有圓大鑑
19	——	現今長者鑑
20	山本東策	日本三府五港豪商資産家一覧
21	岡田常三郎	大日本長者鏡
21	長谷川常治郎	大日本長者鑑
22	岡田常三郎	大日本長者鏡
22	鳥居恒次郎	大日本持丸長者勉強鑑
23	——	方今長者鑑
23	——	大日本長者鑑
23	伊藤正義	大日本多額納税有名鏡
24	長谷川常治郎	大日本長者鑑
26	松沢晤策	大日本有名家番付
34	時事新報社	日本全国五拾万円以上の資産家
35	日本館	大日本全国五拾万円以上財産家
35	山本助治郎	日本全国五万円以上資産家一覧
36	榎本松之助	大日本金満家一覧鑑
38	榎本松之助	帝国金満家一覧鑑
40	榎本松之助	大日本金満家一覧鑑
41	榎本松之助	大日本金満家一覧鑑
42	榎本松之助	大日本金満家一覧鑑
43	村田万次郎	帝国金満家一覧鑑
44	奈良沢健次郎	帝国金満家明細一覧表
44	時事新報社	全国五拾万円以上資産家表
45	勝秀男	全国金満家一覧表

渋谷隆一編『明治期日本全国資産家・地主資料集成Ⅰ』（柏書房，1984年，4頁）の一覧表をもとに作成した。そこに記載されている番付類から，商工人名簿や地主名簿の類を除き，また，筆者が知りうる番付類を加えた。編者・発行者欄の——は，無記載ないし不明。

表１ｃ　明治期の全国資産家名簿・長者番付資料

を踏まえている。それらは「長者」というカテゴリーでおもに富裕な商人の姓名を掲げたのだが、そうしたカテゴリーに依拠していては、新しい職業構造や階層構造の内部にいる富裕者に光をあて、彼らを抽出して掲示するという試みはうまくいかないであろう。また、身分秩序崩壊後の社会で新時代を先導している人々を、捉え損ねるであろう。旧来の記載形式をそのまま持ち続けた「長者番付」は、維新後の時代を映すメディアとしての意義を徐々に失っていったのではないだろうか。

そもそも一体、誰がこの新しい社会を先導しているのか、また先導すべきなのかは、明治前期においてはいわば〝社会的な問い〟であった。あとで見るように、この〝問い〟にたいして当時の知識人たちは真摯な関心を寄せたし、またそれは庶民的な好奇心をひきつけた。「長者番付」というメディアが、封建期の流れを汲むオールドスタイルを維持しながらも明治前期まで多く刊行されたという事実も、こうした〝問い〟に答えようとする動きのひとつと見ることもできよう。しかし、その時代には、いまだ新時代の先導者を捉えるための明確な指標や定義が存在しなかった。

そして、所得税納税の事実を基準にして多くの人名録が刊行され、また、それらがさまざまな職種や肩書きをもつ人々の実名を公表した明治二〇年代の時点で、こうした〝問い〟には、さしあたっての結論がつけられたのではないかと思われる。また、人名録には多くの実業家たちの氏名が掲載されたが、彼らが新興のエリート集団として社会的に析出されていったプロセスには、人名録というメディアの出現が深く関わっている。

次節では、明治一〇年代までの状況を簡単に見ておこうと思う。新時代のエリート集団を捉えるための明確な指標や定義が見いだせなかった時代についてである。その時代には、エリート集団のあるべき姿が、実情とはかけ離れた言説の世界でさまざまにイメージされた。また、そうした集団が、いわば作為的に形成されるという動きもあった。そうした動きをまずは概観したうえで、続く節では明治二〇年代以降の人名録の時代について考えてみたい。

空想的中間層の時代

実業家たちの動向

明治一〇年代のとくに前半期は、実業家たちや知識人たちが、時代を導くエリート集団を結成しようと企てたり、また実際にそうした集団を結成したりといった活動を積極的におこなった時期であった。実業家については、いくつかの新聞記事から彼らの動向を知ることができる。

福地源一郎が主宰する『東京日日新聞』は明治一三年一月六日付の紙面で、前年の明治一二年を、実業家たちが躍進した年として総括している。明治一二年は来賓ラッシュの一年であり、二月にイギリス下院議員のリード、六月に香港総督のヘネシー、七月にアメリカ前大統領のグラントが相次いで来日した。詳しくは第Ⅱ部で述べるが、外賓の饗応には、渋沢栄一・益田孝・大倉喜八郎・安田善次郎といった当時の実業家たちがさまざまな仕方で協力している。会場の提供や接待の段取りなどである。『東京日日新聞』はそうした実業家たちの活躍について「紳商数輩ガ率先シテ社会ノ交際ヲ進歩セシムルニ尽力スルヤ斯ノ如クニテアリケル」と述べて賞賛し、政府大官との共同によって彼らがおこなった接待（「社会ノ交際」）を、「官民宥和」の時代を象徴するものとして位置づけている。この記事によって初めて、有力実業家たちが「紳士紳商」という言葉で呼称されたという指摘もある。[8]

この記事が伝えるとおり、新興の実業家たち――「紳商数輩」――が、外賓接待への協力をつうじて、明治国家におけるエリート集団としての最初のプレゼンスを示したのは確かである。政府から実業家たちに協力要請があったのは、彼らが、この頃にはすでに外国商人との交渉を経験していた点が考慮されたものと推測される。渋沢栄一も回想しているとおり、実業家たちは明治初年から、たびたび外国商人との交易上のトラブルに直面していた。[9]そして、貿易に関する経験・知識と組織力で勝る外国商人が貿易の利権を掌握している現状を改善するために、日本商人の「世論」を集約する場を設けて彼らに対抗すべきであるという考えが実業家たちのあいだで浮上していた。他方で、政府にとっては不平等条約の改正、とくに関税自主権の回復は念願であり、そのためには、商工業者の「世論」を代表する機関が、やはり必要であった。[10]永田正臣がすでに指摘しているように、渋沢栄一・益田孝・福地源一郎らが、明治一一年に事業者の「世論」集約の場、親睦・啓発の場として東京商法会議所を発足させたのは、実業家たちと明治政府のこのような想いや念願の帰結である。[11]明治一二年の外賓接待は、こうした状況のなかでの出来事であり、政府にしてみれば、それは条約改正と深く関連する重要な政治的課題であった。そして、外賓を招待する集会所をいかに確保するか、外賓をどのようにもてなすかが、まず解決しなければならない当面の問題であった。会議や社交の点で一日の長がある実業家たちに協力要請があったのは、当然の成りゆきであったといえる。

この時期にメディアが実業家たちに向けた関心は、実は、外賓接待にかかわるものばかりではない。当時の新聞からは、外賓接待に携わった実業家たちが私邸を購入したり新築したりしたこと、そして私邸で宴会や夜会を催したことを伝える小記事を見つけることができる。たとえば明治一二年四月二八日の『郵便報知新聞』は、三井物産の益田孝が御殿山の新居に「朝野の紳士」を招いて、「柳橋の芸妓」の清元数曲でもてなしたと伝えている。また一三年六月一七日の『有喜世新聞』は、「東京自称紳士の随一なる大倉喜八郎」が向島の別荘の完成を記念して「同好の紳士」や「官員方」を招いて宴会を催したと伝えている。これらの記事からは、商法会議所を設立・運営し、外賓の饗応に携わった実業家たちが、私邸に客人を招いて華やかな社交活動を始めたことを、断片的にではあるが知ることができる。事業の拡大期にあった彼らが、新時代のリーダーと目されるエリート的な地位への足掛かりを得て、交際や社交の輪を徐々に広げつつあったことが伝わってくる。

交詢社の構想

実業家たちとは違うやり方ではあるが、ほぼ同じ時期に他のグループが、やはり新時代のリーダーによるサークル的なつながりを形成しようと試みている。福沢諭吉を中心とする慶応義塾である。慶応義塾は、明治一三年一月に交詢社という社交クラブを創立した。それは、日本の階層社会にエリート的な中間層を作為的に構築していこうというプロジェクトであった。交詢社結成のための会合に先立ち、福沢は「慶応義塾社中集会の趣意書」という文書を書いているが、そこに記されるとおり、慶應義塾はもともと「社会の風俗」を「改良」しようという理念を掲げていた。[12]そして福沢たちは、そうした理念の実現を、塾内での議論だけではなく全国的に拡大していくために、同好の士を広く塾外および全国に求めて、知識を交換していこうとした。それが交詢社という社交クラブの構想であった。[13]

福沢がクラブ創立に託した理念は、実は、自邸に客人を招くといった実業家たちの華やかな交際の動向と、少なからず連動している。交詢社が創立された頃に開かれた慰労会（明治一三年二月七日）で、彼は次のように述べている。[14]

……近来都下ノ風俗日ニ華美ニ流レ官私ノ別ナク士人交際ノ媒タルモノハ専ラ肉体ノ快楽ニ止リテ精神ヲ養フモノハ殆ト稀ナリ某ノ懇曾ト云ヒ……某ノ親睦宴ト称シ一擲千金会釈モナク酒池肉林ニ非サレハ宴ヲ成スニ足ラズ絲竹管絃ニ非サレバ興ヲ催スニ足ラズ以テ自カラ豪盛ト称シテ得色アルガ如シ何ソ夫レ心事ノ賤劣ナルヤ………今都下ニ於テ華美軽薄ノ急流ニ溺ル者ハ我党ノ士ニ非ラスシテ果シテ其人アル可キヤ之ヲ我輩道徳上ノ責任ト云フ可シ今後幾回ノ集会幾所ノ宴席ニ於テモ此主義ニ違フナクシテ……

福沢は都下に流行している「親睦宴」のことを、「華美」であり、また「心事ノ賤劣」であるなどと批判している。彼の批判は、主に新興実業家たちのあいだに生じた先の社交ブームに向けられていると考えても間違いないであろう。福沢の言葉からうかがい知れるように、社交クラブについての彼の構想には、「紳士」や「紳商」による社交のトレンドにたいしていかに対抗軸を出すか――すなわち、いかに「華美軽薄ノ急流」から「溺ル」か――という課題を、重要な論点として含んでいる。交詢社の創設意図は、同時代の饗応ブームからの差異化やそれへの対抗といった文化的な論点に大きく規定されていたと考えられる。

そうした時代の脈絡のなかで福沢たちが打ち出したクラブの理念は、「知識を交換し世務を諮詢する」というものであった。これは〈交詢社設立之大意〉（明治一二年九月三〇日）のなかで明文化されている。この理念のおおよその意味を知るには、明治一三年二月に創刊された交詢社の機関誌『交詢雑誌』の記事を見ればよい。『交詢雑誌』は、問答欄に多くのページを費やしている。そこでは毎号、交詢社の会員（社員）による産業や社会制度についての質問が掲載されている。質問は、遺産処分法・焼酎蒸留法・教育令・小作料などというふうに多岐にわたる。質問はきわめて実務的な知識を求めている。そして、そうした質問とともに、他の社員や社員外の専門家たちによる回答も掲載されている。〈交詢社設立之大意〉が謳っているように、交詢社は「商人は農業の有様を百姓に聞き、農家は商売の事情を市人に問ひ、学者士族が農工商に営業の実際を質し、農工商が学者士族に思想の方向を尋ね」るという実利的な知識の交換をめざしたのである。それは、知識の交換にもとづく相互的な啓蒙を理念としたのであった。[15]

初期の交詢社には、どのような人たちが参画したのだろうか。『交詢雑誌』の第一号（明治一三年二月五日）には、交詢社が発会した当初の社員の構成が公表されている。そこからは、官吏・教員・医師・新聞記者・商人などを中心とする構成であったことがわかる。左にその概略を示しておこう。

官吏	三七一名	内郡区役員	六九名
学者	三六五名	内教員	一四九名
		医師	七三名
		新聞記者	四九名
		教導職	一一名
商	二八一名	内銀行役員	六〇名
農	一二三名		
工	一二名		
華族	二一名		
府県会議員	一五名		
職業未詳者	五七九名		

また発会以降、〈交詢社員姓名録〉が随時作成された。そして明治一三年三月からは、そこに各社員の職種が記されるようになった。醤油商・銀行頭取・県官・判事・米商・陸軍佐官・中学教員・農業・法学者など、その職種はきわめて多様であり、異なる職種や身分のあいだで知識を交換するという当初の理念に合致するものとなっている。福沢はクラブのこのような構成メンバーに、新しい社会を先導するエリートたちのイメージを見いだそうとした。創立一周年を記念する〈第一紀年會〉（明治一四年一月二五日）で、彼は次のように述べている。[16]

……今日ニシテ現在ノ社員ヲ通覧シ全体ノ性質如何ヲ察スレハ其財産智識名望共ニ日本國中々等以上ニ位スル者ニシテ年齢モ亦中年以上正ニ社会ノ表面ニ立テ為スコトアル可キノ人物ナルカ如シ……今日ノ現行以テ天下ノ率先者タル者ト信ス蓋シ率先ノ任ハ中等以上ノ人物ニ在ルコト諸君ノ知ル所ナラン……

ここで福沢が述べている「天下」の「率先ノ任」を負う「中等以上ノ人物」とは、交詢社の社員姓名録を一瞥した印象をもとに彼が抱いたアイデアであるにすぎない。福沢は、必ずしも実在する具体的な社会層を指して「中等以上」といっているわけではない。新しいクラブにたいする彼のこうした意味づけからは、中間層 middle class の定義が階層的な実体を伴わない空想的な概念でしかなかった時代に理想的なエリート集団を模索するという、交詢社の特徴的な動きを看て取ることができる。

さて、このような模索の期間を経て、明治二〇年代に入ると、エリート集団についてのきわめて明確な定義が交詢社から打ち出されることになった。交詢社は明治二二年六月に、『日本紳士録』という名称の人名録を刊行した。『日本紳士録』はこれ以降、版を重ね、近代日本の代表的な人名録となった。そして、この刊行ののち、「紳士」という言葉は新聞や書籍などの活字メディアにおいて頻繁に用いられるようになった。少し結論的なことを述べておけば、何をもって「中等以上」とするか、何をもって「天下」の「率先者」とするかについての交詢社による定義は、この人名録の刊行によって初めて具体的におこなわれたのである。さらに、交詢社が『日本紳士録』を刊行し、それが版を重ねるほどの売れ行きを示したために、「紳士」や「紳商」という概念は、著名な実業家を中心とする一部の「親睦」サークルの独占物ではなくなった。「紳士」の概念が指し示す人物の範囲は著しく拡大したのである。それは有力実業家を含む少数のエリートにたいする特権的な名称ではなくなっていった。

また、この人名録が刊行された明治二〇年代の初め頃から、類似の人名録がいくつも出版されるようになった。それらは、それぞれよく似たやり方で富裕な人々の実名を公表した。富裕な人々をまとめて抽出することにより、それらは、当時「上流社会」として認知されていた華族とは別個の富裕な上層的階層を、いわば〝発見〟したのである。

では、なぜ、『日本紳士録』を代表とする人名録の出版ブームがこの時期に始まったのであろうか。これには、ひとつの歴史的なコンテキストが関わっている。明治二〇年三月の所得税法の公布である。この税制の導入がきっかけとなって、所得納税額を掲載基準とする人名録がいくつも刊行されたのである。次節では、この税制と富裕層の定義とがどのように関わっていたのかを見ていこう。

所得税と人名録

明治二〇年三月二三日、所得税法が勅令第五号をもって公布された。海防を中心とする国家経費が増大したために、地租・酒税・関税に次ぐ租税として所得税が創設されたのである。『東京日日新聞』は「此所得税より得る所の金額は、多分これを国防の為に即ち砲台建築に向けらるべし」と伝えている[17]。ここで着目したいのは、この新しい税制が導入された理由やその背景についてではない。新税の導入によって、どのような人々が課税対象となったのかについてである。この点は、富裕層の社会的な定義の問題と深く関わっている。

この税制は、年間の所得金三〇〇円以上の人々に所得税を課した。税率は、所得金の一%から三%のあいだである。また、累進税率が採用されており、それは五等級に区分されていた。各等級の税率はそれぞれ、所得金三万円以上が三%、二万円以上が二・五%、一万円以上が二%、一〇〇〇円以上が一・五%、三〇〇円以上が一%であった。この新税の導入によって明治二〇年に課税対象となった人員は、一一万八千人程度である。当時の全人口は三八七〇万人ほどだったから、全人口の〇・三%前後が納税したにすぎない。そして、明治二〇年代をつうじて、この比率はあまり変わらない。さしあたって所得税制は、富裕層をターゲットとする税制としてスタートしたといえよう[18]。

この税制の課税標準は所得金であった。その内訳は次のとおりである。すなわち、公債や證券類の利子、貸金の利子、株式の利益配当金、官私より受けた俸給、手当金、御給金、割賦賞与金、そして、資産や営業などから生じた収入から販売品原価・物件借入料・雇人給料などを差し引いたものなどである。法人所得は課税対象から外された。営業収入も課税対象であったが、これは個人企業を想定したものであり、諸会社への課税は明治三二年の所得税法改正まで待たなければならなかった。元老院での審議では、法人への課税が中心的な論点になったこともあったが[19]、最終的には、所得税による納税の主体は個人になったのである。

社会的な観点からすれば、一般的に税制とは、課税の対象となる主体を経済的（あるいは金銭的）な指標で階層化したり序列化したりする装置であると見ることができる。したがってこの新税の場合は、いってみれば法人などの集団ではなく個人を序列化のターゲットとして析出し、クローズアップしたということである。個人にこの税制によって、納税額という金銭的な実績によって序列化される存在として認識され、また定義されたのである。

所得税法に添付された「所得税法之議」では、新税導入の理由として、富裕層と貧困層のあいだの租税負担の不公平を是正しようという狙いを挙げている。[20] 地租や間接税が中心である当時の税法では「富者ノ負担甚タ軽ク」、「貧者」に重税が課されているという認識である。新しい税法では、富裕層を狙って一層の税収を得ることが初めから企画されていたのである。したがって、免税点も三〇〇円と高く設定された。そして実際に、人口の〇・三％程度という限定された富裕層を、この税制はターゲットとすることになったのである。[21]

このように明治二〇年の所得税法は、富裕層への課税に特徴があった。そしてもうひとつ、この税制には特色がある。先に述べたように、この税制は五段階という比較的大まかな等級を設けている。さらに、累進税率は一％から三％のあいだに設定されており、かなり緩やかである。どれほど所得金が多くても三％を超える課税はなかった。その反面、所得金が三〇〇円以上であるかどうかで納税者か非納税者かの差異が生じた。[22] つまり、階層の差異化や序列化という、先に触れた税制の社会的な効果や作用に注目してみれば、この所得税法は、どちらかといえば納税者のなかでの差異や序列を税率によって強調するような税制ではなかったことになる。むしろ、納税者と非納税者のあいだの差異を強調する税制であったといえよう。人口の〇・三％という数値を考えれば、税を納めているということ自体の希少性を強調する税制だったといえる。

この税制が導入されたのち、所得税を納税しているかどうか、あるいはどれだけの額を納税しているのかを掲載基準とする人名録が、いくつも出版された。信頼のおける統計的数値によって高所得層の実名を掲示するメディアが、ここに誕生した。それらは「姓名録」「紳士録」「興信録」などの名称のもとに、それぞれが多様な仕方で所得税納税者の実名を公表した。

所得税が導入された当初に刊行された人名録には、納税額を記載するものが少なかった。明治二一年刊行の『全国所得納税者姓名録』〔加藤勘七編纂兼発行〕や明治二三年刊行の『帝國名誉録』〔栗阪又七編、帝國名誉會〕はともに、所得税を納

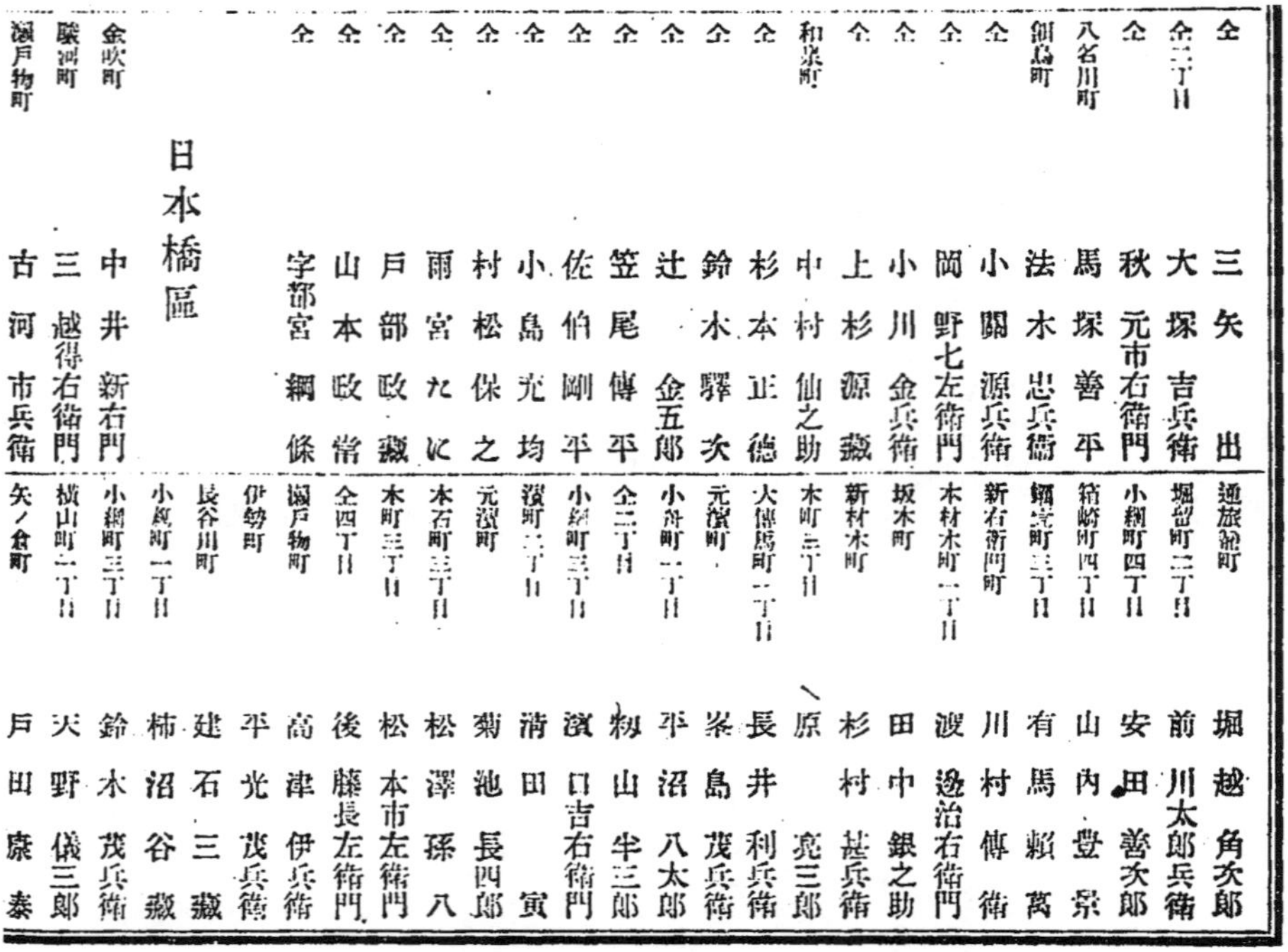
仝 三矢出
仝二丁目 大塚吉兵衛
仝 秋元市右衛門
八名川町 馬塚善平
御島町 法木忠兵衛
仝 小関源兵衛
仝 岡野七左衛門
仝 小川金兵衛
仝 上杉源藏
和泉町 中村仙之助
仝 杉本正徳
仝 鈴木驛次
仝 辻金五郎
仝 笠尾傳平
仝 佐伯剛平
仝 小島光均
仝 村松保之
仝 雨宮たに
仝 戸部政藏
仝 山本政常
仝 宇都宮綱條

日本橋區

金吹町 中井新右門
駿河町 三越得右衛門
瀬戸物町 古河市兵衛

通旅籠町 堀越角次郎
堀留町二丁目 前川太郎兵衛
小網町四丁目 安田善次郎
箱崎町四丁目 山内豊景
蠣殼町三丁目 有馬頼萬
新右衛門町 川村傳衛
本材木町一丁目 渡邊治右衛門
坂本町 田中銀之助
新材木町 杉村甚兵衛
本町三丁目 原亮三郎
大傳馬町一丁目 長井利兵衛
元濱町 峯島茂兵衛
小舟町一丁目 平沼八太郎
仝二丁目 籾山半三郎
小網町三丁目 濱口吉右衛門
濱町二丁目 清田寅
元濱町 菊池長四郎
本石町三丁目 松澤孫八
本町三丁目 松本市左衛門
仝四丁目 後藤長左衛門
瀬戸物町 高津伊兵衛
伊勢町 平光茂兵衛
長谷川町 建石三藏
小舟町一丁目 柿沼谷藏
小網町三丁目 鈴木茂兵衛
横山町二丁目 天野儀三郎
矢ノ倉町 戸田康泰

帝國名誉録〔国立国会図書館所蔵〕

税しているかどうかを、人物掲載の基準にしている。そこでは町名・番地・氏名が記されているが、それ以外の情報は記載されていない。しかし、そうしたシンプルな記載形式によって、いわば無名の納税者たちの氏名が、池田家・島津家・前田家といった富裕な華族の当主たちの氏名の横に、とくに記載項目の差をつけられることなく並んで記されることになった。そして岩崎・安田・三井といった富裕な実業家や商家の当主たちの氏名も、もちろん掲載されている【写真】。たしかに、これらの人名録は納税者の氏名を掲載している納税者録にすぎない。しかし、納税額という金銭的な実績を基準にして、著名な華族の氏名とともに一般納税者の実名を並べて記したことは、人名録が新時代の威信や名誉のあり方、およびその社会的な定義に、大きな影響を及ぼすメディアであったことをうかがわせる。

では、納税額によって析出され、また人名録のなかに列記されたこれらの人々には、集団としてどのような意味が付与されたのだろうか。彼らの実名は、新税の施行がきっかけとなり、いわば突然、人名録に掲示された。彼らは〝納税者集団〟に過ぎなかったが、独自の意味が付与されうる記号でもあった。議論を先取りして述べておこう。明治二〇年代には、さまざまな人名録が刊行されたことを契機として、この集団は「紳士」という既存の言葉で一括され、またそのメンバーは「紳士」として定義されていった。さらに、この意味付与のプロセスには、交詢社による『日本紳士録』の刊行が大きな意味をもっている。『日本紳士録』の刊行によって、かつて『東京日日新聞』が用いた「紳士」「紳商」の意味は大きく変容した。以下では、主に『日本紳士録』の編集コンセプトや掲載項目の変化をたどっていこうと思う。そのなかで、富裕な〝納税者集団〟が「紳士」として定義されていくプロセスを観察したい。

「紳士」の定義

『日本紳士録』のコンセプト

『日本紳士録』の初版は明治二二年六月に刊行された。交詢社がこの人名録を編集したのは、交詢社の創設理念を具体的に実現するためである。交詢社は、新時代において「知識交換」「世務諮詢」を図るには、社交クラブのメンバー（社員）の枠を超えて多くの人々が相互の住所・姓名を知ることが有効であると考えたのである。刊行の二ヶ月前、『交詢雑誌』に掲載された〈社告〉では「先ツ東京横浜ノ紳士録ヲ編シ近日之ヲ刊行ニ附スルコトトナレリ」と記され、刊行が予告されている。[23] そこでは編纂の意図についても言及がある。

人ト交ルニ其姓名ヲ知リ其住所ヲ知ルハ交リノ始メニシテ我社ノ如キ交際ノ衢ニ当リ諮詢質問ノ媒介ヲ為スニ人ノ姓名住所ヲ知ルハ最モ心ヲ用ユ可キ所ナリ

つまり、「諮詢質問」のためには、人の姓名・住所を知ることが肝要である。しかし姓名・住所を知ろうとしても

「世ニ之ヲ知ルノ善本」はない。この姓名録の編纂を企画したのは、そうした現状に応えるためであるという。初版に掲げられた〈緒言〉にも同様の記述がある。[24]

開明ノ當世ニ生レ苟モ人ト交ルモノ書信往復ノ為メ朋友知人ノ宿所番地ヲ記シテ音信ノ用ニ備ヘサルハナシ……知人録或ハ交友録ナドト唱ル小帳簿……知友ノ増スニ従ヒ一々之ヲ帳簿ニ記入スルハ随分煩ハシキモノナレドモ記入シ置カザレハ入用ノ期ニ至リテ指支ヲ生シ聞合セニ時ヲ失ヒ労ヲ費スコト少カラスコレ世ニ紳士録ノ出版ナキガ為メノミ……先ツ手始メニ京浜ノ部ヨリ發兌ヲ試ミ購求者ノ称賛ヲ博セント欲ス京浜両地ノミニテモ紳士ノ人員数拾萬ニ上リ……先ツ最近ノ調査ニ係ル所得納税者ヲ基礎トナシ之ニ若干ノ内外人ヲ加ヘテ大凡二萬五千内外ノ姓名ヲ……

ここには「知識交換」「世務諮詢」に類する言葉はないが、「知人録」「交友録」という言葉からは、やはり交詢社流の社交の考えが込められているのがわかる。初期の『日本紳士録』では、先の節で触れた交詢社の社員姓名録の拡大版がイメージされていたと考えてもよいだろう。そうした社員姓名録から社交団体のメンバーシップや排他性を除いた交友録が、ここに企画されたのだともいえよう。

先にも少し述べたように、もともと交詢社の理念には、産業啓蒙の意図が含まれていた。商工業などについての実利的な、それも、瑣末ともいえる知識を盛んに交換することである。『日本紳士録』の刊行は、そうした知識や知恵を共有する集団を形成しようとする交詢社の目的を、全国的に展開しようとする活動の一環であったともいえる。そして、こうした『日本紳士録』の実利的な側面は、明治二五年刊の第二版以降、明確に打ち出されることになる。第二版〈緒言〉の一部を次に掲げておこう。[25]

……書信往復の為め訪問答礼の為め朋友知人の宿所番地を記して音信の用に備へさるはなし……これ世に紳士録の出版を要する所以なり且つ交際頻繁取引繁雑なるの今日政治家、学者、医師、代言人、商業家の如き何時如何なる人に所用ありとも計られさる身分に取りては世間所得納税者及ひ知名の人士を網羅したる姓名録の出版を要すること最も切要なり……

「所用」があるかもしれない人々同士が連絡をとりあうための仲立ちが、この人名録の目的なのだという。ここでは人名録のメディアとしての意味が、初版の「交友録」から、「交際」や「取引」の〝ツール〟という実利的なものへとシフトしている。また、中核的なユーザーとして、専門職、政治家、実業家などの中間的な階層（「政治家、学者、医師、代言人、商業家の如き……身分」）を挙げているのも特徴的である。この点は、福沢諭吉の「中等以上ノ人物」というアイディアをそのまま受け継いでいる。そこには新時代の先導者という意味が込められていると見てもよいであろう。その後の版の〈緒言〉では、多少の修正はあるが、この実利的な文言がおおむね引き継がれていった。

また、こうした姓名録のコンセプトが、本編の記載内容とはかなりの程度ずれたものであったことには、注意を払うべきである。この人名録に掲載された人々は、実際のところ、おおむね所得税納税者であった。これは、初版の〈緒言〉で「最近ノ調査ニ係ル所得納税者ヲ基礎トナシ」と述べられ、また、第二版の〈緒言〉で「所得納税者及ひ知名の人士を網羅したる」と述べられるとおりである。しかし、所得税納税者は、「政治家、学者、医師、代言人、商業家」といった人々とは、本来、重なるはずはない。実際のところ、この人名録には「政治家、学者……」といったカテゴリーには含まれない農業従事者の氏名が、数多く記載されている。すなわち、一方で『日本紳士録』は、「政治家、学者……」といった新時代の先導者必携の書と位置づけられ、「紳士録」と名づけられた。しかし他方で、この人名録が掲載したのは、主に所得税納税者なのであった。納税者の実名を公表して、彼らを新時代のエリート層として捉え、「紳士」のラベルを貼るところに、『日本紳士録』のメディアとしてのオリジナリティがあったといえよう。

紳士の「発見」

『日本紳士録』が刊行されたのち、「紳士」や「紳商」という文字を冠した人名録や人物叢伝がいくつも刊行された。そして、それらは巷間に埋もれている〝無名〟の「紳士」の実名を多数、記載した。『横浜紳士しるべ』（橋本篤太郎編、明治二三年）、『日本紳商美談』（鈴木金輔編、明治二七年）、『大日本紳士鑑』（妹尾久造編、明治二八年）などである。いってみれば、巷にいる多くの「紳士」が社会的に析出され、発見され、また可視化されていったのである。

この過程で、「紳士」という言葉は一種の流行語になった感がある。所得税を納税している者かどうかという明確な基準が現れたために、「紳士」につきまとっていた曖昧なイメージは払拭されたと考えてもよいであろう。ただし、これによって多くの「紳士」が〝発見〟されたため、「紳士」という言葉は大衆的な概念へと変化していった。「紳士」が過剰に見いだされたという点では、「紳士」のインフレ状況が現出したのだといえよう。新聞『日本』（明治二五年一月二六日）には次のような記事が掲載されている。[26]

寄書　紳士紳士、世間なんぞ紳士の多きや、近日出版の日本紳士録を見るに、腰弁官吏に紳士あり、縁日商人に紳士あり。堂々たる新聞社員先生に、紳士多くおわしますこと当然なれども、中にはこれまであまり世間に顕れざる顔振れあり。これを隠紳士とも申すべきものか……。知らず紳士と申すものはいかなるものを云うや、ツイデに紳士の定義も承わりたし。……

おそらくこの記事は、『日本紳士録』の第二版を通覧したものであろう。「世間なんぞ紳士の多きや」という言葉には、交詢社が無名の「紳士」（「隠紳士」）を数多く〝発見〟して実名を掲げたことへの素朴な当惑が表現されている。先の『帝國名誉録』のような納税者録は数々あるが、納税者を「紳士」というカテゴリーで捉えた『日本紳士録』は、とりわけ「紳士」の定義に混乱や衝撃を及ぼすものだったようである。また、納税者である富裕層が「紳士」として捉えられたことを受けて、いわゆる「紳士」と称される人々を拝金主義者と決めつけ、批判する向きもあった。たとえば明治二九年の『国民之友』は〈紳士とは何ぞ〉という論考を掲載している。そこでは、議員・学者・宗教家・新聞記者・高等官などといった高額所得者の「拝金風」と打算的な徴候が指弾されている。そして、次のような結論が導かれる。[27]

……吾人の紳士と認識する所の人士は、言ふまでもなく、有道の士なり、盛徳の君子なり、大節を操持するの大人なり。交詢社の所謂紳士の如く、青楼の主人、待合の女将等にあらざる也。語に曰く、徳不孤必有隣。吾人は天下有識の士が、必ず吾人に与すべきを知る。

ここでは、納税の事実と「紳士」の概念がリンクされたことへの違和感を読み取ることができよう。また、「交詢社の所謂紳士の如く」という表現などからは、当時の『日本紳士録』の反響が、決して小さなものではなかったことがうかがえる。『日本紳士録』の各版には多くの広告が掲載され、そうした広告は版を重ねるほど増えていったが、こうした点からも、この人名録は、「紳士」の実名を記載する新しいメディアとして注目されていたようである。この人名録の正確な発行部数を知ることは難しいが、版元・交詢社の決算表を見れば、「紳士録利益」が交詢社の全収入のなかで多くの部分を占めていたことがわかる。(28)『日本紳士録』の売れ行きは比較的好調であり、この人名録が多くの人々の目に触れたと考えてもよかろう。

さて、この人名録の記載形式について、ここで少し触れておこう。掲載者の氏名は、いろは順で記載されている。一頁につき二〇名から三〇名程度の人物の氏名や職業などが記されている。そして各版の頁数は数百に及ぶ。しかし、頁数の多さにもかかわらず、本書が問題としているリッチな実業家たちの氏名は、意外に容易く見つけることができる。とくに第三版（明治二九年一〇月発行）では、氏名・職業（および肩書）とともに、初めて納税額が記載された。そのため、掲載される者の多さにもかかわらず、彼らの傑出した納税額は閲覧する者の目にとまりやすい。

たとえば〈い、ゐ之部〉を見ていくと、岩崎久弥が他を圧倒するような額を納税しているのがわかる【写真】。また、〈や之部〉の安田、および〈み之部〉の三井を見れば、高い税額を示す同姓一族の氏名が並んで掲載されている【写真】。税額において傑出している実業家・財閥当主は、掲載者のなかで際立った存在となっているといえよう。

そこで、第三版に掲載された二万六四五九名のなかから納税額のトップ三〇名を取り出し、納税額順に氏名とそこに記された職業（肩書）を並べてみた【表1d】。三井家一門・岩崎久弥・岩崎弥之助・渋沢栄一・安田善次郎・大倉喜八郎といった財閥創始者や実業関係者が、旧諸侯や旧公卿の華族とともに納税額のトップを形成しているのがわかる。この第三版以降、納税額の掲載は『日本紳士録』の売り物のひとつになった。『日本紳士録』は納税の事実を基準にして「紳士」の世界を析出したが、それに加えてこの人名録は、「紳士」の世界の代表的人物とは誰かを、納税額の多寡によって定義したのだといえよう。一部の華族・財閥創始者・実業関係者は、納税額において傑出している点で「紳士」の代表的人物として掲示されたのである。

岩崎彌三郎　生糸商●六、〇八〇　芝區芝車町四六　電話一六〇

岩崎又吉　農●一四、七四〇　地租五九、三六五　北豐島郡長崎村字長崎四一七〇

岩崎萬吉　農　地租三一、〇九三　北豐島郡長崎村字長崎四一〇五

岩崎源次郎　洋服商●三、五四〇　芝區日影町三丁目一

岩崎五兵衛　●三、〇四〇　神田區柳原河岸三〇

岩崎高行　豫備陸軍一等軍吏　麹町區元園町一丁目三七

岩崎好正　蹊々堂、書籍商●四、四六〇　京橋區采女町七

岩崎定方　日本赤十字社々員●四、四四〇　麹町區三番町二〇

岩崎傳右衛門　地租二六、八九一　四谷區南伊賀町七一

岩崎傳次郎　農　地租一五、七九三　南葛飾郡大木村下木下川一三六七

岩崎傳次郎　伊勢屋、酒類問屋東京府會議員●九八、三五三　地租一七、六八〇　四谷區南伊賀町七一

岩崎久彌　男爵　三菱合資會社業務擔當社員●二七、八〇八、三五〇　地租三三、三菱合資會社名義麹町區道三、丸ノ内分一、四三二、三六〇　全神田區三崎町分三、九一七自邸神田區下谷區分六、六〇三(其他略ス)本郷區上富士前町一三　電話三五

岩崎久三郎　濱物商●三、〇四〇　深川區常磐町二丁目一〇

岩崎金太郎　農　地租一九、五二三　豐多摩郡落合村葛ケ谷四八〇

三井八郎左衛門　水車業●三、〇〇〇　豐多摩郡澁谷村中澁谷九三

三井八郎次郎　第一銀行取締役●一、一六三、五六〇　麹町區下二番町七三　電話四三

三井豐次郎　●一六、五五五　本郷區駒込西片町一〇

三井得右衛門　●三六、〇〇〇　麹町區一番町四〇　電話一三一

三井勝次郎　乾海苔商●三、一六〇　京橋區南傳馬町一丁目一

三井養之助　三井物産合名會社員●一、二一七、三四〇　日本橋區濱町三丁目一　電話四一

三井高生　地租五、九五五、〇四三　神田區北神保町二

三井高保　三井銀行總長●一、二一〇、〇〇〇地租一、六一七、七三四　麹町區上貮番町四四　電話一二八〇

三井武之助　三井工業部長●三、三一八、三二〇　麹町區富士見町五丁目一〇　電話一五六

三井毎雄　陸軍歩兵中尉●四、六八〇　牛込區横寺町六三

三井安兵衛　紙商●三、〇〇〇　神田區鍛冶町六

三井源右衛門　合名會社三井吳服店長●二、六六四、七二〇　麹町區富士見町二丁目二九　電話一三五

三井復太郎　三井地所部長●二六六、六二〇地租一三三、二一六　麹町區中六番町四四　電話一五一

三井さた　●三、〇〇〇　日本橋區新和泉町一

三井三郎助　三井鑛山合名會社々長●二、二六四、五〇〇　小石川區小石川水道町一　電話二五五

三井久陽　神奈川縣監獄書記●三、〇〇〇　横濱市戸部町三丁目八三

安田善雄　●四〇、六五〇　本所區横網町二丁目一〇

安田善四郎　第三國立銀行頭取、帝國海上保險株式會社取締役、安田銀行取締役●三六、七〇〇　日本橋區小網町四丁目八

安田善次郎　安田銀行監事、第八十二國立銀行監督●一、八六〇、〇五三　地租三一、〇三八　本所區横網町二丁目七　電話一〇三〇

安田善助　第四十五國立銀行取締役、東京火災保險株式會社取締役●四七、七二〇　日本橋區小網町四丁目九

安館武男　東京郵便電信局技手●三、〇〇〇　日本橋區松島町三

安中伊兵衛　白米商●三、〇〇〇　京橋區鈴木町二

安永義章　非職陸軍技師●一九、五〇〇　麹町區一番町二七

安室政晴　貸金貸家業●九、一七〇　横濱市初音町二丁目七

安村長美　東京地方裁判所判事●八、〇〇〇　麹町區富士見町二丁目一五

日本紳士録（第３版）〔国立国会図書館所蔵〕

順位	氏　名	職業および肩書	所得税納税額
1	岩崎久弥※	男爵，三菱合資会社業務担当社員	（円）　27,808
2	毛利元徳*	公爵，旧周防山口藩主，貴族院議員	6,538
3	池田章政*	侯爵，旧備前岡山藩主，貴族院議員	5,527
4	前田利嗣*	侯爵，旧加賀金澤藩主，麝香間祇侯貴族院議員	5,430
5	岩崎弥之助※	男爵，第百十九国立銀行取締役	4,724
6	徳川茂承*	侯爵，旧紀伊和歌山藩主　貴族院議員	4,374
7	細川護成*	侯爵，旧肥後熊本藩主，貴族院議員	4,195
8	浅野長勲*	侯爵，旧安芸広島藩主，第十五国立銀行頭取，貴族院議員	4,051
9	井伊直憲*	伯爵，旧彦根藩主，貴族院議員	3,566
10	岩倉具定**	公爵，旧公卿，宮内省爵位局長，貴族院議員	3,461
11	鍋島直大*	侯爵，旧肥前佐賀藩主，宮中顧問官，貴族院議員	2,707
12	三井源右衛門	合名会社三井呉服店長	2,694
13	松平頼聡*	伯爵，旧讃岐高松藩主	2,624
14	渋沢栄一	第一銀行頭取，日本郵船株式会社取締役	2,602
15	黒田長成*	侯爵，旧筑前福岡藩主，貴族院議員	2,367
16	三井武之助	三井工業部長	2,318
17	三井三郎助	三井鉱山合名会社々長	2,284
18	山内豊景*	侯爵，旧土佐高知藩主	2,243
19	三井元之助	三井物産合名会社長	2,076
20	雨宮敬次郎	川越鉄道株式会社取締役，甲武鉄道株式会社取締役	2,049
21	原善三郎	生糸商，第二国立銀行頭取，株式会社横浜蠶絲外四品取引所理事長	1,914
22	安田善次郎	安田銀行監事，第八十二国立銀行監督	1,870
23	古河市兵衛	鉱山業	1,850
24	茂木惣兵衛	生糸売込貿易商･茂木銀行	1,799
25	渡辺福三郎	石炭屋，海産乾物商，横浜市会議員，第二十七国立銀行取締役	1,654
26	藤堂高紹*	伯爵，旧伊勢津藩主	1,652
27	大倉喜八郎	合名会社大倉組頭取	1,637
28	平沼専蔵	石炭屋，雑種売込商，洋糸織物取引商，株式会社横浜銀行頭取	1,575
29	有馬頼萬*	伯爵，旧筑後久留米藩主	1,503
30	池田仲博*	侯爵，旧因幡鳥取藩主	1,452

『日本紳士録』（第三版，明治29年10月発行）の掲載者のうち，記載されている所得税納税額上位30名の氏名，記載されているおもな職業，肩書，所得税納税額（小数点以下は切り捨て）を，それぞれ挙げた。納税額が記入されていない者は省いた。なお，第三版の掲載者は，東京府・神奈川県在住の明治28年度所得税納税者と府県会議員選挙有権者中地租15円以上納税者である。*は，旧諸侯出身の華族。**は，旧公卿出身の華族。※は，第三版が発行された明治29年に実業家として初めて受爵した者。

表１ｄ　『日本紳士録』（第3版，明治29年）記載の所得税納税額トップ３０

動揺の時代

さて、明治二〇年代の終わり頃から三〇年代の前半にかけて、税制は再び大きな変革期をむかえた。営業税が新たに国税として導入され、さらに所得税法が改正されたのである。そして、こうした税制の変化と連動して、人名録のあり方も大きく変わっていった。以下では、それぞれの税制が、富裕層を可視化する人名録の試みにどのような影響を及ぼしたのかを見ていこう。

営業税の衝撃

営業税法は明治二九年三月に公布された。日清戦争の結果、歳計が膨張したので、政府は新しい財源を確保する必要に迫られた。そこで、それまで地方税として各府県が課徴していた旧来の営業税および雑種税を国税へと編入して、それを新しく営業税としてスタートさせたのである[29]。

営業税は、商工業者をターゲットとする国税であり、彼らに固有の租税負担を課するものであった。ただし、商工業者の職業的な威信という点を考えれば、営業税は彼らにたいしてプラスに作用するという一面もあった。明治二二年二月に公布された衆議院議員選挙法では、選挙権と被選挙権を取得するには、地租と所得税からなる直接国税を一五円以上納付していなければならないという条件が規定されていた。これまでは、地租を納税する土地所有者と比べて、商工業者は税負担のわりにはそうした権利を取得することが難しかったのである。しかし、営業税が国税として導入されることによって、彼らに、いわば公権への接近を容易にする新しいルートが与えられたわけである。

実は、営業税が導入された明治二九年には、もうひとつ、商工業者の職業的な威信に深く関わる出来事が生じている。日清戦争の軍功による叙爵者にまじって、実業界の人物（岩崎久弥・岩崎弥之助・三井八郎右衛門）に初めて爵位が授けられたのである。この出来事は、実業の分野で国家にたいして顕著な貢献があれば、途方もない威信の上昇がありうるということを社会に周知させるメッセージとなったはずである。少なくとも、実業という職域や実業家自身の地位向上にとって、彼らへの爵位授与はきわめて重要な出来事であったはずである。新税の導入や実業関係者への叙爵といったこれら一連の出来事からは、商工業者の職業的な威信を向上させ、彼らの営利活動で生み出されたものを国益へと誘導していくという明治政府の巧みな政治的意図をみてとることもできよう。

このように、公権への接近や商工業者の職業威信といった点を考えれば、営業税は、富裕な実業家にとっては必ずしも税負担のみを強いる悪税であったわけではない。人名録をつうじて高額納税の事実が公表されれば、国家にたいする自己の金銭的な貢献を社会に向かって知らしめることもできるであろう。しかし、実際の営業税は、成功致富した実業家たちを含む富裕層をうまく識別できる税制であったとはいえない。営業税の導入は、実のところさまざまな批判を生み、また、各地で激しい反対運動を巻き起こした。そうした反対運動の展開については、これまで詳しく研究されてきた[30]。ただし、ここで注目したいのは、そうした具体的な運動ではない。反対運動や批判の根拠となった営業税の税制としての特徴についてである。結論的なことを先に述べておこう。営業税の課税方法は、富裕層を析出するための効果的な手段ではなかった。むしろそれは、新時代の富裕なエリート層を〝発見〟していこうとするこれまでの人名録の試みを妨害し、また、その試みを挫折へと導くものであったとさえいえる。以下では、営業税の内容、そして営業税と人名録との関わりについて、順にみていこう。

営業税は、営業によってもたらされる純粋な収益にたいして課されたのではなかった。それは外形的な標準にたいして課された。すなわち資本金額・売上金額・建物賃貸価格・従業者数・報償金額・請負金額などであり、それぞれの業種に、これらのうち二つないし三つが課税標準として選ばれた。たとえば物品販売業の場合は、売上金額と建物賃貸価格と従業者数にたいして課税されている。また銀行業や製造業の場合は、資本金額と建物賃貸価格と従業者数に課税されている。

また免税点と税率も業種によってまちまちである。たとえば銀行業者には資本金に課税される。その税率は〇・二%であり、免税点の規定はとくにない。これにたいして金銭貸付業者には、銀行業と同じ税率が課されるが、五〇〇円未満への非課税という免税点が設けられている。また運送業者にも、やはり資本金にたいして課税されるが、その税率は〇・二五%であり、銀行業者とは異なるといった具合である。

免税点の設定や税率が業種によってまちまちであるために、この税制は必ずしも豊かではない階層に重税を課していると批判する向きもあった[31]。しかし、数ある批判の核心は、やはり純益のかわりに資本金や従業員数といったきわめて外形的な標準に課税された点にあった。たとえば『東京経済雑誌』に掲載された記事〔明治三〇年〕は、徴税の利便性を考えて営業税が外形的な標準を採用した点をとりあげ、「負担の公平」を得ようとするならば純益に課するべきであると述べている[32]。記事の指摘のように、営業税は営業規模の〝外観〟に課税した。こうした外形主義的な課税標準は、いわばスタティックな標準である。かりに決算で大きな赤字が出た場合であっても、課税標準の規模を縮小しない限り、これまでとほとんど変わらぬ額を納めなくてはならない。営業税として徴税される税額は、納税者の〝豊かさ〟の実態をうまく反映していないのである。

この税法が導入されて以降、納税額を根拠として富裕層を抽出しようとしてきた人名録の試みは動揺し始めた。いってみれば、〝豊かさ〟の差異をうまく序列化できない税法が出現したのである。信頼のおける客観的数値で富裕層の総体を抽出しようとしても失敗に終わることが、明らかになったのだといえる。営業税の納税額、あるいは営業税を含む国税納税額を掲載基準にすると、人名録には裕福とはいえない人々が多く入り込んでくる。そのような人名録は単なる納税者録にすぎない。かといって、営業税額を掲載基準から外してしまうと、納税によって国家に貢献している多くの富裕な商工業者を見逃してしまう。富裕層を〝発見〟し、彼らを「紳士」と定義づける人名録の試みは、失敗の道を歩み始めた。富裕層の抽出は難しくなった。そして富裕層はふたたび、社会的には見えづらい存在になり始めたのである。

明治二〇年代初頭に所得税が導入された頃の人名録の場合、納税額という数値で掲載者を制限することはあまりなかった。しかし営業税が導入されてからは、いくつもの人名録で掲載制限が見られるようになった。国税を納めていることそのものを階層間の差異に読みかえて、富裕層を〝発見〟していくことは難しくなったわけだから、掲載制限がおこなわれるのは自然のなりゆきだったといえる。それとともに、人名録に列記された人々を「紳士」のような特徴的なキャラクターで捉えたり語ったりすることも難しくなった。明治三一年刊行の『大日本商工名鑑』〔商業興信所〕

は、この頃の掲載基準の典型を示している。〈緒言〉には次のように記される。[33]

……本書ハ…我邦有数ノ大都会十一市を撰ヒ其在住商工業者中営業税拾圓以上ヲ納ムルモノ三万七千余人網羅シテ姓名住所職業及営業税ヲ詳記シ参考ノ為メ所得税及地租ヲ付記シテ以テ各人営業ノ盛否財産ノ多少ヲ窺知スルノ資料ニ供セントス……

ここに記されるとおり、この人名録は、営業税一〇円という掲載基準に特別な意味をもたせているわけではない。営業税額に加えて所得税・地租の納税額をそれぞれ併記することで、掲載者の「営業ノ盛否財産ノ多少」に関する「資料」を読者に提供する。これがこの人名録の趣旨である。すなわち、掲載者が裕福であるかどうかの判断を、読者に委ねたのである。この人名録のように、この頃から税額の記載は、人名録の売り物になっていった。ただし、それと引きかえに、人名録は、富裕層をひとつの特徴的で個性的な階層として読者に呈示する努力を放棄していったのである。税額という数値は掲載者ひとりひとりの差異を細かく表現するが、他方で、数字のままでは階層間の差異をうまく表現できないはずである。

こうしたことは『日本紳士録』についてもいえる。『日本紳士録』は、明治二九年一〇月発行の第三版以降、掲載基準や掲載項目をめまぐるしく変化させた[34]。また、明治三八年の第十版までは営業税の掲載を見あわせた。営業税の扱いや掲載基準そのものについて、この人名録はあきらかに苦心していた。「紳士」の定義を国税の納税事実で間に合わせることが、できなくなったのである。そしてやはり、この人名録も納税額による掲載制限を始めた。

納税額による掲載制限は、明治三〇年の第四版から部分的に始まるが、それが本格的に導入されたのは明治三二年の第五版からである。そこでは、四円以上（「東京市付近」では五円以上）の納税というハードルが設けられた。『日本紳士録』は、所得税納税者を残らず掲載することをやめて、納税額という編集者側が恣意的に設定したハードルをもとに「高額納税者」を掲載し始めた。いってみれば「高額納税者」のみを、掲載の許されるメンバーとして選び、彼らを「紳士」として定義したのである。

その後、掲載基準としての税額は、版を重ねるたびに変化していった。とくに明治三八年一一月刊の第十版では、税額は、第九版〔明治三六年〕の六円以上から一五円以上へと一気に引き上げられた。版元の交詢社が掲載のハードルをこのように高く設定した理由としては、当時、所得税の納税者数が著しく増加しつつあった点が考えられる。全人口に占める所得税納税者の割合は、明治三四年に初めて一%を超え、三五年に一・二九%、三六年に一・四二%、三七年に一・五二%と、増加の一途をたどっている[35]。『日本紳士録』は紙数に限りある書籍メディアとして、納税額による掲載制限を厳しくせざるをえなかったのだろう。いずれにしても、編集者が恣意的に設定した納税額によって、「紳士」の定義や選別がおこなわれるようになったのである。

そして第十一版〔明治三九年一二月印刷〕を待って、営業税の納税額が初めて掲載基準に加えられた【写真】。このことによって、掲載の対象者は著しく拡大した[36]。富裕な商工業者の多くが「紳士録」のメンバーとなったのである。『日本紳士録』にとって、納税額による掲載制限は、当然、選択すべき道となったのである。

所得税法改正と『日本紳士録』のその後

次に、明治三二年におこなわれた所得税法の改正〔二月公布〕についてである。この税制よって、富裕層の〝発見〟は事実上、不可能になったと言ってもよい。

改正の目的はやはり、戦後経営のもとでの財源の確保である。改正の目玉は何といっても、起業の増加で諸会社が勃興してきた現状をふまえて、法人所得を新たな課税対象に加えた点にある。これによって、法人所得の二・五%が所得税として課徴された。ただ、ここで注目すべきなのは、法人への課税そのものではない。法人への課税を受けて、個人が受ける法人からの配当金や公債・社債の利子が、所得税法の適用外になった点である。所得税を有力な掲載基準とする人名録にとって、この改正は大きな打撃であったにちがいない。株券や公債・社債から莫大な利益を得る実業家や華族は〝少額納税者〟となってしまう。また、税額による掲載制限により、彼らの氏名が人名録から姿を消してしまうこともある。

この問題への『日本紳士録』の対応は、興味深い。改正所得税法の公布後に刊行された第六版〔明治三三年〕と第七版〔明治三四年〕では、所得税納税額の記載を見送った。第六版の〈緒言〉には次のようにある[37]。

……先般所得税法改正の結果、個人所有の公債、株券を所得税法の範囲外に置き之に対しては其所有者に課税せさることゝなりたるが為め前年度の納税者にして今回は全く納税資格を失ひしもの少なからずと雖とも此等の人の中に就て其現住所の判然したるものは前版通り本書に掲載したる……

伊藤金吉　京橋區南鍋町一ノ二●三五
伊藤金太郎　豐多摩郡千駄ヶ谷村千駄ヶ谷五九三●一九
伊藤勝太郎　伊東屋、文房具商、京橋區銀座三ノ一四●六〇×九三
伊藤勝次郎　駿河屋、毛織物商、日本橋區村松町二三×六四▲浪二八四二
伊藤勘次郎　三河屋、白米商、京橋區彌左衞門町九×四四
伊藤與八　立花屋、染物業、京橋區南鍛冶町二×四八
伊藤好之　株式會社東京商品取引所監査役、麹町區有樂町三ノ一●三二
伊藤芳郎　神田區山本町二五●一八
伊藤芳太郎　古着商、下谷區仲徒町四ノ二●三五
伊藤芳次郎　石油問屋業、日本橋區小網町一ノ五●一八四▲浪一〇一四
伊藤泰明　陸軍武官、麹町區飯田川岸二四號地●三六
伊藤泰介　陸軍士官學校教官、陸軍醫官、豐多摩郡千駄ヶ谷村千駄ヶ谷八五六●二二
伊藤太郎　東京府立第三中學校教諭、麹町區平河町五ノ二六●二三
伊藤大八　麹町區五番町二●一七▲番四〇〇
伊藤大太郎　菓子商、日本橋區本石町一ノ二一×四八
伊藤辰次郎　宮内省内匠寮技手、麹町區元園町一ノ二六●一五

伊藤惣太郎　金崎屋、酒類薪炭商、麻布區田島町一七×四八
伊藤惣十郎　大藏省主税局屬、小石川區水道端町二ノ三三●一八
伊藤莊次郎　牛込區東五軒町四二●二五
伊藤常作　海軍少將、牛込區北町一六●五三
伊藤常太郎　西洋建築用鐵物商、日本橋區本石町三ノ一八×五〇▲本三〇〇九
伊藤常次郎　釜屋、砂糖商、日本橋區小綱町一ノ六●一〇七×五二五▲長浪一三二八
伊藤常次郎　古一堂、文房具商、日本橋區横山町三ノ一三●一七×一二二▲浪一七一二
伊藤直温　海軍水路部測量科技師、赤坂區榎坂町五●五三
伊藤直吉　富士見屋、刀劍洋服商、芝區芝口二ノ一九●三七×五〇▲新三一六三
伊藤直光　中央氣象臺書記、牛込區矢來町三番殿四一●一九
伊藤尚矩　大藏省主税局屬、牛込區市ヶ谷田町二ノ三一●一五
伊藤宇平　肥料問屋業、深川區小松町二●五五×二四一▲長浪一七六五
伊藤卯七　小津清左衞門出店主、木綿商、日本橋區大傳馬町一ノ三×四一二▲浪一〇八
伊藤楳太郎　京橋區築地三ノ一五●六五×一七五▲長新一一三〇
伊藤信義　下谷區上根岸町七八●一五

東京の部　い、ゐ之部（伊）

●印は所得税　×印は營業税　▲印は電話　三

日本紳士録（第11版）

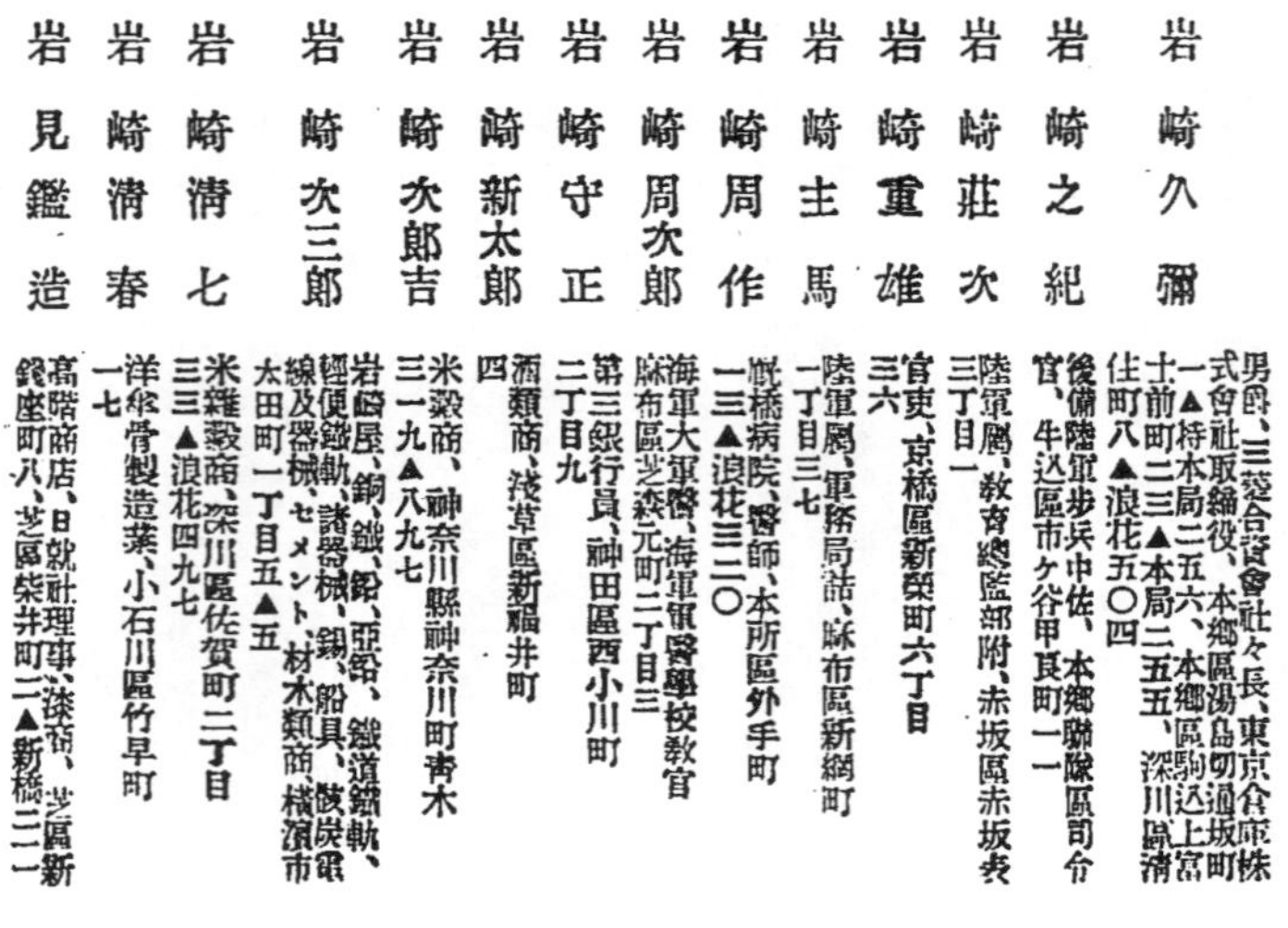

岩崎久彌　男爵、三菱合資會社々長、東京倉庫株式會社取締役、本郷區湯島切通坂町一▲特本局二五六、本郷區駒込上富士前町二三▲本局二五五、深川區清住町八▲浪花五〇四
岩崎之紀　後備陸軍歩兵中佐、本郷聯隊區司令官、牛込區市ケ谷甲良町一一
岩崎荘次　陸軍屬、教育總監部附、赤坂區赤坂表三丁目一
岩崎重雄　官吏、京橋區新榮町六丁目三六
岩崎主馬　陸軍屬、軍務局詰、麻布區新網町一丁目三七
岩崎周作　厩橋病院、醫師、本所區外手町一三▲浪花三二〇
岩崎周次郎　海軍大軍醫、海軍軍醫學校教官、麻布區芝森元町二丁目三
岩崎守正　第三銀行員、神田區西小川町二丁目九
岩崎新太郎　酒類商、淺草區新福井町四
岩崎次郎吉　米穀商、神奈川縣神奈川町青木三一九▲八九七
岩崎次三郎　岩崎屋、銅、鐵、鉛、亞鉛、鐵道鐵軌、輕便鐵軌、諸器械、錫、船具、骸炭電線及器械、セメント、材木類商、横濱市太田町一丁目五▲五
岩崎清七　米雜穀商、深川區佐賀町二丁目三三▲浪花四九七
岩崎清春　洋傘骨製造業、小石川區竹早町一七
岩見鑑造　高階商店、日就社理事、染商、芝區新錢座町八、芝區柴井町三▲新橋三二一
▲印ハ電話　二十九

日本紳士録（第６版）〔国立国会図書館所蔵〕

掲載制限を厳しくおこなうと、納税資格を失い、突然、掲載されなくなるケースが出てくる。また、資産家であって、かりに掲載されても、少額の納税額しか掲載されないというケースもある。したがって、とりあえず掲載する人物については前回の基準にならうことにして、そのかわり納税額は、必ずしも致富の度合いを反映しないために記載を見送ったのである。これによって、氏名・職業（肩書）・電話番号・住所が記されるシンプルな体裁になった【写真】。

明治三五年の第八版から、税額の記載は復活する。しかし、記載される納税額のなかに配当金や公債・社債の利子が含まれなくなったことによって、多くの者の税額が、これまでと比べて低い額になった。また、円位未満の数値を記載しなくなったために、全体的に見て体裁は、やはりシンプルになっている。とくに財閥当主や著名な実業家に記載される額はおおむね低額となり、税額による傑出ぶりは、これまでのようには強調されなくなった【写真】。

第八版に記載されている税額について、少し見ておこう。たとえば大倉喜八郎の納税額は、第四版では三六〇〇・一八〇円、第五版では三九六二・三一〇円であったが、税額記載が復活したこの版では三八七円となっている。島津忠重（二六一八円）や徳川茂承（二五三七円）など、千円を超える納税者が幾人もいることを考えれば、もはや大倉は税額において傑出した人物であるとはいえない。また、三井八郎右衛門の場合、第四版では一三二四・七一〇円、第五版では九六四・三八〇円であったが、この版では数値自体が記載されなくなっている。三井高保の場合も、第四版では一五三六・〇〇〇円、第五版では一五四九・二〇〇円であったが、この版ではやはり記載がない。所得税法の改正によって、納税額は巨富の所在

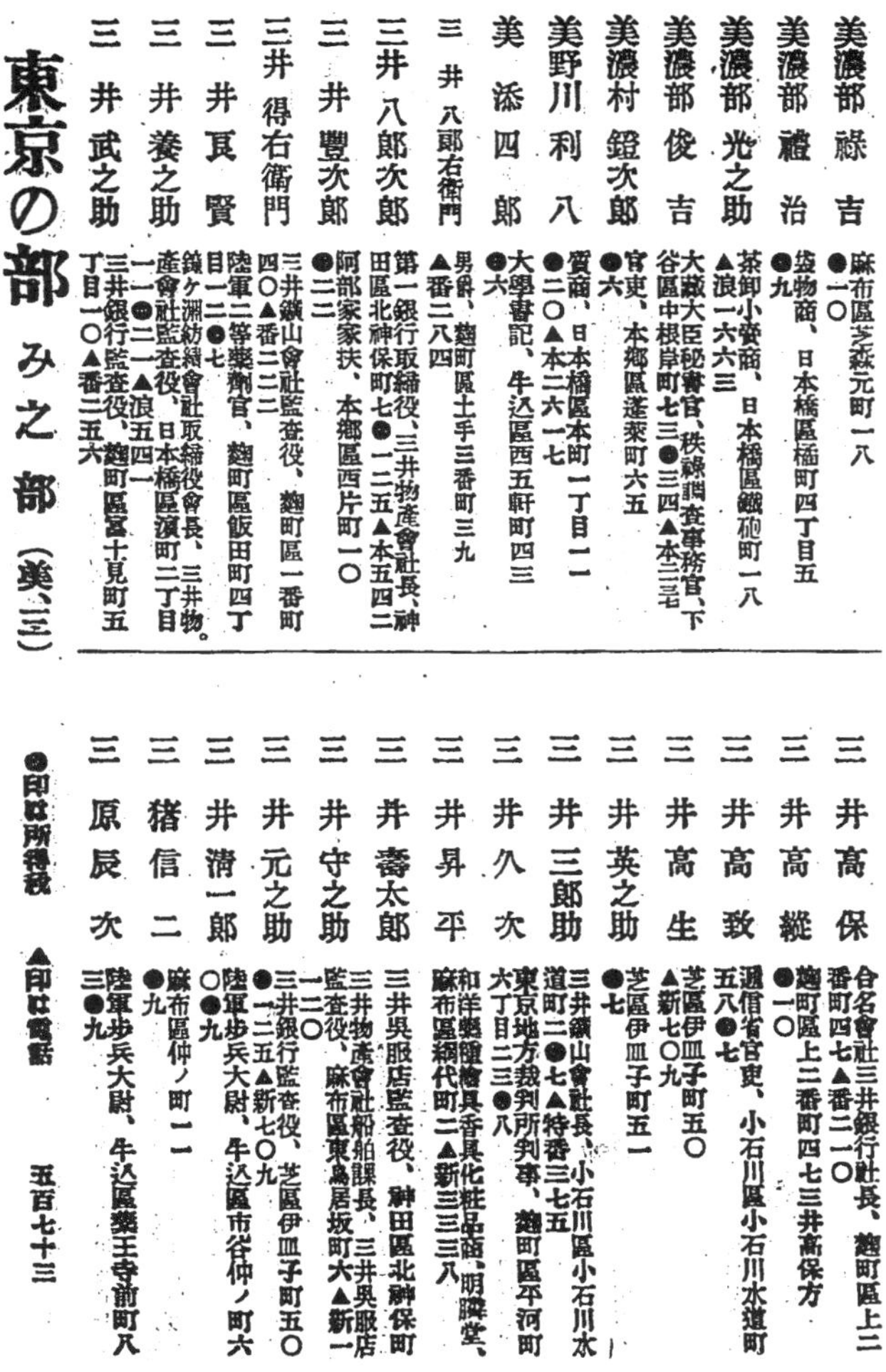

東京の部　み之部（美、三）

美濃部祿吉　麻布區芝森元町一八 ●一〇
美濃部禮治　袋物商、日本橋區桶町四丁目五 ●九
美濃部光之助　茶御小賣商、日本橋區鐵砲町一八 ▲浪一六六三
美濃部俊吉　大藏大臣秘書官、秩祿調査事務官、下谷區中根岸町七三 ●三四 ▲本三三七
美濃村鐙次郎　官吏、本郷區蓬萊町六五 ●六
美野川利八　質商、日本橋區本町一丁目一 ●二〇 ▲本二六一七
美添四郎　大學書記、牛込區西五軒町四三 ●六
三井八郎右衛門　男爵、麹町區土手三番町三九 ▲番二八四
三井八郎次郎　第一銀行取締役、三井物產會社長、神田區北神保町七 ●一二五 ▲本五四二
三井豐次郎　阿部家家扶、本郷區西片町一〇 ●二二
三井得右衛門　三井鑛山會社監査役、麹町區一番町四〇 ▲番二二二
三井眞賢　陸軍二等藥劑官、麹町區飯田町四丁目一二 ●七
三井養之助　鐘ケ淵紡績會社取締役會長、三井物產會社監査役、日本橋區濱町二丁目一一 ●二一 ▲浪五四一
三井武之助　三井銀行監査役、麹町區富士見町五丁目一〇 ▲番二五六

三井高保　合名會社三井銀行社長、麹町區上二番町四七 ▲番二一〇
三井高縦　麹町區上二番町四七三井高保方 ●一〇
三井高致　遞信省官吏、小石川區小石川水道町五八 ●七
三井高生　芝區伊皿子町五〇 ▲新七〇九
三井英之助　芝區伊皿子町五一 ●七
三井三郎助　三井鑛山會社長、小石川區小石川水道町二 ●七 ▲特番三七五
三井八次　東京地方裁判所判事、麹町區平河町六丁目二三 ●八
三井昇平　和洋藥種繪具香具化粧品商、明瞬堂、麻布區網代町二 ▲新三三三八
三井壽太郎　三井呉服店監査役、神田區北神保町
三井守之助　三井物產會社船舶課長、三井呉服店監査役、麻布區東鳥居坂町六 ▲新一一二〇
三井元之助　三井銀行監査役、芝區伊皿子町五〇 ●一二五 ▲新七〇九
三井清一郎　陸軍歩兵大尉、牛込區市谷仲ノ町六〇 ●九
三猪信二　麻布區仲ノ町一一 ●九
三原辰次　陸軍歩兵大尉、牛込區藥王寺前町八三 ●九

●印ハ所得税　▲印ハ電話　五百七十三

日本紳士録（第８版）〔国立国会図書館所蔵〕

を示す目印ではなくなった。それとともに、『日本紳士録』は、財閥の当主たちの金銭的な稀少性――いわば金銭的なエリート性――を表現する術を見失った。スーパーリッチの稀少性が、納税額という信頭性のある数値によって表現される時代ではなくなったのである。

第八版には、もうひとつ大きな変化がある。それは、この人名録のコンセプトを謳っていた長文の〈緒言〉が廃止された点である。もはや「紳士」の具体的なイメージは語られなくなった。そして、凡例の文言は大きく改められた。その一部を掲げておこう。[38]

一、本書登載の人名は東京、横浜、神奈川、横須賀、名古屋、京都、大阪、神戸並に以上各地の附近に居住して所得税五円以上を納め若くは電話を所有する者等にして其人員五萬人なり
一、所得税法は公債、株券債券等より生ずる個人の所得に課税せず故に有名の資産家にして少しも所得税を納めざる者あり是れ看者の注意を乞ふ所なり
一、電話者〔ママ〕所有者にして醜業者にあらざる者は概ね網羅せり是れ前項に記したる欠点を補はん為めなり

所得税は、もはや階層を序列化するための有力な指標ではなくなった。その欠を補うために、電話を所有しているかどうか、また「醜業者」かどうかという点が、新しい掲載基準として加えられたのである。「醜業」云々はこの版で姿を消す。しかし、電話所有の基準は、明治三九年の第十一版まで続く。電話番号の記載はこれまでもあったが、それを掲載基準として採用したのである。いうならば、電話所有を「紳士」の条件のひとつに数えたのである。こうした〝電話紳士〟の出現は、人名録の世界において、ひとつの時代が終わったことを象徴しているであろう。税法が示す客観的数値は、もはやリアルな階層を語る言葉ではなくなっていたのである。

おわりに

これまで見てきたように、明治二〇年代に所得税が導入されたことによって、新時代のエリートとは誰かという問いは、きわめて合理的な方法によって解決された。納税の有無や納税額を掲載基準とする人名録が、数多く刊行されたのである。この刊行ラッシュによって、巷間に埋もれる「紳士」がいわば析出され、可視化されていった。明治二〇年代は、納税の事実という明確な指標でエリートとは何かを表現し定義する時代であったといえよう。

そして人名録は、富裕層の姓名を公表することをつうじて、さまざまな情報を伝えた。とくに『日本紳士録』では、一部の富裕な華族とともに、財閥の当主や新興実業家の項目は、他の掲載者を圧倒する納税額と多くの肩書のために際立っている。彼らは、「紳士録」・人名録の常連であった。

しかし、人名録が伝える情報の意味は、時代とともに変わっていった。少なくとも、「紳士」という概念で富裕層を定義し、そのメンバーの構成を全国にむけて発信するという明治二〇年代の力を、人名録は徐々に失っていった。国税の納税額は貧富の差異を必ずしも反映しなくなった。それとともに、人名録は人々の金銭的な稀少性やエリート的な特質を表現しづらくなった。その行きつく先は、納税額という数値で掲載制限をし、個人の姓名・住所・納税額などをこれといった理念もなく紹介するという商工人名録的な人名録である。(39) 新時代を先導するエリートは、ふたたび見えにくくなっていったのである。

このように、納税の事実によって富裕層を定義し、また抽出していこうという人名録の企画は、いわば挫折の道を歩んでいった。それに、書籍というメディアがもつ限界にも突き当たった。先にすこし触れたように、富裕層の有力な指標であった所得税ですら、明治後期には、それを納税する者の比率は大幅に上昇していった。導入当初は全人口の〇・三％程度であったのが、徐々に増えて、明治三五年には一・二九％、四〇年には一・九三％となり、翌四一年には二％を初めて超えた。人員にして一一二万人強であり、導入当初の十倍に近い。(40) 納税者は富裕層であることにかわりはないが、これだけ多いと全員の掲載には無理が生じる。掲載者に稀少性と名誉のラベルを貼って売り物にしようとする狙いも、実現できない。

考えてみれば、富裕層を〝発見〟しようとする試みは、明治後期にいたって振り出しに戻ったのだともいえる。すくなくとも、納税額のような信頼のおける統計的数値によって富裕層を〝発見〟しようとする時代は、ひとつの区切りを迎えた。ただし、『日本紳士録』のなかに〝電話紳士〟という「紳士」の定義が登場したことに象徴されるように、日常的に使用する消費財やトータルなライフスタイルなどの質的な基準が、統計的数値のかわりに階層間の差異を指し示す新しい指標として用いられ始める時代になったともいえる。人名録の常連であるリッチな実業家たちの日常的な行状が揶揄され、また厳しく非難される傾向が強まってくるのも、税改正によって人名録が無力化していった明治三〇年代である。エリートを数値的な指標で〝発見〟しようとする試みというよりも、そうしたエリートを質的にイメージしやすいカテゴリーで捉えようとする動きが、メディアのなかで際立ってくるのである。この点については、あとの章でまた述べることにしよう。

（1）「安田保善社とその関係事業史」編修委員会編修『安田保善社とその関係事業史』（同編修委員会発行、一九七四年、一二三－一二六頁）参照。

（2）初期大倉の事業については、大倉財閥研究会編『大倉財閥の研究――大倉と大陸』（近藤出版社、一九八二年、二一－二八頁）参照。

（3）なお、明治期に人名録が多数、刊行されたことの社会的背景や時代的背景について検討した研究は、ほとんどない。前掲の由井常彦、および、資産家資料の所在調査の第一人者である渋谷隆一らによる解説があるにすぎない。由井常彦「『企業家編』総合解題」、芳賀登・杉本つとむ・森睦彦他編『日本人物情報体系』第三一巻（皓星社、二〇〇〇年、五五四－五五五頁）、および渋谷隆一編『明治期日本全国資産家・地主資料集成Ⅰ』（柏書房、一九八四年、一－七頁）参照。

（4）阿部武司「第一章　政商から財閥へ」法政大学産業情報センター・橋本寿朗・武田晴人編『日本経済の発展と企業集団』（東京大学出版会、一九九二年、一七－二〇頁）。

（5）その調査の経緯については、渋谷隆一編、前掲書（二－三頁）に記されている。

（6）渋谷隆一によれば、明治一九年に刊行された『有圓大鑑』が、確認されうる資料のうち資産額が掲載されている最も古いものであるという。渋谷隆一編、前掲書（二〇頁）。

（7）阿部武司、前掲書（二五頁）。また、「長者番付」の記載内容の信憑性については、渋谷隆一編、前掲書（一－二頁）、および林英夫・芳賀登編『番付集成　下』（柏書房、一九七三年）の「番付の板元と編集」にも同様の指摘がある。

（8）明治三四年九月一六日の『二六新報』の記事によれば、「紳士紳商」の語源は、渋沢栄一らが外賓のホストを務めたり、明治天皇と臨席したりしたことを、彼らと親しい福地源一郎が『東京日日新聞』で報じたときに、gentleman に訳語を当てはめ、彼らを「紳士紳商」と称した明治一三年に遡るという。

（9）渋沢栄一述、小貫修一郎・高橋重治編著『青淵回顧録　上巻』（青淵回顧録刊行会、一九二七年、四一六－四一七頁）。また、永田正臣『明治期経済団体の研究――日本資本主義の成立と商業会議所』（日刊労働通信社、一九六七年、一二九－一三四頁）には、外国商人の問題についての端的な解説がある。

（10）渋沢栄一（青淵先生）「商業会議所に就て」『竜門雑誌』第四五一号（大正十五年四月）。

(11)永田正臣、前掲書〔二三一―二四頁〕参照。また、この時期の商法会議所設立をめぐる経緯についても、適宜、同書を参照した。
(12)慶応義塾編纂『福沢諭吉全集 第一九巻』〔岩波書店、一九六二年、四〇一頁〕。
(13)交詢社設立の経緯とその狙いについては次を参照。鎌田栄吉先生傳記及全集刊行會編『鎌田栄吉全集 第一巻』〔鎌田栄吉先生傳記及全集刊行會、一九三四年、一九四頁〕。
(14)『交詢雑誌』第三号〔交詢社、明治一三年二月二五日、一七―一八頁〕。
(15)「交詢社設立之大意」等、設立に関する詳細については、『交詢社百年史』〔財団法人交詢社編集兼発行、一九八三年、第一編〕を参照。
(16)『交詢雑誌』第三七号〔明治一四年二月五日、六頁〕。
(17)『東京日日新聞』〔明治二〇年三月二四日〕。
(18)以下の税制に関する統計的数値については、主に日本銀行統計局編『明治以降本邦主要経済統計』〔日本銀行統計局、一九六六年〕を参照している。
(19)「元老院会議筆記・第五三四号議案」明治法制経済史研究所編『元老院会議筆記 後期第二六巻』〔元老院会議筆記刊行会、一九八二年、一五一―二八七頁〕、および、林健久『日本における租税国家の成立』〔東京大学出版会、一九六五年、第五章〕参照。
(20)大蔵省編『明治前期財政経済史料集成 第一巻』〔改造社、一九三一年、四一〇頁〕。以下の税制の具体的な内容についても、この資料を参照している。所得税法案審議の詳細は、林、前掲書〔第二節〕を参照。
(21)所得税から充分な税収を得るためには免税点の引き下げをおこなうべきだという議論もあった。立憲政友会に所属し、普通選挙運動に加わった経歴を持つ小手川豊次郎という人物は、明治二八年刊の『戦後の経済』〔博文館〕という著書のなかで、現行の所得税法がかかえる問題点のひとつとして、「免除点の高きに失す」点を挙げている。小汀利得編『明治文化資料叢書 第弐巻経済篇』〔風間書房、一九五九年、二二八頁〕参照。
(22)納税者の大多数は所得三〇〇円以上一〇〇〇円未満の、税率一%の者であった。所得税が導入された明治二〇年から二四年までの五年のあいだに、三%という最高税率で納税した所得金三万円以上の者は、全国で六〇数名にとどまっていた。一〇〇名を超えたのは明治二八年になってからであった。大蔵省主税局調査課・国税庁直税部所得税課共編『所得税発展の記録』〔一九五七年、二六―二七頁〕参照。
(23)『交詢雑誌』第三二八号〔明治二二年四月二五日、一九頁〕。
(24)〈緒言〉『日本紳士録』第一版〔交詢社、明治二二年六月〕。
(25)〈緒言〉『日本紳士録』第二版〔交詢社、明治二五年一月〕。
(26)〈新聞界の紳士 1〉『日本』〔明治二五年一月二六日〕。
(27)〈紳士とは何ぞ〉『国民之友』〔明治二九年九月一二日、六頁〕。

(28) 決算表は前掲『交詢社百年史』(五四二頁)に掲載されている。また、この人名録の一般的な評判については、同書(一二七頁)に簡単な記載がある。
(29) 営業税の税制内容と成立過程については、次の文献が参考になる。江口圭一『都市小ブルジョア運動史の研究』(未来社、一九七六年、二三一二八頁)。
(30) 営業税が巻き起こした各地の反対運動の拡大経緯、そして、それにともなう商業会議所の動きなどについては、江口圭一、前掲書(第一章、第二章、第三章)に詳しい記述がある。
(31) たとえば明治三〇年の『東京経済雑誌』の論説は次のように述べ、営業税による課税は富裕層以外には厳しい点を指摘している。「所得税を納むるものは中以上の生活を為すものなりと云ふを得べきも、営業税の納税者は寧ろ細民少からずと云ふを得可きなり、此点に於ては営業税の区域甚だ広しと云はざる可からず」。松山哲堂「営業税法の苦情と所得税法励行説」『東京経済雑誌』第八八二号(明治三〇年六月、一一二七頁)。
(32) 莫耶生「営業税法論」『東京経済雑誌』第八七八号(明治三〇年五月、九八一頁)。
(33) 〈緒言〉牧野元良編『大日本商工名鑑』(商業興信所、明治三一年)。
(34) 税額による掲載制限以外では、明治二九年の第三版で地租が掲載基準として採り上げられ、翌年の第四版で早々に掲載基準から外された例がある。
(35) 前掲『所得税発展の記録』(二六一三〇頁)参照。
(36) 第十一版では、営業税のみを納税している場合であれば、納税額五十円以上の者の氏名が掲載されている。ただしこれは掲載の原則であり、実際は五十円未満の者も散見される。
(37) 〈緒言〉『日本紳士録』第六版(交詢社、明治三三年六月)。
(38) 〈凡例〉『日本紳士録』第八版(交詢社、明治三五年一二月)。
(39) 現に、欧米諸国に倣って明治二五年に初めて出版された『日本全国商工人名録』(日本全国商工人名録発行所)が、改正増補して、明治三一年にふたたび発行されることになった。もはやこれは「紳士」という意味を搬送する媒体ではなく、「商工業の発達を助長する為め、商工業家、会社、銀行、取引所、問屋場等の実況より、各市区の戸口、物産、交通、経済の状態に至る迄、之を網羅して実業社会の羅針盤たらしむる」ものであった。『読売新聞』(二月二三日)参照。
(40) 前掲『所得税発展の記録』(二六一三〇頁)。

第二章　資産家番付の思想——富裕層への眼差しの変容

先の章で見てきたように、明治二〇年代には多くの人名録が出版された。そして、こうした出版ブームの背後には〝近代日本を導くエリートとは一体、誰なのか〟という社会的な問いがあった。多くの人名録は、所得税を納税する富裕層——いわば金銭的なエリート——を巷間から見つけだし、彼らの実名を掲載することで、彼らを新時代の先導者と見なそうとしたのである。ただし、こうした人名録の試みは徐々に行き詰まっていった。税制の改正によって、明治三〇年代には、租税納税額の多寡が納税者の金銭的な豊かさを必ずしも反映しなくなった。それと同時に、人名録は、富裕層を発見するための有効な術を見失ったのである。

しかしながら、富裕な人々への社会的な関心は、その後、希薄になっていったわけではない。明治三〇年代以降、『日本紳士録』が刊行されたときとは異なる関心から、富裕層にかわって、あらたに〝資産家〟が注目され始めたのである。すなわち、富裕層のなかでも比較的少数の高額資産家にターゲットをしぼり、彼らの実名を公表しようとする新たな試みである。この章では、明治二〇年代の人名録ブームが過ぎたあとに、巨富を保有する〝資産家〟へと社会的な注目が徐々に集まっていったプロセスをとりあげてみたい。

高額資産家とは誰かを明らかにしようとする試みの中心は、何といっても時事新報社がおこなった資産家調査であろう。この調査は、明治三四年・明治四四年・大正五年の計三回にわたっておこなわれた。時事新報社は資産家の上位に注目し、それぞれの所有資産額を人海戦術的に調査した。そして資産家の氏名を、かつての「長者番付」とよく似た体裁で『時事新報』紙上に掲示したのである。

『時事新報』に掲載された資産家表を、渋谷隆一氏は「科学的資産家名簿の先駆」として特徴づけているが、氏の指摘のとおり、維新以降に発刊された「長者番付」や資産家名簿のなかで、比較的信頼のおける調査をもとにして作られたのは、おそらくこれが最初のものであろう[1]。明治三四年に『時事新報』紙上で初めて公表された調査結果は大きな反響を呼んだ。そしてこれ以降、これに類する調査にもとづく資産家表がときおり新聞・雑誌で公表された。

明治三〇年代半ばに時事新報社が資産家表を公表したことは、いわばエポックメーキングな出来事である。これを境にして、金銭的なエリートへの社会的な関心は、富裕層の〝発見〟をめざすものから少数の資産家に注目するものへとシフトしていったとさえいえる。また、富裕層の氏名を掲示する中軸メディアが人名録から資産家表へと移り変わっていったことには、富者にたいする社会的な眼差しの変化といったものが反映しているであろう。人名録優位の時代の次に時事新報社による資産家調査の試みが現れることによって、富裕層をひとつのエリート集団として可視化していこうというこれまでの発想は、確実に後退していった。そして雑誌や新聞などのメディアは、資産家の上位に名を連ねる実業家や華族の一人ひとりに注目し始めた。富豪や金満家としての彼らの稀少性――いってみれば、資産という基準からみたエリート性――が注目される時代を迎えたのである。

この章では、時事新報社による第一回目の資産家調査を中心的にとりあげ、それとともに『人事興信録』や他の「長者番付」の類などについても検討したい。それぞれの調査の特徴やメディアとしての表現手法を見ていくなかで、それらがどのような関心から資産家たちを捉えたのかを考えてみたい[2]。

資産家の発見と文明度——時事新報社調査の概要と特色

第一回調査の結果は、明治三四年九月二二日の『時事新報』紙面〔第六四二二号〕に掲載された。タイトルは〈日本全国五十万円以上の資産家〉である。実はこれに先だち、同年五月二二日には、『時事新報』紙上にアメリカ合衆国の代表的な資産家を網羅したリスト〈資産百万以上の米国富豪〉が掲載されている。第一回調査の記事には、この「米国富豪」の記事が好評を博したため、その「日本版」が企画されたと記されている。記事によれば、この調査は五月下旬から着手された。[3]そして九月にその結果が掲載されたのである。記事によれば、この調査に直接・間接に携わった人数は数百名にのぼるという。また、記事は「其時間と労力とを費したること蓋し少なからず」と述べ、時事新報社がどれほど真摯にこの調査に取り組んだかを強調している。

調査を敢行した理由について、記事は次のように語る。[4]

一国資産家の多少は其国の富の強弱を測知するを得ると同時に富の分配の有様をも窺ふことを得べし我国維新以来各種の方面一斉に変革進歩を来たしたるか中にも産業界は特に著しき発達を致し其間に赤貧富豪と化し長者陋巷に没する個人の起伏も亦甚だしく此際日本国中確実なる資産家の人数を知るは頗る興味あり実益あることと信ずれども形影朦朧、杳として其実容を尋ぬ可からず本社は深く之を遺憾とし事の甚だ困難なるを思へども自から出来得る限りの方法を尽して之を取調べ以て世上に公表せんと欲し先ず其程度を五十万円以上と定め……

維新後、産業の勃興にともない、資産家の世界には有為転変（「赤貧富豪と化し長者陋巷に没する個人の起伏」）が生じた。記事はこうした有為転変や資産家の人数にたいして「興味あり」とする。素朴な興味が調査動機のベースにあったことがうかがえる。ただ、「一国資産家の多少は其国の富の強弱を測知するを得る」と記されるように、この調査がとくに資産家の人数に注目している点は、重要である。すなわち、資産家への富の集中の度合いは一国の〝文明度〟を反映しているという考えが、この調査の全体を貫いている。引用した記事にも、明治三〇年代半ばにおける日本の〝文明度〟を、とりわけ米国との比較で明らかにするという啓蒙的な狙いが示唆されている。

〝文明度〟という考えは、『時事新報』を創刊しまた主宰していた福沢諭吉の思想と深く結びついている。福沢は明治三一年に「脳出血症」で倒れ、回復と再発の末、明治三四年二月三日に亡くなった。第一回調査が実施されたのは同じ年であり、福沢の没後である。ただし調査の狙いには、福沢の思想的な遺産が強く反映している。[5] 文明国には資産家が多いという主張は、福沢がかつて強調してきた点である。

福沢は、明治二五年に「富豪の要用」という論考を『時事新報』に載せている。そこでは次のような持論が展開されている。「西洋文明国の事情」を眺めてみれば、自由平等を重んじる一方で「貧者ますます貧に陥り、富者はいよいよ富を積」んでいることがわかる。その姿は「政治専制時代」の支配関係とほとんど異ならない。福沢は次のように続ける。「今の人事の実際に於て貧富を平均するの術なきのみか、強ひて之を行はんとすれば、唯社会の混乱惨状を買ふに足る可きのみ」と。すなわち、歴史を長い目で見れば、貧者と富者の格差が生じる現状は、文明国の宿命である。現在のところ「文明世界」は、「行く可らざる道を行きながら一歩を退く可らず」という、後退の許されない状況なのである。したがって、「立国の大義」を掲げて文明国を追う日本にとっては、貧富の平均化という考えは、いわば陳腐な説として退けられねばならない。このように福沢は「富豪維持の必要」を主張した。[6] 文明国の条件として、莫大な資産を保有する「富豪」が存在すべきであるという考えである。「富豪」への福沢の高い関心は、そのまま『時事新報』の企画にも投影されている。明治三一年三月二九日・三〇日には〈大株主調査〉と題する記事も掲載されている。時事新報社による資産家調査は、〝文明度〟を測る指標として資産家に注目し、その存在を肯定しようという福沢の立場が具体化したものとして位置づけることができる。そして、やや期間を置いておこなわれた第二回調査（明治末）と第三回調査（大正初期）でも、〝文明度〟という考えは調査の思想的なバックボーンとなっている。これらの調査については少しあとで述べることにしよう。

先に述べたように、福沢を中心とする慶応義塾は、国家を先導するエリートを結集させるという意図のもとに、交詢社の創立や人名録の刊行といったプロジェクトを打ち出した。しかし明治三〇年代の段階では、そうしたプロジェクトはすでに時代おくれだったはずである。人名録に実名が掲載された「紳士」たちは、その後、「個人の起伏」を経験した。事業の拡大に成功した実業家たちは莫大な富を蓄積しつつあった。したがって、産業の活性化のためにエリート集団の結集を画策するという作為的な〝介入〟をおこなう必要は、もはやなかったはずである。そうした時代に、やはり福沢の強い影響下にあった時事新報社が、今度は資産家を〝発見〟して日本の〝文明度〟を知ろうという新しいプロジェクトを打ち出したのである。

また、時事新報社の資産家表が、資産家に関する情報を運ぶメディアとして、時代の要請に応えようとした点には注意すべきであろう。先の記事には「資産家の人数を知るは頗る興味あり実益あることと信ずれども形影朦朧、杳として其実容を尋ぬ可からず本社は深く之を遺憾とし……」というくだりがある。資産家とは誰のことなのかを知らせるメディアとしては人名録があるが、保有する資産や資産家の人数をそこから特定することはできない。すでに述べたように、多くの人名録は、その初期においてはエリートが結集するための媒体として、あるいは、エリートを〝発見〟するための媒体として登場したのであり、それらは、〝文明度〟を知ろうという統計的な関心を満足させるような資料ではなかった。これまでの人名録は、個人資産についてのデータを国税の納税額でいわば代用していた。そして、そうした代用が含む不具合に時事新報社は気づいていた。第一回調査の記事には次のようなくだりがある。[7]

責めては世に公にされ居る事相に依りて其数量を判断せんとするも彼の所得税の如きは隠蔽若くは誇張多くして実収を明にするに足らざる其上に所得の財源千差万別にして或は一割の利益を生じたる財産もある可く或は五分の配当に過ぎざる資本も存す可ければ所得税は以て財産の測量器と為すに足らず只僅に参考に供し得るまでにして其他の地租、営業税の如きも同じく一部の参考たるに過ぎざるのみ

先にも述べたように、所得税は明治三二年に改正され、法人所得を課税対象に加えた。それと同時に、個人が法人から得る配当金や公債・社債の利子は課税適用外になった。これによって、華族や実業家たちを含め、公債・社債、および株式から多くの利益を得ていた資産家たちが人名録から姿を消したり、過少な税額が表示されたりする可能性が出てきた。〝文明度〟の指標となる資産家人口の多くを、人名録というメディアは、もはや見失っているのである。税制が改変されたために個人資産は秘匿化し、さらに、統計的にみて資産家がいわば隠棲していくという状況が生じ

た。時事新報社はそうした状況に風穴をあけようとしたのだといえよう。資産家調査を独自におこなうことによって、時事新報社は、いわばリアルな資産家を〝発見〟しようとしたのである。この試みは、資産家のプライヴァシーにたいする大衆的な興味を誘導していくことになるが、この点はあとで述べよう。

さて、時事新報社による調査の特色や記事の形式について、少し述べておこう。調査の特色として見逃せないのは、慎重な調査によって得た情報をきわめて簡潔な形式で公表した点である。記事によれば、調査は次のように実施された。まず「姓名、住所、職業、財産総高、地所（地価、地租の高をも記入す）家屋、株券（券面価並に払込金をも附す）公債々券並に商品家具の見積高及び貸借金高等」について、各府県知事に調査を依頼する。それと同時に、各府県下の信用ある銀行にも同じ調査を委嘱し、全国の時事新報社通信員にそれらの詳細を探報させる。その後、数十名の「事情通」に精査を求め、意見を徴す。こうした一連の調査は、「甚だ困難」であったという[8]。

今日に於て尽せる丈けの手段方法を講じて調製したるものなれば今迄世に有り振れたる長者鑑等と同日に論ず可らざるは本社の固く信じて疑はざる所……

「尽せる丈けの手段方法」を講じたことを自負しながらも、結果の公表に関して時事新報社はきわめて慎重であった。かりに各資産家が持つ資産の内訳を掲載するならば、「錯雑にして精確を欠くの恐れ」がある。また、「迷惑を感ずる向き」も出てこよう。そこで同社は、資産額までは公表しないという方針をとった。こうして、「漠然五十万円以上の資産家として発表」し、彼らの氏名と職業を地域ごとに列挙するという、きわめて禁欲的で簡潔な形式になったのである[9]【写真】。

ただ、こうした形式をとることで、人名録の場合よりも資産家の氏名が強調されたことは確かであろう。記事は「有り振れたる長者鑑等と同日に論ず可らざる」と述べるが、紙上に掲載されている表は、かえって旧来の番付類に近づいている。ランキングの試みはないが、実名の掲載という資産家表の記載形式は、番付類のものと通じる。先の章で述べたように、明治前期には「長者番付」の類がたびたび発刊されている[10]。それらは、おおむね客観的なデータには

田中　長兵衛　北紺屋町　陸軍用達
鹿嶋利右衛門　銀町一　酒問屋
鹿嶋　ノブ　霊岸嶋四日市町　酒問屋
高橋門兵衛　銀町　酒問屋
小西孝兵衛　南新堀町　酒問屋
松澤八右衛門　銀座三丁目　薬種商
小林傳次郎　八官町　時計商
森村市左衛門　木挽町　貿易銀行
●神田●區●（五名）
岩崎　彌之助　駿河臺紅梅町　男爵
戸田　氏共　駿河臺南甲賀町　伯爵
櫻村　清徳　小川町　爵業
郡司　平六　平河町　烟草商
三井八郎次郎　北神保町
●芝●區●（六名）
林　友幸　愛宕下町　子爵
大木　遠吉　葺手町　伯爵
松方　正義　三田一丁目　伯爵
三井　元之助　伊皿子町
久松　定謨　榮町　伯爵
毛利　元昭　高輪南町　公爵
●麻布●區●（十一名）
池田　仲博　市兵衛町　侯爵
井上　馨　宮村町　伯爵
徳川　茂承　飯倉六丁目　侯爵
大村　純雄　市兵衛町　伯爵
大久保　忠一　宮村町　子爵
川村　純義　狸穴町　伯爵
山尾　庸三　東鳥居坂町　子爵
松平　頼英　飯倉片町　子爵
赤星　彌之助　鳥居坂町
相良　頼紹　飯倉片町　子爵
三井　守之助　東鳥居坂町
●本●郷●區●（六名）
岩崎　久彌　湯嶋切通町　男爵
石崎　政蔵　湯嶋三組町　質商、[illegible]

小笠原　長幹　市ヶ谷河田町　伯爵
近藤　廉平　市ヶ谷田町　會社員
川田　龍吉　新小川町　男爵
杵本　喜兵衛　揚場町　酒商
酒井　忠道　矢來町　伯爵
●赤●坂●區●（三名）
大倉　喜八郎　葵町　請負業
黒田　長成　福吉町　侯爵
溝口　直正　氷川町　伯爵
●小●石●川●區●（五名）
細川　護成　高田老松町　侯爵
山縣　有朋　關口町　侯爵
酒井　忠興　原町　伯爵
三井　三郎助　金富町
荘田　平五郎　林町　會社員
●深●川●區●（八名）
岩出　惣兵衛　東大工町　肥料商
太田　徳九郎　嶋崎町　材木商
加藤　茂兵衛　東大工町　質商
中村　清藏　材木町　米商
福島　彌兵衛　上大島町　質屋
淺野　總一郎　清住町　セメント業
三野村　安太郎　西大工町　無職
澁澤　榮一　福住町　男爵
●本●所●區●（十名）
徳川　圀順　新小梅町　侯爵
藤堂　高紹　横網町　伯爵
川崎八右衛門　千歳町　銀行業
伊達　宗徳　小泉町　侯爵
安田　善次郎　横網町　銀行業
安田　善之助　横網町
安田　善三郎　横網町
安田　善五郎　横網町
古川　孝七　中ノ郷八軒町　米穀商
榎本　武揚　向島須崎町　子爵

「日本全国五十万円以上の資産家」（『時事新報』明治 34 年 9 月 22 日）
〔『明治期日本全国資産家・地主資料集成 Ⅳ』柏書房より転載〕

よらず、相撲や役者の番付に見立てて長者の氏名を序列づけたものであった[11]。そして、所得税の導入以降、納税額という客観的なデータにもとづく人名録が刊行されるに及んで、これらの番付類は、あまり刊行されなくなった[12]。こうした休止期を経て、明治三〇年代に入って新しい資産家表が登場したのである。かつての「長者番付」は、一国内で展開される芸能や産業などについて記された数ある序列表のひとつであった。それにたいして新しい資産家表は、産業化・文明化が進む明治後期という時代に、一国を文明国との比較に供するために作成された。しかし、資産額を記載しない資産家調べは、表現の手法としては「長者番付」や「長者鑑」と同じジャンルであるといっても誤りではなかろう。新聞社による信頼性の高い調査にもとづく近代的な「長者鑑」が、ここに登場したのである。

新しい長者番付の時代 ──資産家調査の反響

さて、第一回調査の記事には、「本表調製中気付きたる節」として、若干の考察が記されている。主なものを次に要約しておこう[13]。

一、五十万円以上の資産家の人数は四百数十人であり、米国と比べれば少ない。ここから、日本が「貧乏国たるを発見す可し」。

二、「富豪家」は都会に多く、その職業は商業が中心であるが、次に目立つのは地方の豪農である。

三、財産の種類で大部分を占めるのは、やはり土地、次に株券である。ここからは、わが国が地主国であり、工業国ではないことがわかる。

四、資産家の内訳としては、華族が七分の一強という大きな割合を占めている。

五、資産家には一代で成功した者〔「一代者」〕が少なく、この点は米国と対照的である。

六、ただし、「抜群の大富豪」〔岩崎・安田・古河・大倉ら〕だけを見れば、そこでは一代での成功者が際立っている。

これらは「一代者」の出現を望む立場で記されている。しかし、解説は基本的なコメントに抑えられている。そこでは主観的な類推が極力排除されている。

このように『時事新報』の調査記事は比較的簡潔なものであった。しかし、調査記事は反響を呼んだ。『都新聞』は九月二七日・二八日・二九日の三日間にわたり、〈日本の富豪家〉という長文の論評を掲載している。[14]この論評は、調査の手法や用いられるデータの信憑性についてはほとんど問題にせず、もっぱら公表された調査結果に関心を寄せている。論評は冒頭で、『時事新報』の考察と同じように、資産家の数が日本では少ないことを指摘している。そして「余輩は却つて之を富の分配に甚しき不平均なき一証として見んことを欲す」と述べている。日本に著しい資産格差はないという解釈である。さらに論評は、この結果は欧米諸国と比較して日本には「極貧者」も少ないことを示すものであり、それは、むしろ誇りだとも述べている。

ただし、掲載された者がいかなる経緯で「富豪」となったのかを考えたとき、「深く失望の嘆なきを得ず」と論評記事は述べる。資産家の多くは、次のいずれかであるという。[15]

一、土地の生産力に依頼する農業家
二、昔時収斂の余財を積める大名華族
三、同胞共喰ひの利に飽ける金貸業
四、酔魔の飲料を製造する酒造家

資産家表に掲示されている多くの資産家たちは、総じて自力で資産を勝ち取ったわけではない。この論評は、そのように資産家たちの現状を分析する。さらに、資産家たちが富を築いた原因（「我資産家の富を成せる原因」）が、五点にわたって挙げられる。長文なので、主要な箇所のみを抜粋して列挙しておこう。「（一）高利の金を貸附け法外な利益を貪ぼり……」、「（二）……安く買入れたる地所は彼等を倖運に導びきし也……」、「（三）……所有せる株券の時価暴騰せるが為に……」、「（四）……明治の倖運児と称すべきは請負業者なり、所謂御用商人是なり……」、「（五）……豪農の如きも大抵金貸を営なみ或ひは酒造業を兼ね、……」。[16]そして論評は次のように結論づける。[17]

自から勤倹貯蓄せる富にあらずんば歓迎する能はざる也、……斯の如き富豪紳士の多からざるは明治聖代の一遺憾にあらずや

このように『都新聞』の論評は、資産家への辛辣な評価で一貫している。そこには、資産家の人数を文明国の〝あかし〟として捉えようという考えは見あたらない。富の意味を、〝文明度〟を測る指標としての意味から、不当な手段や僥倖による蓄財の〝しるし〟という意味へとすり替えようとする意図すら感じられる。この論評は、いわばダーティな手段で蓄財した結果「富豪紳士」となった者のリストとして、資産家表を捉え直しているのである。

実は、この論評には、一新聞の記事以上の意味がある。『時事新報』に掲載された資産家表と解説記事は、そのまま『確実調査 大日本全国五拾万円以上財産家』というタイトルの小冊子として、一年後に発売された（日本館、明治三五年九月）。そして、その末尾には、『都新聞』のこの論評も収録されたのである。小冊子の発行元である日本館の編集意図や時事新報社と日本館との関係については、いまとなっては知る由もないが、『都新聞』の論評は調査記事についての唯一の解説として収録されている。少なくとも、時事新報社調査の代表的な論評として扱われているのである。調査記事とその論評がひとつの小冊子として早々に刊行されたことは、なによりも、資産家表が一国の〝文明度〟を照らし出す媒体から、一国の資産家を批判する媒体へと、ただちに改変されていったことを象徴している。実名を記された資産家たちは、不当な手段で致富した「富豪」として意味づけられていったのである。

姓名の列挙という簡潔な記載であるにもかかわらず、時事新報社による調査の社会的な影響力は大きかったようである。このことは、資産家表の〝異本〟が現れたことからもうかがえる。調査記事が掲載された翌年（明治三五年）六月に、『日本全国五万円以上資産家一覧』という冊子が出版された（山本助治郎編輯兼発行、中央書房発売）。この冊子は、基本的には、時事新報社の調査結果を流用し編集したものと考えてよい。その〈緒言〉は、『時事新報』の記事を簡潔に要約したものである。ただし一覧表の体裁は異なる。各府県別一覧の形式は同じであるが、何といっても、『時事新報』には記載されていなかった資産額が併記されている【写真】。

『時事新報』の記事をそのまま流用している安直さを考えれば、この〝異本〟に記載された資産額のデータをただ

ちに信じることはできない[18]。ただ、ここで注目したいのはデータの信憑性についてではなく、資産額の大きい者から順に氏名を列挙するという手法をこの〝異本〟がとっている点である。オリジナルの資産家表が、「長者番付」とよく似た形式にアレンジされたのである。たとえば〈東京府の部〉では、筆頭に、金八千万円の岩崎弥之助・三井八郎右衛門・岩崎久弥が据えられ、続いて、金一千万円の鹿島清兵衛・川崎八右衛門、金八百万円の三井得右衛門・渡辺治右衛門・安田善次郎らが並べられる【表2a】。

したがって〝異本〟では、〝文明度〟を測定するという時事新報社の趣旨は一層後退している。資産家表は、「金満家」の氏名を知らせるという大衆的な興味を満足させる趣旨のものへと改変されているのである。

明治二〇年代が人名録の時代であり、「長者番付」が後退した時期であったことを考えれば、この明治三〇年代半ばに至って、比較的信頼のおける新聞社の調査をきっかけに、かつての「長者番付」が復活を果たしたといってもよいであろう。新しい「長者番付」はこれまでの人名録とは異なり、限定された「金満家」にターゲットをしぼり、資産額を掲載基準として実名を公表するメディアである。第一回調査のあと、時事新報社は二度、同様の調査をおこなった。それらの結果は、明治四四年七月二四日〔第一〇〇〇四号付録〕および大正五年一〇月七日〔第一一九〇六号付録〕の各紙面に公表されている。資産家の掲示の仕方は、第一回調査と基本的には変わらない[19]。そして、明治後期から昭和初期にかけて、時事新報社によるもの以外にも、たびたびよく似た資産家調査がおこなわれ、その結果が公表された。このことについて

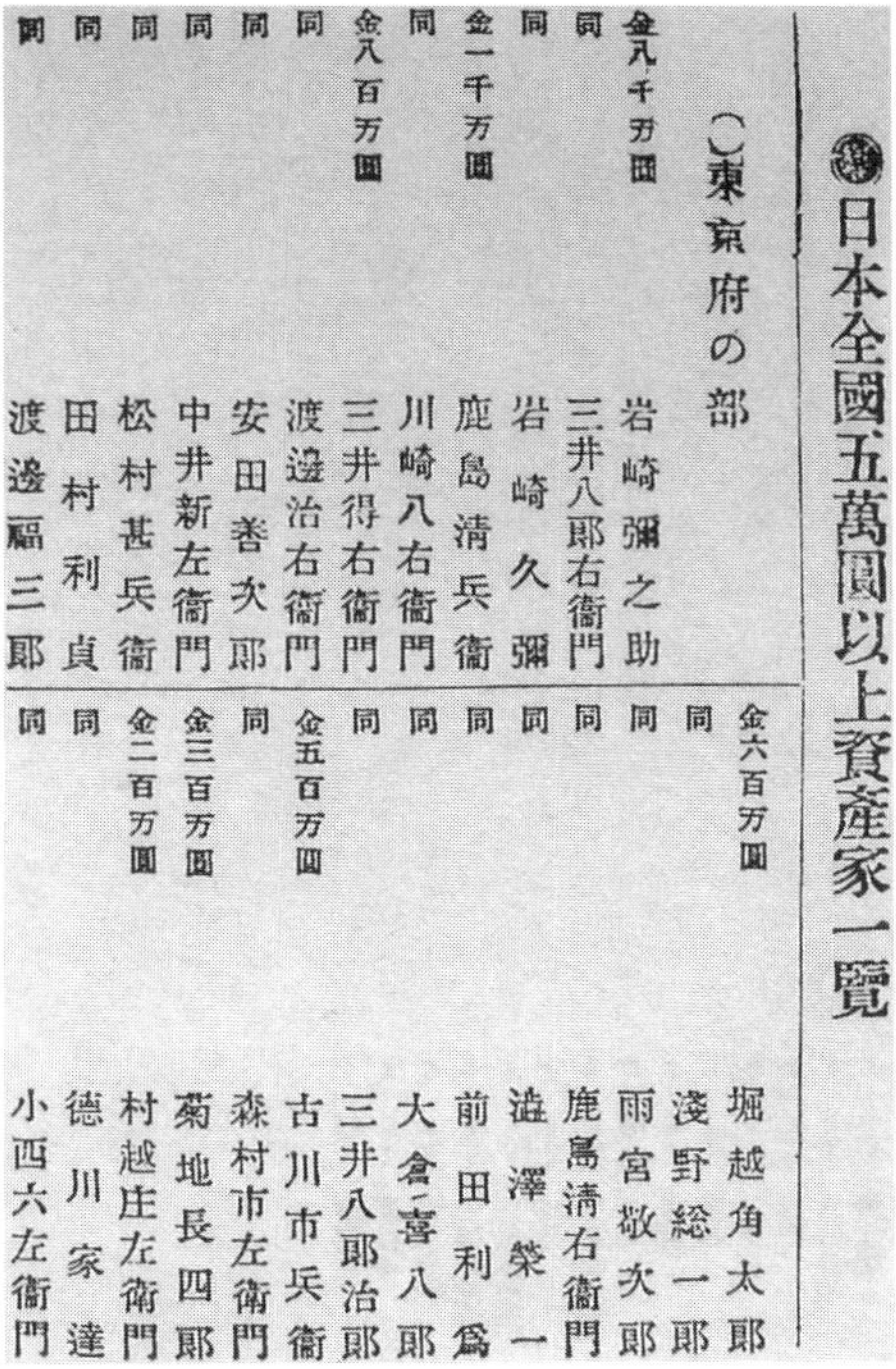

日本全國五萬圓以上資産家一覽

（一）東京府の部

金八千万圓 岩崎彌之助
同 三井八郎右衛門
同 岩崎久彌
金一千万圓 鹿島清兵衛
同 川崎八右衛門
金八百万圓 三井得右衛門
同 渡邉治右衛門
同 安田善次郎
同 中井新左衛門
同 松村甚兵衛
同 田村利貞
同 渡邊福三郎
金六百万圓 堀越角太郎
同 淺野総一郎
同 雨宮敬次郎
同 鹿島清右衛門
同 澁澤榮一
同 前田利爲
同 大倉喜八郎
同 三井八郎治郎
金五百万圓 古川市兵衛
同 森村市左衛門
金三百万圓 菊地長四郎
金二百万圓 村越庄左衛門
同 徳川家達
同 小西六左衛門

「日本全国五万円以上資産家一覧」
〔『明治期日本全国資産家・地主資料集成 Ⅳ』柏書房より転載〕

はまた後で述べよう。

新しい「長者番付」は、やはり資産家の姓名を重点的に掲示するというシンプルな形式をとった。このことは、資産家にたいする社会的な眼差しの変化を考えるうえで重要である。姓名の公表というヴィジュアル的なわかりやすさによって、読者はさまざまな意味を「番付」から読み取ることができた。『時事新報』の記事にたいする『都新聞』の批判的な〝読み替え〟は、その一例であろう。また、時事新報社調査が公表された明治三〇年代半ば以降、さまざまなメディアにおいて、資産家たち――とくに実業家と華族――はゴシップの対象になっていった。彼ら、および彼らの私生活にたいする注目は、この新しい「長者番付」の時代のなかで高まり、同時に、メディアにおける資産家に関する言説は、批判と暴露に満ちたものになっていった。『人事興信録』のような、探偵的手法によって「紳士」のプライヴェートな部分にまで立ち入ろうとした人名録が生まれたのも、ちょうどこの頃である。また、さまざまな雑誌メディアが「富豪」のプライヴァシーを記事にして、「金満家」としての画一的なイメージを形成していった。これらのメディアの動向を探れば、個々の資産家への社会的な眼差しが強まっていったプロセスをかいま見ることができるであろう。後者は次章に譲ることにして、以下では、『人事興信録』や他の刊行物を概観しながら、資産家たちの私的な領域への関心の高まりについて考えてみる。

八千万円	岩崎弥之助
同	三井八郎右衛門
同	岩崎久弥
一千万円	鹿島清兵衛
同	川崎八右衛門
八百万円	三井得右衛門
同	渡辺治右衛門
同	安田善次郎
同	中井新左衛門
同	松村甚兵衛
同	田村利貞
同	渡辺福三郎
六百万円	堀越角太郎
同	浅野総一郎
同	雨宮敬次郎
同	鹿島清右衛門
同	渋沢栄一
同	前田利為
同	大倉喜八郎
同	三井八郎治郎
五百万円	古川市兵衛
同	森村市左衛門
三百万円	菊地長四郎
二百万円	村越庄左衛門
同	徳川家達
同	小西六左衛門
同	中上川彦次郎
同	平沼八太郎
同	今村清之助

山本助治郎編輯兼発行『日本全国五万円以上資産家一覧』（中央書房，明治35年6月）より、「東京府の部」の資産額上位のみを挙げた。

表2a『日本全国五万円以上資産家一覧』の記載例

私生活への眼差し──『人事興信録』の場合

時事新報社が第一回調査をおこなった二年後〔明治三六年〕四月一八日に『人事興信録』〔発行者・内尾直二、発兌元・人事興信所〕が刊行された。そしてその後、この人名録は何度も版を重ねた。このことは、資産家と彼らの私生活への注目というこの時代の思潮を象徴している。『人事興信録』は人名録の体裁をとりながらも、そのめざすものは、これまでの人名録とはいささか異なっている。そこでは富裕な人々とは誰かを掲示することよりも、資産家や「名士」たちのプライヴァシーを公表することに重点が置かれている。したがって、他の人名録とくらべ、この人名録は人物の経歴に関する情報が豊富である。これまで幾度も著名な人物のプロフィールを知る資料として活用されてきたのは、そのためである。[20] 以下では、資産家のプライヴァシーにたいする『人事興信録』の関心のありかたを見ておきたい。

『人事興信録』の人名録としての独自性は、「紳士」の私生活に大きな関心を寄せている点にある。また、人海戦術的な調査によってプライヴェートな事柄を探索した点も、重要である。これは時事新報社の手法と通じる。発兌元の人事興信所は、男女関係、姻戚関係、個人の技量・嗜好・習癖、財産、取引の実況などを密偵・調査する興信所である。創設年は未詳であるが、初版の序言にあたる〈人事興信所設立及び興信録発行の趣意〉には、「我人事興信所は、大方の賛助を得て、創立に従事すること既に、一年に余り」とある。興信所の創設後、期間をおかずに『人事興信録』の企画・編集を始めたようである。[21] それまでの日本の興信所といえば、明治二〇年代半ばに成立した商業興信所がその代表格である。それはもっぱら商取引の信用調査をおこなう機関であった。[22] したがって、人事興信所の独自性は、これまでの興信所の内偵調査という手法を人名録という従来のメディアと組み合わせた点にある。秘密裏に「紳士」たちのプライヴァシーを内偵して、そこで得た情報の一部を人名録という体裁で公表するのである。先の〈趣意〉では、『人事興信録』のめざすものが次のように語られる。[23]

……社会の表面に立て、交際場裏に翱翔する紳士数千名を選み、其人の経歴、事業、家族、親姻等の関係を摘要し輯めて一冊と為し、名て人事興信録と云ふ、在来の紳士録人名辞典商工録等と、全く其主旨目的を殊にし、紳士個人の外其家庭の内外に於ける身辺の状態を簡明に知悉せしむるに在り、而も其秘密の如きは、必しも摘発せず、一箇有用にして、趣味ある、交際の栞たるを期するのみ

「交際の栞」という言葉が見られるとおり、たしかに『人事興信録』は多くの人名録と同じように、人事交際の円滑化をひとつの目的としている。しかし、これまでのものとは異なり、社交界における「紳士個人」の状況（「身辺の状態」）を内偵し掲載することを中心的な狙いとしている。実際のところ、初版では、東京在住の「紳士」のみを掲載していることもあって掲載人数は少ないが、そのかわり一人あたりの情報量は多い。たとえば岩崎久弥の項目では、本人の肩書、母・喜世以下、妻・子・養弟・弟・妹などの家族の氏名・生年月、そして娘や妹の嫁ぎ先などが記されている。また、本人に関する経歴説明も詳しい。たとえば大倉喜八郎の項目では、妻・とく、子、養子などの生年月を列挙したあと、喜八郎の丁稚・雑貨商・武器販売業の経歴、「維新の役非常の利を占む」などといった幕末維新期での僥倖、その後の土木建築業での成功などが、詳細かつ簡潔に記されている【写真】。したがって、『人事興信録』は、富裕層やエリート層の社会的な〝可視性〟を高めるという段階から一歩抜け出した人名録である。家族関係や姻戚関係、そして本人の経歴に関わる彼らの私的な領域へと深く分け入り、秘密裏に調査し、その結果を顕わにする（「簡明に知悉せしむる」）。依頼主にたいして内偵の結果を秘密に報告するという興信所本来の業務を逸脱して、結果の公表へと向かうところに、『人事興信録』の斬新さを認めることができる。

発兌元の人事興信所も、このように秘密主義を打ち払う点にこだわっている。〈趣意〉では、人事興信所のそもそものの仕事が次のように述べられる(24)。

人事興信は刑事探偵の如く、犯罪を検挙するものにあらず、又新聞探訪の如く、秘密を摘発するものにあらず、社会の裏面を清浄にして、犯罪の伏すべき凹処なく、秘密の包まるべき、暗処なからしむるを以て目的とす

頭取田中武兵衛男正之助に嫁せり（東京市日本橋區通一ノ一八電話本局四一一四芝區琴松町一ノ一九電話新橋一四〇九）

參照＝田中武兵衛の項

大倉喜八郎

正六位勳三等

合名會社大倉組頭取帝國ホテル株式會社取締役日本製靴株式會社監査役札幌麥酒株式會社取締役成田鐵道株式會社監査役北越鐵道株式會社監査役函館船渠株式會社取締役東京商工相談會常議員於事株式會社成田銀行相談役十勝開墾合資會社代表社員農商工高等會議員郡山絹絲紡績株式會社取締役東京商業會議所副會頭株式會社臺灣銀行監査役東京電燈株式會社取締役日韓通商協會評議員東京水力電氣株式會社取締役京釜鐵道株式會社取締役東京製絨株式會社協議員株式會社鐵業銀行監督

妻　とく　安政五年三月生　東京府平民持田とめ長女

男　喜七　明治十五年六月生

女　とき　明治十一年十月生　養子久米馬妻

養子　粂馬　慶應二年三月生　女とき婿愛媛縣士族伊藤主計弟

君は新潟縣新發田大倉喜七の二男にして天保十一年五月四日を以て生る年十八江戸に出で一商店の丁稚となり勉むること數年頗る商機に通逹す既にして一小店を開き雑貨商を營む慶應元年業を改め鐵砲彈藥其他の武器を販賣す維新の役非常の利を占む海内平定の後外人を雇使して洋服店を開き又海外貿易に從事す明治五年海外に航し歐米各國の商工業を視察し翌年歸朝歐米の制に倣ひ大倉組を組織し專ら彼我産物の直輸出入に從事す後事業を擴張して英國倫敦に支店を設く十三年粗製茶輸出の結果其聲價を米國市場に失はんとするや君率ふて米國に航し言論演說に盛んに日本製茶の眞價を宣言し其挽回に勉むる爲めに幸に舊に復するを得二十年土木會社を設立し盛に土木建築の受負に從事す嘗て東京府會議員に擧げられし事あり又往年五十萬金を投じて商業學校を設け實業界に資益を與ふる事不尠家族は前記の外孫彦一郎（明治二十八年五月生）同幾治郎（同二十九年十二月生）同銀三郎（同三十一年八月生）同美代子（同三十四年四月生）等にして女つる（同十年八月生）は大倉組副頭取東京府士族高島小金治に嫁せり（東京市赤坂區溜池葵町三電話新橋一五九）

參照＝高島小金治、大倉久米馬の項

大藏平三

正五位勳三等功四級陸軍少將軍馬補充部本部長神奈川縣平民

安政五年三月生

妻　まつ　静岡縣士族松井甲太郎長女

人事興信録（初版）〔国立国会図書館所蔵〕

ここでは、人事興信所がおこなう調査事業の独自性が記されている。それは「秘密の包まるべき、暗処なからしむる」という表現に尽きている。これについて〈趣意〉は次のように補足説明している。[25]もし支配人を雇おうとする商店があれば、その人物の素性・経歴・交友・親戚・家族・嗜好・習癖などを依頼によって調査する。また、縁談があるときには結婚調査をおこなう。さらに、多数の社員を使用する場合や子弟を遠遊させる場合は、社員や子弟の素行を「密偵」する。先進諸国ではこうした事業は発達している。「個人信用」と「社会平和」の「保障」として、識者に賛美されているのである。そして、『人事興信録』の出版はそうした探偵事業の一環であり、「手段を異にし目的を同する別働」である――。

ここで述べられるとおり、『興信録』の事業は、興信所業務の「別働」なのかもしれない。しかし、調査結果を依頼者のみに報告するのではなく、それを公表してしまうことは、やはり探偵事業からの逸脱であろう。では、なぜあえて逸脱しようとするのか。先に引用した〈趣意〉では、興信所の業務が「刑事探偵」による犯罪検挙や「新聞探訪」による「摘発」とは異なる点を強調している。「新聞探訪」による「摘発」とは、おそらく、小新聞『二六新報』による三井家にたいする攻撃を意識した一節であろう。『二六新報』は明治三三年四月二九日から、突然、連日のように三井家同族のプライヴェートな行動や三井関連会社による悪質な経営を暴露し、また批判した。〈三井一家の乱行〉など、富豪・三井の贅沢な暮らしとその腐敗ぶりを暴露する記事もあった。『二六新報』によるこの三井バッシングは、『二六新報』が六月二八日に三井との和解を伝える記事を掲載して、終結した。この事件が直接の引き金となって、三井は奢侈の戒めや節倹の尊重を同族に求める家憲を制定することになった。『二六新報』の事件は、実業家や財界人のプライヴァシーを独自の取材によって「摘発」した先駆的な事例であろう。三井バッシングは、三井家の後見人である井上馨が三井家の家憲施行を強行するために謀ったという噂もあったが、その真相はいまもわからない。[26]

『人事興信録』の狙いは、このようなスキャンダラスな秘密の「摘発」ではない。それは「紳士」たちの秘密が根づく温床――「暗処」――に光を当てて、それをいわば事前に取り除いておくことである。プライヴェートな領域における悪行の現場を押さえてそれを暴露するのではなく、秘密の悪行が根づくまえに、そうした領域へと踏み込んでおき、その一部をつねに公開しておくのである。家族の構成や姻戚関係の記載は、そうした公開の基本である。〈例言〉

には次のようにある。(27)

本書は社交を円滑にし其発達と改善とを図るを目的とするが故に其人の名誉に干するものは初版に限り之を避けたり此れ其詮索調査に於て万一の差誤あらんことを恐れたるが為にして改版よりは庶子、私生児を嫡子と区別し戸籍上及び内実の妾婦をも検出せんと欲す

このように〈例言〉は、「庶子、私生児」や「妾婦」を「区別」し「検出」することに意欲をみせる。ただし、そうすることが「紳士」の背後にある「暗処」をなくすこととどのようにつながるのかについては、明確な説明がない。ここからは、「紳士」の私生活にたいするこの人名録の強い〝覗き見〟的な関心やそれらを公表することへの強いこだわりをうかがうことができよう。また、第二版（明治四一年六月）では、初版でできなかった家族の履歴や嗜好などの調査を一部掲載しており、プライヴェート情報の充実を図った跡が見える。さらに第三版（明治四四年四月）では、「庶子」「私生児」「妾婦」の掲載を部分的に試みている。このように、「紳士」の私的な領域を公表すべきものとする考えが、『人事興信録』では一貫している。

また、これは初版からであるが、〈希望〉という項目が立てられて、そこでは読者からの情報提供が呼びかけられている。掲載者とその家族の「履歴・嗜好・交際」「嫡庶の区別」「許婚、内縁、養子及び婚姻の予約、申込、破談等の著しきもの」などについて、「読者の投書（匿名にても差支なし）を切に希望す」と記される。(28)こうした呼びかけにどれほどの情報が寄せられたのかは判明しない。ただ、「紳士」のプライヴェートな領域を「暗処」と見て、それにたいする注視や監視を促す一面が、この人名録の特色であったことがここから垣間みえるであろう。

富豪論への展開——横山源之助と山路愛山

さて、時事新報社の調査は、「富豪」についての論評や著述にも大きな影響を与えている。明治前期には、すでに

「富商」の成功譚や伝記叢伝の類がいくつか刊行されているが、ジャーナリストによる本格的な富豪論が現れたのは、時事新報社の第一回調査以降であるといってよい。「富豪」への富の集中を批判的に眺めるジャーナリストにとって、時事新報社が公表した資産家表は、おそらく批評のターゲットを見つける格好の資料だったにちがいない。

　横山源之助の『明治富豪史』〔易風社刊、明治四三年〕はその代表であろう。これはジャーナリストによる本格的な富豪論の嚆矢である。[29] そして、時事新報社の資産家表が公表されたことは、横山が富豪研究に没頭していくきっかけを与えたに違いない。『日本之下層社会』〔明治三二年刊〕や『内地雑居後之日本』〔同年刊〕を著したことからわかるように、それまでの横山の関心は、もっぱら下層社会の実態や労働に関わる諸問題に注がれていた。実際に彼は、労働運動の組織化にも携わっていた。[30] しかし、明治三六年に下層労働者に関する論考をいくつか書いたあと、彼は急速に富豪研究へとのめり込んでいる。『明治富豪史』は、明治三八年から数年間にわたっていくつかの雑誌に発表した論考をもとにしている。これらの論考が雑誌に掲載される何年かまえから、彼は取材や調査を始めていたはずであるから、彼が富豪論を構想していた時期は、時事新報社が資産家表を公表した時期と重なる。[31] また、『明治富豪史』の冒頭の章〈明治富豪史〉には、「数百万の巨富となった、赤星弥之助」という表現や、「後藤〔象二郎〕に蹴落された井上〔馨〕は、今は百万円の大分限になっている」〔括弧内は筆者による〕という表現が見られる。[32] そしてこれらは、時事新報社の調査記事やその〝異本〟である「日本全国五万円以上資産家一覧」と、内容的に符合している。調査記事や〝異本〟を、横山が信頼できるデータとして参照していたことは間違いないと思われる。〈明治富豪史〉や〈富豪貴族〉の章で横山は、岩崎家や三井家の面々、安田善次郎・渋沢栄一・大倉喜八郎・井上馨たちについて語るが、それらの人物の氏名は〝異本〟の冒頭近くに掲げられている。横山はそれらを参照しながら、富豪論の構想を練った感がある。

　次に、著述の内容を見てみよう。冒頭の〈明治富豪史〉は、もともと『商業界』という雑誌に掲載された論考である。そのときのタイトルが「明治実業闇黒史」であることからうかがえるように、横山の関心は、日露戦争後に富を築いた実業家の金銭的な成功の裏面を暴露することに注がれていた。論考には、実業家たちの僥倖のあり方、成功のためにとった彼らの策略、明治政府とのコネクションなどについての、驚くほど豊富な知識が盛り込まれている。また、読者への語り方はきわめて特徴的である。いくつか例を示そう。[33][34]

安田善次郎！　この頃の新聞を見ると、手堅い確実な実業家といえば、安田はその標本で、安田自身もつんと澄まして、天下の確実は拙者でござい、と気位を高くしているが、幕末当時の事を思うと、安田もあのような顔はできない義理じゃ。両替屋の小僧で鍛えた腕で、価値のある金を安く踏んで濡れ手で粟の、こりゃ旨いともなんともいわずに大儲けをしたのじゃ。

……内幕に入って見るとどうしてどうして。呉服店は江戸の不景気を一軒で背負ったよう、一時は閉店せんばかりの有様じゃった。幸にして莫大の国庫金を無抵当で預り、没落の運命を免れたが、維新の当初に、この福運がなかったら、三井長者も、四十年の往昔に、三谷三九郎や、青木四郎九郎等と同じく、顚覆れたに相違ない。

ここでは実業界の内情を知る者の語りという形式で、実業家たちの現在の名声が僥倖によるものであったことが述べられている。第二の章〈富豪貴族〉でも同じ手法が見える。そこでは、屋敷に出入りする芸妓の視点をとおして、岩崎弥太郎・弥之助兄弟、三菱の幹部経営者・近藤廉平らの風貌や気性、あるいは家庭などが語られる。露骨な批判的表現を避け、〝関係者〟の語りを介して彼らの僥倖の実態を浮き彫りにしていく手法であり、これは大衆の関心を引きつける流説風の語りとでもいえよう。一例を示しておこう。(35)

……今では岩崎様も華族で入らッしゃるが、出生を言えば、武士でもない豪士で、そこへ身分が低く入らッしゃっても、お大名の姫様が、お輿入遊ばしたんですもの、若奥様の見えた頃は、なかなかの評判でござんした。大倉様もお大名からお貰い遊ばしたと、そうでござんすか、世の中が開けましたわね。

「お大名の姫様」の「お輿入」とは、明治二七年七月に、保科正益〔旧上総飯野藩主〕の娘・寧子が岩崎弥太郎の長男・久弥と結婚したことを指している。また「大倉様」云々とは、明治四〇年に溝口直正〔旧越後新発田藩主〕の娘・久美子が大倉喜八郎の嫡男・喜七郎と結婚したことを指している。横山は、現代富豪のプライヴェートな側面を傍観者的なインサイダーの視点から語り、彼らの〝成り上がり〟の実態を浮き彫りにしていったのである。

横山はこうした語りをつうじて、「富豪」の栄光の陰に潜む偶然性と不当性をリアルに表現した。そして、同様の批判的な語りは、同時代のジャーナリスト・山路愛山の富豪論では、一層、直接的なかたちをとって現れる。山路について少し言及しておこう。山路は横山にやや遅れて雑誌『商工世界太平洋』に富豪論を掲載した。それらの論評は、明治四一年に『現代金権史』というタイトルで刊行されている。(36) そしてやはり、時事新報社の調査記事とその〝異本〟の内容と符合する記述が、そこには見いだせる。たとえば「……何といいても岩崎三井両家なり。両家共にその身上は一億円以上に上るべしとの事なり」という記述などは、おそらくそれらを参照したものと推測される。(37)

山路は横山よりも一層、彼らの致富の原因にたいして批判的である。とくに、「富豪」と政治家との「主客の関係分らぬ」ともいえるほどの癒着ぶり、そして両者のあいだに門閥が形成されている実態について詳しく記している。(38) なかでも「富豪」の政略的な姻戚関係については詳細である。富と名声を維持し、また拡大していくための手段としての姻戚関係である。加藤高明と岩崎との関係や住友家・三井家の大名家との関係など、これまでまとまって言及されることの少なかった諸々の事実を、山路は富豪批判の語りのなかに散りばめている。そして山路は、政治家や旧大名家とのあいだのそうしたつながりのなかに、明治国家における拝金主義の典型的な姿を見いだしている。(39)

今や金力の多少は社会の位置を高下すべき殆んど唯一の標準となれり。たとえばその金は相場にて儲けたるにせよ。あるいは殆んど高利貸に均しき残忍なる手段にて積みたるにせよ。そは問う所にあらず。彼れは唯富豪なれば可なり。彼れ既に富豪なり、門閥を誇れる貴族はその愛女をこれに与うるを辞せざるなり。……唯金あれば人これを侮らず。世間はこれを成功者として優遇す。

このように山路は、社会的地位（「社会の位置」）を測る同時代の基準は「金力」であると指摘する。そして、実業家たちによる門閥の形成を、「金力」万能の時代を象徴する事例と見なしたのである。したがって、山路は「富豪」たちの私生活をたんに覗き見たわけではなく、門閥形成によって金力と政治権力とが不可分に融合してしまった明治国家の実態を、具体的かつ批判的に暴露したのである。

時事新報社の資産家表が公表したのは、いわば明治の金銭的成功者リストであった。そして横山と山路は、それぞれのやり方で、公表された資産家表の裏面にはプライヴェートな〝闇黒面〟が存在するということを読者に示したといえよう。横山はその後、まとまった富豪論を発表することがなかったが、山路は大正期に『現代富豪論』や『岩崎弥太郎』といった著書を刊行している。「富豪」の致富の源泉やその実相を記述しようとした彼らの試みは、のちに、白柳秀湖などの著述家による多様な富豪論・財閥論・成金論へと受け継がれていった。[40]

番付時代の本格化——富豪ランキングへの回帰

このように第一回調査以降、傑出する富を持つ少数の「富豪」にたいして、いくつものメディアが注目し始めた。そして、明治後期から昭和初期にかけて、時事新報社の資産家表とよく似た番付が毎年のように公表された。あるものは新聞記事の体裁で、また他のものは書籍や雑誌の附録の体裁で、それぞれ公表された【表2b（表1aも参照）】。おおまかにいって、それらの番付では、時事新報社の〝文明度〟という発想は後退している。そして、『都新聞』の論評のように、致富の手段にたいする評価へと強い関心が寄せられている。

たとえば、『大阪朝日新聞』（大正二年一月一九日）【写真】に掲載された〈日本之資産家〉という番付の解説は、大正期のものとしては珍しく〝文明度〟に言及している。この番付は大阪朝日新聞社の独自調査によるものであり、資産額百万円以上の資産家、五〇一名の氏名・職種を府県別に記載している。[41] 解説記事は「国富を進むるの途は社会の人心金銭の貴きを知り営々辛苦して実業に従事し各自資産の増殖を図ること最も大切なり」と述べ、資産をふやすことの重要性を説く。[42] さらに、封建的風潮が後退した今、「産業の各方面に於て奮闘努力し資産を増殖する者其の数を加へたるは国の為慶賀すべき現象」であると述べ、資産家の増加を歓迎しさえする。しかしこのように述べつつも、記事の後半では、「富豪」の致富の源泉について次のように言う。[43]

……着実なる産業例之ば海外貿易、真正なる商工業を営み今日の資産を致したる者は尊重すべく就中政府の保護官辺の因縁に頼らず独立自営の結果此に至れる者は最も尊重すべき人人にして社会は此種の人々に対し深甚の敬意を表して可な

刊行年	編者·発行者	表　題
大正2	大阪朝日新聞	日本之資産家（『大阪朝日新聞』附録）
3	松本幸盛堂	大日本金満家一覧
5	時事新報社・大阪時事新報社	全国五十万円以上資産家表（『時事新報』『大阪時事新報』附録）
6	法令館	帝国金満家一覧鑑
7	岡部新五左衛門	全国五十万円以上資産家（『日本全国著名人物鑑』所収）
7	島内登志衛	資産家調（『大正名人録』所収）
11	原田書店	大日本財産家一覧鑑
11	良古堂	大日本資産家明細一覧表
13	原田書店	大日本資産家一覧鑑
15	巻山貞男	大日本長者名鑑
15	岡野保	大日本資産家大鑑
昭和4	帝国興信所	全国金満家大番附（『講談倶楽部』1月号附録）
6	帝国興信所	全国金満家大番附（『講談倶楽部』1月号附録）
9	帝国興信所	五十万円以上全国金満家大番附（『講談倶楽部』1月号附録）

渋谷隆一編『大正昭和日本全国資産家・地主資料集成Ⅰ』（柏書房，1985年，4頁）より作成。
多額納税者一覧表の類は省いた。

表２ｂ　大正・昭和初期の全国資産家名簿・長者番付資料一覧

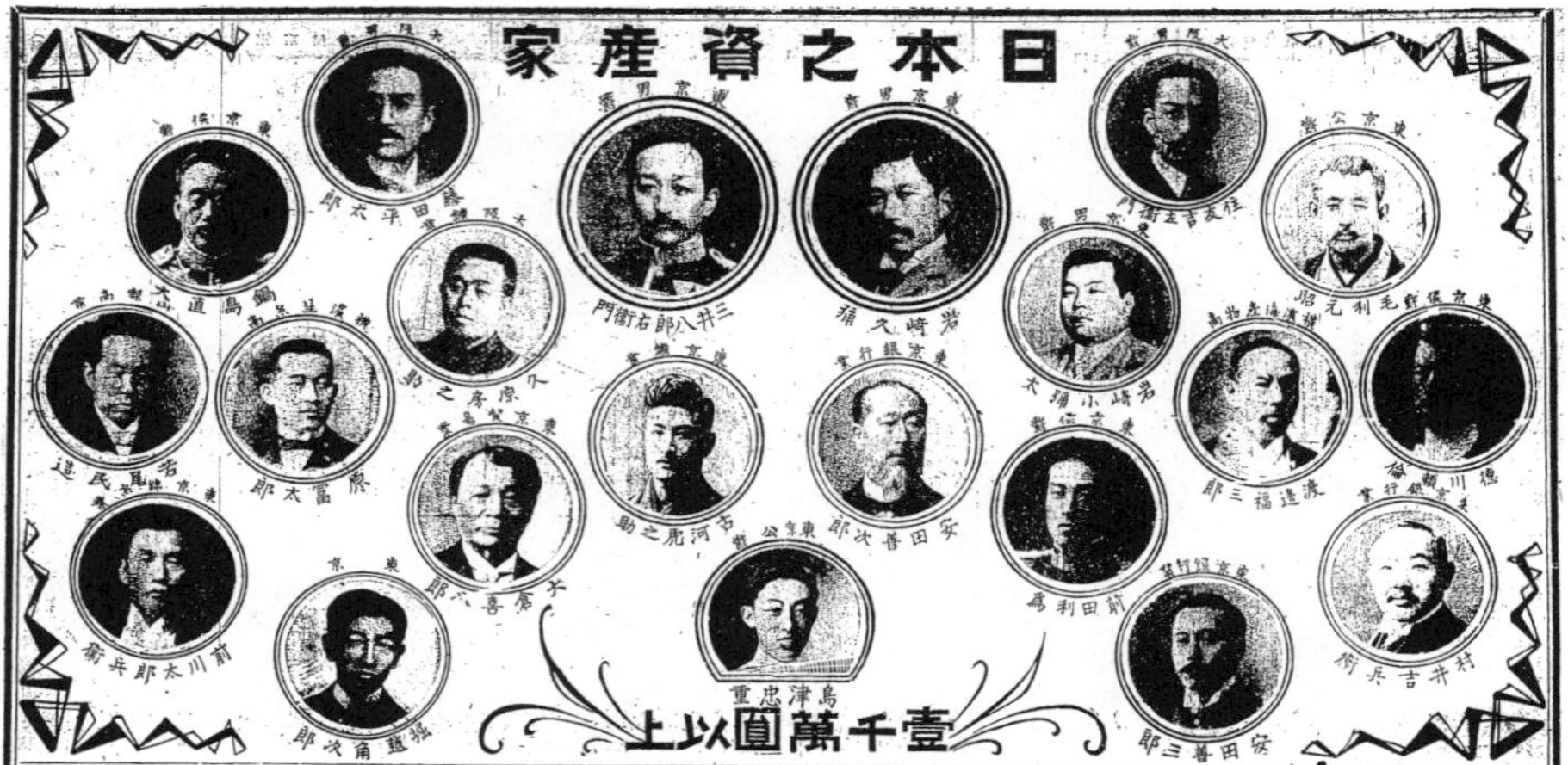

「日本之資産家」（『大阪朝日新聞』付録：大正２年１月19日）

り之に反し残忍冷酷の方法を以てし或は他の負託を受けながら其地位を濫用して私利を営みたる者の如きは同じ資産家の列中にも最も卑しむべく……

掲示された各「富豪」の資産について、それが「真正なる商工業」によるものか、それとも「残忍冷酷の方法」、「地位」の「濫用」などによるものかという対比が、明確に示される。一代の「独立自営の結果」によるものか、それとも先代からの継承や僥倖あるいはダーティな手法によるものかという対比である。記事が語るには、一代による富の蓄積は、文明国の「富豪」の姿として推奨すべきものである。また、そのように蓄財した者は「最も尊重すべき人人」であり、「深甚の敬意」の対象である。他方で、資産の継承や僥倖、あるいは不当な手段によって「富豪」となった者は、「最も卑しむ」べき人々である。「富豪」たちのなかには文明国の模範者もいるし「卑しむ」べき人々もいるというのである。また、記事の結びには「金銭は尊ぶべく亦卑しむべし其の然る所以は之を得るの途、当を得ると否とにあり戒めざる可けんや」というくだりがあり、金銭の獲得手段の適否が模範者か「卑しむ」べき人々かを分けるということが述べられる。もちろん、この資産家表には、姓名と職種そして資産額くらいしか掲載されていない。したがって、掲載された人物がどちらに属するのかは読者が判断するしかないのだが、見方を変えれば、この記事は、掲載された人々をそうした二分法で眺めるように、読者を誘導しているのだともいえよう。

「富豪」の数を文明化の指標として意義づける発想は、その後の資産家表では、ますます後退していった。むしろ、掲示された資産家たちを資産額の順にならべてランクづけしていくことに重点が置かれていった。このことで、資産家表は一層、明治二〇年頃までの「長者番付」に似た体裁になっていった。その転機となったのは、時事新報社による第三回調査であろう。大阪朝日新聞社が記事を掲載した三年後〔大正五年一〇月七日〕、この調査は『時事新報』の附録として公表された(44)【写真】。

第三回調査の新機軸は、何といっても、それぞれの資産家の資産額を信頼のおける資産家調査として初めて公表したことである。たしかに〝異本〟には資産額が掲載されていたが、過去二回の調査は、「精確」さを欠くという禁欲的な姿勢から、資産額の掲載は見送っていた。それにたいして、この第三回調査の記事では、掲載理由についてはと

□東京府（五百九十五名）

財産見込額	氏名	職業	住所
二億圓以上	岩崎久彌	（男爵）	本郷區湯島切通坂町
	岩崎小彌太	（男爵）	芝區高輪南町
二億圓以上	三井八郎右衛門	（男爵三井合名會社長）	麻布區今井町
	三井八郎次郎	（男爵同業務執行社員）	神田區北神保町
	三井高保	（男爵同上）	麹町區上二番町
	三井元之助	（合名會社業務執行社員）	芝區伊皿子町
	三井源右衛門	（同上）	小石川區水道町
	三井高修	（合名會社員）	小石川區水道町
	三井清子	（同上）	麹町區中六番町
	三井守之助	（同上）	麻布區東鳥居坂町
	三井武之助	（同上）	麹町區富士見町
	三井養之助	（同上）	麻布區本村町
	三井得右衛門	（合名會社監査役）	麹町區一番町
七千萬圓	安田善次郎	（銀行業）	本所區横網町
	安田善三郎	（銀行業）	本所區横網町
六千萬圓	古河虎之助	（男爵鉱山業）	北豊島郡瀧野川
三千萬圓以上	大倉喜八郎	（男爵合名會社頭取）	赤坂區葵町
二千萬圓	高田愼藏	（輸出入商）	本郷區三組町
二千萬圓	前田利爲	（侯爵）	本郷區元富士町
千五百萬圓	島津忠重	（公爵）	荏原郡大崎町
千三百萬圓	渋澤治右衛門	（會社役員）	日本橋區本材木町
千二百萬圓	峰島茂兵衛	（貸地業）	日本橋區元濱町
千萬圓以上	德川賴倫	（侯爵）	麻布區飯倉
千萬圓	鍋島直大	（侯爵）	麹町區永田町
千萬圓	村井吉兵衛	（銀行業）	麹町區永田町
千萬圓	前川太郎兵衛	（綿糸金巾商）	日本橋區堀留町
千萬圓	松平賴壽	（伯爵）	本郷區元町
千萬圓	松浦厚	（伯爵）	淺草區向柳原町
千萬圓	藤田文子	（無職）	赤坂區丹後町
千萬圓	淺野長勳	（侯爵銀行頭取役）	本郷區向ヶ岡彌生町
千萬圓	酒井忠道	（伯爵）	牛込區矢來町
九百萬圓	山下龜三郎	（海運業）	芝區高輪南町

「全国五十万円以上資産家表」（『時事新報』附録：大正５年10月７日）
〔『大正昭和日本全国資産家・地主資料集成　Ｉ』柏書房より転載〕

くに触れずに、資産額を「財産見込額」として掲載した。〈例言〉で「財産見込額は確実を期する為め寧ろ内輪に見積りたり、殊に有価証券価格に於て然りとす」という記載があるにすぎない。

冒頭の東京府（五九五名）の項目から、この番付の掲載形式を見てみよう。「財産見込額」（資産額の推計）の筆頭は「二億円以上」であり、ここには岩崎久弥・岩崎小弥太の二名、それに三井八郎右衛門・三井八郎次郎・三井高保など、三井一族一一名の氏名・職業・住所が掲げられている。次に「七千万円」の安田善次郎と安田善三郎、「六千万円」の古河虎之助、「三千万円以上」の大倉喜八郎などが続く。高額資産家の莫大な資産額、そして資産家間の資産額の開きが一目瞭然である。その一方で、資産家数や資産総額をもとにした諸外国との比較といったトピックは、重要度を下げた。同じ日に掲載された同紙の記事〈資産家調査の結果に就て本日の本紙附録資産家表の解剖〉でも、「文明国」や「欧米諸国」については、まったく言及されていない[45]。そこでは、資産家の地域分布や職業分布、資産額別の資産家数分布などが、何の論評もなく説明されているだけである。この調査の掲載方針は主観的な論評をはさまない数値主義であり、ランキングとしての特色が強く打ち出されている。

こうした数値主義によって、「富豪」間の資産額の差異があらわなものとなったのである。

資産家番付は、その後、いくつかの書籍メディアで散見される。本格的なものは、帝国興信所の調査にもとづく番付であろう。[46]その記載形式は、一層、明治前期の番付類のものへと近づいている。帝国興信所の調査は計三回おこなわれ、それぞれが『講談倶楽部』の附録（昭和四年一月号附録、昭和六年一月号附録、昭和九年一月号附録）として刊行された。昭和四年・六年のタイトルは〈全国金満家大番附〉、九年のタイトルは〈五十万円以上全国金満家大番附〉であり、[47]「資産家」という言葉にかわって「金満家」という言葉が使われている。そして、岩崎・三井・大倉などの財閥家、徳川家・松平家などの華族の各当主の顔写真が冒頭に掲げられている。また「金満家」のリストには、横綱・大関・関脇・小結・前頭という相撲番付の序列がつけられている。写真は昭和六年一月号の番付である。「横綱」には資産四億円の岩崎久弥と三井八郎右衛門、「大関」に資産三億円の住友吉左衛門と岩崎小弥太が据えられ、以下、三井各家の当主や大倉喜七郎（喜八郎の嫡男）らが並べられる。相撲番付になぞらえて序列化するこのような体裁は、明治一〇年代までの「長者鑑」とまったく同じものである。前近代的な番付が完全に蘇ったのだといえよう。

昭和六年一月号の巻頭言〈舌代〉には次のようにある。[48]

> **本誌は昭和四年度新年号附録として、『全国金満家番附』を発行致しました。然る処意想外な歓迎を博しました……八ヶ月二百四十余日にわたる諸員の熱誠と真剣な奮闘は、つひにこゝに未曾有の大調査を完了致したのであります。従つて内容の正確さは天下独歩、声を大にしてこれを誇り得るのでありますが、何を申すにも富豪諸家の大金庫の扉は、堅く鎖されて居て、容易に他の窺知するを許さぬところ、その調査の事故、中には多少の錯誤もないとは限りますまい。**
>
> ……

昭和四年の最初の企画が二年後にこうやって実現したのは、「意想外な歓迎を博し」た結果であるという。また、「富豪諸家の大金庫の扉」という言葉は、「金満家」たちの巨富を神秘的に捉えた表現である。『全国金満家番附』は、そうした巨富にまとわりつく神秘性を探偵調査によって取り払おうとする企画であったといえる。それは大衆の覗き見的な好奇心を満たしたであろうし、また、「金満家」へと大衆的な注視を誘導したであろう。

「全国金満家大番附」（『講談倶楽部』附録：昭和６年１月号）
〔『大正昭和日本全国資産家・地主資料集成 Ⅰ』柏書房より転載〕

横綱	四億	東京・本郷・湯島	男爵 三菱銀行役員	岩崎久彌
大關	參億	兵庫・武庫・住吉	男爵 住友合資代表	住友吉左衛門
關脇	貳億	東京・麹町・平河町	男爵 三井信託代表	三井高精
小結	壹億八千萬	東京・小石川・水道町	三井銀行社長	三井源右衛門
前頭	壹億五千萬	東京・麹町・平河町	安田銀行頭取	安田善次郎
同	壹億參千萬	東京・麹町・富士見町	男爵 東神倉庫社長	三井壽太郎
同	壹億貳千萬	東京・本郷・龍岡町	三菱合名社員	岩崎彦彌太
同	七千萬	東京・澁谷	侯爵 舊佐賀藩主	鍋島直映
同	七千萬	東京・本郷・駒込	日本晝夜銀行頭取	安田善四郎
同	六千萬	兵庫・西宮	酒造	辰馬吉左衛門
同	六千萬	東京・本郷・駒込	合名社員	安田新
同	五千萬	神戸・北野	貸金	乾新兵衛
同	五千萬	東京・品川		岩崎輝彌
同	五千萬	東京・麻布・富士見町	侯爵 舊名古屋藩主	徳川義親
同	五千萬	東京・麹町・平河町		安田柳子
同	五千萬	東京・麻布・本村町	土地賣買 貸地	三井辨[illegible]
同	五千萬	東京・麹町・富士見町		三井高昶
同	四千萬	東京・本郷・駒込	三菱製紙役員	岩崎隆彌
同	四千萬	東京・芝・伊皿子	貸地貸家	堀越角次郎
同	四千萬	東京・大井	安田商事社長	安田善助
同	參千萬	名古屋・西區・茶屋町	松坂屋社長	伊藤次郎左衛門
同	參千萬	大阪・浪速・久保吉	製革業	新田長次郎
同	參千萬	大阪・東・備後町	會社役員	野村徳七
同	參千萬	京都・河原・荒神口	毛斯綸綿布	山口玄洞
同	參千萬	東京・南多摩・日野	帝海火災保険役員	安田善衛

横綱	四億	東京・麻布・今井	男爵 三井合名社長	三井八郎右衛門
大關	參億	東京・麻布・鳥居坂	男爵 三菱合資社長	岩崎小彌太
關脇	壹億八千萬	東京・麹町・下二番町	男爵 大倉組代表	大倉喜七郎
小結	壹億五千萬	東京・芝・伊皿子	三井鑛山社長	三井元之助
前頭	壹億參千萬	東京・麹町・丸ノ内	男爵 古河鑛業、古河銀行頭取	古河虎之助
同	壹億貳千萬	東京・小石川・水道町	三井鑛山役員	三井高修
同	八千萬	大阪・東・今橋	鴻池銀行代表	鴻池善右衛門
同	七千萬	新潟・中蒲原・金津	礦業貸地貸金	中野忠太郎
同	七千萬	東京・麻布・永坂町	三井物産社長	三井守之助
同	六千萬	東京・赤坂・青山	會社役員	根津嘉一郎
同	六千萬	東京・大久保	侯爵 舊金澤藩主	前田利爲
同	五千萬	東京・本郷・駒込	會社員	岩崎恒彌
同	五千萬	北海道・小樽	海運業 貴族院議員	板谷宮吉
同	五千萬	大阪・天王寺	山口銀行社長	山口吉郎兵衛
同	五千萬	東京・牛込・余丁町	東京火災保険社長	安田善五郎
同	五千萬	東京・牛込・若松町	三井鑛山役員	三井高達
同	四千萬	東京・芝・白金	時計商	服部金太郎
同	四千萬	島根・飯石・吉田	地主 會社役員	田部長右衛門
同	四千萬	鳥取・米子・尾高町	銀行頭取 會社役員	坂口平兵衛
同	參千萬	兵庫・西宮・久保町	海運業	八馬兼介
同	參千萬	北海道・函館	貸地、貸金	相馬哲平
同	參千萬	東京・代々幡	侯爵 舊高知藩主	山内豊景
同	參千萬	東京・高田	會社員	安田彦太郎
同	參千萬	東京・巣鴨	伯爵 日銀監事	松平頼壽
同	參千萬	大阪・岸和田	紡績社長	寺田甚與茂

「全国金満家大番附」（同誌・同号）

〔『大正昭和日本全国資産家・地主資料集成 Ⅰ』柏書房より転載〕

おわりに

最後に、明治三〇年代以降の「長者番付」がメディアとしてどのような特徴をもったのかについて、試論風に少し述べておきたい。

「長者番付」を取り巻く状況は、イーウェンが一九一〇年代後半から二〇年代にかけてのアメリカについて語ったことを連想させる。すなわちその時代、セシル・B・デミルが監督した映画は「金持ちや上流階級の人々をおおっていた幕を引きあげ、彼らの私生活をこと細かに描きだしてみせた」という。いってみれば、デミルの映画は、移民など、都市の新参者にたいして、消費生活の模範を示したのである。[49] デミルにそうした意図があったのかどうかはともかく、彼の映画が社会的な啓蒙の機能を果たしたというイーウェンの指摘は重要である。さらに、阪本俊生も示唆するように、映画というメディアのこうした啓蒙効果は、同時代の「金持ちや上流階級」のプライヴァシーにたいする大衆的な覗き見の傾向へとつながっていくという点は、一層重要である。[50]

メディアとプライヴァシーのあいだのこのような関係は、明治後期の状況にも当てはまる。「長者番付」は資産家たちの実名を伝える大衆的なメディアであった。さしあたって彼らの存在と彼らの資産は、明治国家の〝文明度〟を示す指標として捉えられた。「長者番付」は、いってみれば文明化の時代を生きる人々の金銭的な到達点を示したのである。人々は「番付」というメディアをつうじて、金銭的な成功者とは誰かを知るとともに、そこから金銭的な成功とは何かを〝想った〟はずである。そこに掲示された者たちが、金銭的な成功の模範者として注目されるのは当然であった。

しかし、成功のモデルである彼らは同時代において実在する資産家であった。このことは、彼らの私生活にたいする覗き見的な眼差しの誘因になる。メディアをつうじて実名が公表されることで、金銭的な成功者は、近代社会におけるエリートとして賞賛され、また、ときには英雄視されるであろう。しかし他方では、同時代の生活者として注視の対象となり、彼らの私生活は暴露的な関心にさらされるであろう。資産家番付の公表は、彼らにたいする注視を導いたにとどまらず、彼らの私生活を暴露していくプロセス――「私生活をこと細かに描きだして」みせるプロセス――に拍車をかけたといえよう。

また、彼らの富は、明治後期から大正期、昭和初期へと時代が進むにつれて巨富へと膨張していった。それとともに、もはや彼らは、同時代を生きる人々にとってのめざすべき目標ではなくなっていった。彼らを稀少な「金満家」として興味本位に捉える傾向や彼らの富を神秘化する傾向が、この時代の「番付」には見られる。彼らにたいするメディアの関心が、見習うべきロール・モデルにたいするものから、一挙一動に注目が集まる著名人にたいするものへと変化したことがうかがえる。そうした段階に至って、一方で彼らは成功者として偶像化の対象となり、また、他方では批判的な監視や嘲笑・戯画化の対象となっていったのではないか。少なくとも彼らの存在は、明治後期以降、大衆の手の届かない観念的な存在として表象されていく傾向にあった。彼らを偶像化する動きについては第Ⅲ部で、監視や戯画化については次章で、それぞれ述べることにしよう。

（1）渋谷隆一編『明治期日本全国資産家・地主資料集成 Ⅰ』（柏書房、一九八四年、五－六頁）参照。後述するように、徳川時代から「長者番付」の類は多く出ているが、それらは庶民的好奇心に応える体裁の番付表であり、信頼すべき資産調査にもとづくものではない。林英夫・芳賀登編『番付集成 下』（柏書房、一九七三年、末尾の「番付の版元と編集」）参照。

（2）渋谷氏による簡潔な解説を除けば、「長者番付」や資産家表の類がこの時期に再び登場してきた歴史的背景やそれらの記載形式については、これまでほとんど検討されていない。渋谷編、前掲書（一－七頁）、および、渋谷隆一〈解題〉、渋谷隆一編『大正昭和日本全国資産家・地主資料集成 Ⅰ』（柏書房、一九八五年、三－一九頁）を参照。ただし、掲載されている人物の資産額や資産の実態を推測するための資料として、それらを利用している研究はある。時事新報社調査（主に資産額が記載されている第三回調査）にもとづく研究例としては、石井寛治「日本資本主義の確立」歴史学研究会・日本史研究会編『講座日本史 六 日本帝国主義の形成』（東京大学出版会、一九七〇年）、および、伊藤武夫「日露戦後の地方財閥」『新潟大学教養部研究紀要 九』（一九七九年）がある。また、筆者も時事新報社調査をもとに、資産家の職業構成とその変化の分析を試みたことがある。「経済エリートの構成と配置――近代日本における資産家の職業構成と相互の影響関係をめぐって」『ソシオロジ』第三九巻第一号（一九九四年）。

（3）前掲、渋谷隆一編『明治期日本全国資産家・地主資料集成 I』（五〇頁）参照。

（4）以下の時事新報社第一回調査の記事はすべて、『時事新報』第六四一二号（十）（明治三四年九月二二日）のもの。

（5）福沢の病状や死去・葬儀などについて『時事新報』は刻々に伝えている。『時事新報』第六一七八号（明治三四年一月三一日）、第六一八七号（明治三四年二月九日）など。

（6）〈富豪の要用〉『時事新報』明治二五年一二月一六日。なお同論考は、同月一七日・一八日と連載された。同論考に関しては、次の丸山眞男の解説が参考になる。丸山眞男「福沢諭吉の人と思想」『丸山眞男集 第一五巻』（岩波書店、一九九六年）。

（7）前掲『時事新報』第六四一二号（十）。

（8）同右。

（9）記事は、資産家が所有する家財や骨董類の数量、それらの評価、各人の貸借関係について、不明な点が残ると述べており、調査の限界についても自覚的である。こうした自覚も調査の信頼性を高めていると言えよう。

（10）渋谷隆一編、前掲書を参照（四頁）。

（11）これらのいくつかは林英夫・芳賀登編、前掲書に収録されている。

（12）筆者が見つけたものは、明治二四年の長谷川常治郎による「大日本長者鑑」、明治二六年の松沢晤策による「大日本有名家番付」くらいしかない。

（13）前掲『時事新報』第六四一二号（十）。

（14）『都新聞』第五〇三七号（明治三四年九月二七日）、第五〇三八号（同年九月二八日）、第五〇三九号（同年九月二九日）。

（15）『都新聞』第五〇三七号。

（16）同新聞、第五〇三七号・第五〇三八号。

（17）同新聞、第五〇三九号。

（18）渋谷隆一氏も、この資料の資産額には懐疑的である。渋谷編、前掲書（六頁）。

（19）ただし後述するように、大正五年調査では資産額の掲示がある。

（20）たとえば麻生誠『学歴と生きがい』（日本経済新聞社、一九七七年）は、『人事興信録』を資料の一つとして利用し、エリートの出自・

学歴・キャリアパターンなどを分析している。また、浅野俊光『日本の近代化と経営理念』〔日本経済評論社、一九九一年〕も、実業家のプロフィールを知る資料の一つとしてそれを利用して、彼らの出自や業績などを分析している。ただし、この人名録が掲載する情報の詳しさがどのような社会的背景と関わるものであるのかについては、これまであまり考察されてこなかった。

(21)『人事興信録』第一版〔人事興信所、明治三六年、二頁〕。

(22) 商取引相手の実況を調査する本格的な専門機関はイギリスのMercantile Agency（一八三〇年創立）が始まりとされる。同様のものは、日本では外山脩造らによる商業興信所（一八九二年創立）が始まりとされる。佐藤俊雄編著『東奔西走 百年の歩み』〔株式会社東亞興信所、一九九二年、第一章・第三章〕。石井研堂『増補改訂 明治事物起源 下巻』〔春陽堂、昭和一九年、八五九頁〕／筑摩文庫版『明治事物起原 五』〔筑摩書房、一九九七年、四〇九－四一〇頁〕の〈興信所の始〉も参照。また、石井によれば「秘密探偵業の始」は、明治三〇年の諸新聞に出た広告「小子今回官職を辞し、広く秘密探偵の依頼に応ず」にあるという。前掲書上巻〔九九頁〕。

(23)『人事興信録』第一版〔二頁〕。

(24) 前掲書〔一頁〕。

(25) 以下、前掲書〔一－二頁〕。

(26) この件に関しては、三井八郎右衛門高棟伝編纂委員会編『三井八郎右衛門高棟伝』〔東京大学出版会、一九八八年、二三〇頁〕参照。また、三井家の家憲制定に関しては、同書第二章〈三井家同族会議長時代〉の〈3 三井家憲と三井家同族〉に詳しい。

(27)『人事興信録』第一版〔三頁〕。

(28) 前掲書〔五頁〕。

(29) 以下の引用では次の文庫版を用いた。横山源之助『明治富豪史』〔社会思想社（現代教養文庫）、一九八九年〕。

(30) 横山の生涯と業績については『横山源之助全集 第一巻』〔社会思想社、二〇〇一年〕における立花雄一の解説を参照。

(31)『明治富豪史』の第一章〈明治富豪史〉は、『商業界』第四巻三号〔明治三八年九月〕～第五巻三号〔明治三九年三月〕に掲載された「明治実業闇黒史」を修正したもの。また、第二章〈富豪貴族〉と第三章〈海外の人〉は、『商業界』『女学世界』『商工世界太平洋』に明治三九年から明治四三年にかけて掲載した諸論考を大幅に加筆・修正したものである。立花雄一によれば、横山は明治三七年頃から本格的に富豪研究を始めたという。立花雄一〈解説〉前掲『明治富豪史』〔二一三頁〕参照。

(32)『明治富豪史』〔四三頁・四八頁〕。

(33) 前掲書〔一九－二〇頁〕。

(34) 前掲書〔二七頁〕。

(35) 前掲書〔九二頁〕。

(36) 服部書店・文泉堂書房の共同出版による。『商工世界太平洋』では明治四〇年三月から同年一二月にかけて連載された。本書では、山路愛山『現代金権史』（社会思想社〈現代教養文庫〉、一九九〇年）、および、同書の巻末にある岡利郎の「解説」を適宜参照した。

(37) 山路、前掲書（一九〇頁）。
(38) 前掲書（一五頁）。
(39) 前掲書（一七七頁）。
(40) 白柳秀湖『大日本閨門史』（東亜堂書房、大正二年）、同『日本富豪発生学』（千倉書房、昭和六年）、越山堂編輯部『明治大正 成金没落史』（越山堂、大正一四年）など、大正期から昭和初期にかけて、実業家や「富豪」の興亡をテーマにした書籍は数多く出版された。
(41) 『大阪朝日新聞』附録・第一一一一二号（一）（大正二年一月一九日）。
(42) 以下の引用はいずれも、『大阪朝日新聞』附録・第一一一一二号（七）（大正二年一月一九日）。
(43) 前掲『大阪朝日新聞』附録。
(44) 『時事新報』附録・第一一九〇六号（大正五年一〇月七日）。これは同年三月から数回にわたって『時事新報』紙上で掲載された調査記事をひとつにまとめたものである。
(45) 前掲号（六）。
(46) 大正から昭和初期にかけての資産家番付やその他の関連資料については、渋谷隆一編『大正昭和日本全国資産家・地主資料集成 I』〈改題〉（一九八五年、四頁）の一覧表が参考になるとともに、その代表的なものはこの資料集に収録されている。
(47) 昭和六年・昭和九年の番付は、前掲『大正昭和日本全国資産家・地主資料集成』に収録されている。
(48) 〈舌代〉帝国興信所編『全国金満家大番附』（『講談倶楽部』昭和六年一月号附録）。
(49) Ewen,S. and E.Ewen, *Channels of Desire*, McGraw-Hill Book Co., 1982. 小沢瑞穂訳『欲望と消費』（晶文社、一九八八年、一二〇頁・一二三頁）。
(50) イーウェンの解説、およびプライヴァシーと覗き見については、阪本俊生『プライバシーのドラマトゥルギー』（世界思想社、一九九九年）が参考になる。

第三章　上流階級イメージの変容――総合雑誌の分析

巨富を蓄えた実業家たちは、新興富裕層として注目されていくなか、どのようなイメージで語られたのだろうか。当時の雑誌や新聞を一瞥すれば、彼らが特徴的な表現やレトリックでさまざまに捉えられたことがわかる。この章では、実業家たちについて語る雑誌記事を多くとりあげ、彼らがどのような表現やレトリックで言説化されていき、また、どのようなイメージが彼らに付与されていったのかをたどってみる。第一章・第二章で見てきたのは、富裕な実業家たちへと注目が集まっていくプロセスそのものについてであった。人名録や「番付」といった特徴的なメディアが各時期に登場した事実に注目し、彼らが社会的に認知されていった過程を追いかけてきた。この章でとりあげるのは、そうしたプロセスのなかで彼らがいかなる言説をもって語られたのかについてである。

また、ここでは、彼らを語る言葉がどのような立場から生み出されたのかについても一考してみたい。すなわち、実業家たちを言説化しようとした主体のポジションについてである。実業家に関わる言説は、多くの場合、新しい時代や新しく構築されつつある階層秩序を代表する立場――あるいは代表を自認する立場――から語られる。実業家たちを特徴づけようとする営みは、どのような関心や予断にもとづくものであったのか。また、それらを導いた社会的・歴史的な背景とは、どのようなものか――。

これらのことをことさら問題にするのは、実業家たちに付与されたイメージや彼らの世間的な評判が、実業家自身の動向と深く関わっているからである。メディアに映った自己像に、実業家たちは敏感だった。それは一種の社会的圧力として彼らを刺激したといってもよい。そうした彼らの具体的な動向については次章以降で述べることにし、ここではまず、彼らに関する言説とそれらが生み出された時代的な背景について考える。

以下では、実業家に関わる言説やそこに盛り込まれた実業家イメージを追っていくことにするが、先に、分析対象について述べておこう。ここで主に扱うのは次の総合雑誌である。雑誌名とともに各誌の概要を掲げておこう[1]。

『国民之友』――明治二〇年二月に創刊され、明治三一年八月まで続いた。極端な国粋主義を批判し、平民を主体とする社会を構想した徳富蘇峰が主宰した。経済・政治・風紀など、諸般の時事問題に関する記事が雑誌の大部分を占めている。中江兆民、浮田和民、田口卯吉、山路愛山らの寄稿もしばしばあった。

『日本人』――明治二一年四月に、志賀重昂・三宅雪嶺・杉浦重剛らが結成した政教社によって創刊された。明治二四年から明治二七年のあいだには『亜細亜』と称した時期があり、明治四〇年以降は『日本及日本人』と改題した。国粋主義を唱導する志賀の記事が特徴的だが、時事問題とともに芸術や哲学、文芸に関するエッセイも多く掲載された。

『太陽』――明治二八年一月に創刊され、昭和三年二月まで続いた。新聞よりも「全般社会ノ活動進歩」について精密に観察・描写し、書籍よりも大衆の「嗜好」を満足させることをモットーに、大橋新太郎を館主とする博文館から刊行された。内容は、経済・政治・歴史・文芸など、多岐にわたる。実業家、知識人、文人など、寄稿者は変化に富んでいる。

『中央公論』――明治二〇年八月に『反省会雑誌』として創刊されたのが始まりで、当初は西本願寺系の「反省会」という団体の機関誌であった。明治二五年には『反省雑誌』、明治三二年には『中央公論』と改題した。『反省雑誌』までは宗教関連の記事が多かったが、『中央公論』以降は時事評論や文芸など、多様な分野の記事を掲載した。

総合雑誌をターゲットとすることについては、ひとこと注釈が必要だろう。ここでとりあげるのは明治期・大正期の代表的な総合雑誌であり、それらには社会諸般に関連する記事が網羅されている。新聞メディアがその時々の事件や出来事の報道に重点を置き、どちらかといえば岩崎や渋沢といった一人ひとりの実業家について語るのにたいして、これらの雑誌は実業家や資産家、あるいは「富豪」についての一般的な記事を数多く掲載している。これらは、実業家たちが興隆してきた事実を社会で生起している諸事象のなかに位置づけ、彼らの存在を社会的に意味づけ、また解釈していった典型的なメディアなのである。

ただ、これらの記事の多くはいわゆる知識人の手になるものであり、したがって、そこには彼らのイデオロギー上の立場が強く反映している。記事の主張は知識人としての個性に影響を受けている場合が多々ある。しかし、総合雑誌の社会的な影響力の強さや、一般読者を意識した簡易な表現への工夫などの点からみて、実業家イメージの形成プロセスを検討する素材として、それらが有意義なテキストであることにかわりはない。ここでは、記事の著者それぞれの思想や信念の体系を吟味するのではない。むしろ、複数の記事を読み比べながら、富裕な実業家に関する論評に共通する表現やレトリックを抽出していく。

また、総合雑誌の記事を通覧して、次のことにも気づいた。実業家たちについて語る記事の多くは、彼らのイメージを富裕な華族との対比のなかでつくりあげている点である。先の章で見た番付類が富裕な実業家と華族を資産家のトップとしてクローズアップしたように、総合雑誌はしばしば、両者を社会の上層に位置する者として語る。そして、ときには両者を対比しながら、特徴的な言説を生み出していった。両者のイメージは確実に連動している。少なくとも、富裕な実業家たちのイメージは、「上流社会」の主要メンバーと見られていた華族のイメージから大きな影響を受けている。彼らは華族との関係のもとで特徴的に捉えられた。彼らは金銭的なヒエラルヒーを駆け上がり、「上流社会」の一角を占めつつある階層として認知されていったのである。したがって、ここでは華族を含む「上流社会」について語る記事をも同時に検討したい。

最後に、扱う時代の範囲について付言しておこう。以下では明治二〇年以前の雑誌記事は扱わない。その時期の総合雑誌は短期間で廃刊になったものが多く、他誌との連続性に欠ける。それに、実業家や華族についての言及はきわめて少ない。それではまず、明治二〇年代前半の記事から見ていこう。

奸商イメージの時代——明治二〇年代前半

諸雑誌で実業家たちが本格的に富裕層や新興階層として語られ始めるのは、多くの人名録が刊行され、それらが彼らをエリート集団として捉えた明治二〇年代半ば以降である。それまでは、富裕な実業家たちについてのまとまった言及はあまり見られない。ただし、成功致富した新興商人については比較的明瞭なイメージを見つけることができる。以下では、明治二〇年代前半に頻出する新興商人に関わる表現をひとまず見ておこう。

この時期の記事で頻出するのは「御用商人」に類する表現である。そこには、維新前後の混乱期に乗じて富を得た「僥倖」の意味が込められている。たとえば明治二二年一一月の『国民之友』の記事〈御用商人の運命〉では、政府の「寄り木」となって成功した商人たちのことを「栄枯盛衰常ある者にあらず」と評している。[3] 彼らの成功は一種の「僥倖」であり、それは商界における興亡のひとこまにすぎないというわけである。

新興商人については、もうひとつ、よく使われる表現がある。「山師」や「詐欺師」といった類の表現である。たとえば、明治二三年四月の『日本人』の記事[4]は、商人たちの行状を「機智一擲、山師の手段を用るものあり」と記して、巧みに金銭を扱う商人たちをきわめて批判的に捉えている。また、同誌の別の記事〈日本殖産策〉（明治二一年四月）には、「奸商」という表現が見える。この記事は、庶民に重税が課されているのは「殖産策」の一環で政府が御用商人たちを保護しているためであるとする。そして、保護を受けて急成長した諸会社のことを「不徳義なる奸商の集合体」と決めつける。同記事によれば、諸会社が勃興する現状とは、「奸商」たちが「一般人民学識なきが為め此機に乗じ不正の行を以て賭博場裡に奔走し時に奇利を博する」事態なのである。[5] ここには「僥倖」をわがものとした〝詐欺師〟のイメージが込められている。これらの表現に見られるとおり、この時代の総合雑誌では、商界における成功者は批判すべき対象としてネガティヴに捉えられることが多い。彼らはしばしば、幕末維新の動乱期に要領よく蓄財した人物、あるいは金銭的にダーティな「奸商」として語られる。

「奸商」に類する表現がしばしば見られるのは、生業としての商売や金儲けにたいする根強い封建的な蔑視がやはり影響しているであろう。また、それらは非成功者によるルサンチマンの表現と解することもできる。ただし、他の記事を見れば、こうした紋切り型の表現が流布していた事実には、ある歴史的な背景が存在していたことがわかる。明治二三年九月の『国民之友』の記事〈労作、節用、貯蓄〉を見てみよう。この年には貯蓄銀行条例が公布された。政府はこの条例で貯蓄銀行の設立条件や設立手続きを明確化し、悪徳金融業者の一掃を図った。同記事の趣旨は、政府が当時展開していた貯蓄奨励キャンペーンに賛同するというものである。その一節を次に示そう。(6)

我邦従来の事跡を考ふるに、国民節用を重んぜず、貯蓄の如きは、却て恥づべき鄙吝の業と見做せり、所謂宵越しの銭を使はぬは、江戸ッ児の本色なりとは、実に我邦の労役社会に通用するの快言語にて有りしなり。……将来を慮らざる者は、実に野蛮人なり。……今回我政府に於て貯蓄銀行条例を出し、……預金者をして最も安心して貯蓄せしむるの途を備えたるを見て、大に我国民の貯蓄心を鼓舞することを祝せん……。……空しく奸商の奇利を博する餌たらしめざらん……

これまで「節用」や「貯蓄」を省みなかった「国民」にとって、貯蓄銀行条例は「安心して貯蓄」できる状況を準備する制度であり、これによって「国民」が「奸商」の餌食になることはない。こうした趣旨である。貯蓄という行為を、「奸商」に弄ばれないための庶民の〝避難所〟として捉えているのが特徴的である。貯蓄は「奸商」への対抗策として位置づけられており、また、金銭の扱いに手慣れた「奸商」とそのアマチュアである庶民という対比的な概念が効果的に用いられている。こうした対比的な概念は、庶民の貯蓄熱を煽るためのレトリックとして使用されている。明治期を通じて、こうしたレトリックは、雑誌や新聞などのさまざまなメディアにおいて多々みられる。明治二三年九月の『日本人』の記事〈銀行条例発布に就き〉も同じレトリックを用いている。記事は「今日商業社会に勢力ある者は、只他を倒し、己を利せんことに汲々たる狡猾卑劣者流」であると断定する。そして、彼らに「瞞着せられ、欺かれんこと」を恐れる「小民の救助」には貯蓄が効果的であると論じて、貯蓄銀行条例を評価している。(7)また、明治三〇年の日清戦争後の第一次恐慌時には、しばしば総合雑誌でも貯蓄キャンペーンがおこなわれたが、そのときの『太陽』の記事〈貯蓄銀行と日本の道徳〉では、庶民の自画像が金銭面における〝幼児〟のように捉えられている。記事によれば、貯蓄とは「財界に於る幼稚にして軟弱なる人士の為に保護育成の任を尽くさむとするもの」である。(8)

「奸商」の存在は背後に隠れているが、〝大人〟対〝幼児〟という対比的な語りが、貯蓄奨励言説のなかで効果的に生かされている。

明治政府による貯蓄奨励の背景には、たしかに、金銭に淡白な庶民を啓発し保護するという狙いがあったが、その最大の眼目はやはり、殖産興業・富国強兵を支える資金の調達にあった。政府は、当時、世界の数ヵ国でしか実施されていなかった郵便貯金制度を明治八年に早々と実施したり、貯蓄銀行の設立を奨励したりすることをつうじて、資金の調達に努めていた。(9)「奸商」と庶民の対比的な概念が一般に流布した事実には、貯蓄奨励という中間項をはさんで、このような一層大きな時代的な脈絡が関わっている。殖産興業・富国強兵の円滑な実現にとって、この対比的な概念は効果的なレトリックであった。とくに、金銭に疎い庶民というステレオタイプは、国力充実のために庶民が離脱すべきネガティヴな自己像として、さまざまなメディアで頻繁に語られた。先に引用した『国民之友』の記事は「宵越しの銭を使はぬは、江戸ッ児の本色なり」という諺を引きあいに出して、庶民に見られる金銭的な自覚の乏しさを嘆いている。また〈天下の商工農諸士に告ぐ〉という『日本人』の記事は、「武士は食はねど高楊子」という慣用句を示し、蓄財を軽んじる習慣を「一種の奇僻」とみて庶民の経済的な自立を促している。(10)このような「江戸ッ児」や「武士」の比喩は、総合雑誌のほか、新聞における郵便貯金の奨励公告や政府要人の演説録など、(11)明治期全体をつうじてさまざまなメディアで散見される。いずれも、金銭に疎い庶民の自己像として用いられている。離脱すべき自己像が頻繁に語られるなかで、富商のネガティヴなイメージは一層、ステレオタイプ化されていったであろう。

さて、ここで、華族関係の記事について述べておこう。華族と華族制度については、必ずしも一般に周知されているわけではないので、少し説明が必要であろう。

明治二年の版籍奉還によって封建体制は制度的に崩壊したが、これに応じて、すでに藩知事に任命されていた諸侯が公卿とあわせて華族と称された。(12)初期の華族は、これらの旧諸侯と旧公卿のいずれかであった。そして翌年には、彼らに一定の経済的特権が認められた。また、平民との婚姻や職業の選択が自由になった。さらに明治四年には、廃藩置県にともなって旧諸侯は藩知事を解任され、東京在住を命じられた。そして旧公卿の華族も、漸次、東京に移り住むことになった。同年、全華族の戸主に下された勅諭には、「一層勤勉ノ力ヲ致シ率先シテ之ヲ鼓舞セサルヘケンヤ」と記されている。そこでは、華族が「勤勉」の態度をつうじて「国民」の「標準」になることが強く要望されている。[13] 彼らは、いわば〝国民の儀表〟として位置づけられたのである。

また明治一七年には、帝国議会の開設をにらんで、上院議員の選出母体を準備するために華族令が制定された。ここでは「公侯伯子男」の五爵制が設けられた。また、同時に定められた「叙爵内規」では、旧諸侯・旧公卿だけでなく、国家に「偉勲」や「勲功」のある者が、新たに叙爵の対象として加えられた。いわゆる「勲功華族」の誕生である。同年の叙爵では、薩長土肥出身の政治家や軍人が新たに華族に加えられた。その後、幾度もの叙爵があり、「勲功華族」の数は徐々に増えていった。

明治二〇年代前半の華族関連記事は、大きく二つに分けることができる。整備されつつある華族制度を批判的に語るものと、旧諸侯や旧公卿への素朴な尊敬を語るものとである。

まず華族制度を批判する記事であるが、これらの多くは、新しく導入された華族制度に違和感を表明するものや明治政府の華族政策を批判するものである。とくに平民主義を標榜する『国民之友』では、批判的な論調が際立っている。たとえば、新しく爵位を得た「勲功華族」たちが「揚々然として天上人となるが如き」態度は国家を益することにはならないとして、彼らに「謙譲抑損」の精神を失うなと諌める記事、[14] あるいは「平民政治家」板垣退助の叙爵に率直な当惑を示す記事[15]などである。いずれも、平民から一躍華族になった者にたいして驕りをいさめる内容であり、これらの記事では、爵位を得ることが、国家独立の主役であるはずの平民の誇りと意気込みを挫く甘美な名誉として捉えられている。また、明治二二年の同誌の記事〈華族と鉄道〉は、政府の華族優遇政策を細部にわたって指摘し、また批判している。たとえば、明治一九年の整理公債条令で、公債は年五分の利息となったにもかかわらず、第十五国立銀行（華族出資のいわゆる「華族銀行」）には、政府はいまだ年七分五厘の利子を払い続けていること、あるいはまた、政府が官設鉄道を華族に安価で払い下げる計画を立てていることなどを、やり玉にあげる。そして記事は、これらの政策がすべて「彼等の富める財嚢をば、更に国民の租税を以て之を富まさんとする」ものであると指弾している。[16]

これらを一瞥すると、明治前半から、華族への批判や異議申し立てはかなり手厳しかったように見える。しかしこれらは、華族批判の体裁をとりながらも、明治政府にたいする批判を趣旨としている。批判の具体的な対象は、華族というよりも、むしろ平民に爵位を授けることであり、また、七分五厘の利子を払い続けていることである。これらの記事を、婉曲的に華族を批判するものと見ることもできる。しかし、特権的な社会的身分としての華族をあからさまに批判する記事が現れるのは、もう少し先のことである。この時期の総合雑誌からは、華族を批判する明確な形式といったものは見いだせない。華族と平民との身分的な距離感はいまだに大きく、それは直接的な批判がしばしば避けられるほどであったと考えられる。

この時期には、むしろ華族にたいする素朴な尊敬を含む記事が多く見られる。『国民之友』のある記事は、華族の東京居住命令が緩和されて、旧藩地への帰郷が許されたことを歓迎する。そして、帰郷した彼らが「旧友父老の為に囲繞せらるる愉快」を素直に喜ぶ。[17] 封建領主との懐古的な一体化を、この記事からは読み取ることができる。また『日本人』の記事は、旧大名のお家騒動の噂に言及しながら、当主が旧藩地に帰ることで、かつての安泰の日々を取り戻すことができると説いている。帰郷することで「忠実なる者、篤信なる者、撲直なる者、相競ひ来りて」「旧君家の安寧繁栄を希図する」のだという。さらに記事は、旧藩地内で当主が、「平素閑散たる書屋の間に力学し、閑日には馬を櫻埓に駆り」といった生活を取り戻すことで、「精神肉体を快活健全ならしめ」ることを切に望んでいる。[18] この記事にも、封建領主にたいする懐古的な感情を読み取ることができよう。また他にも、「今日の政治社会は無学無経験者輩の蹂躙する所」と診断し、「国民智識」の向上を図る主役は、「精神的進歩の大先達」である「貴族社会」を措いて他にないと言い切る記事もある。[19] 〝国民の儀表〟としての華族にたいする素朴な信頼と期待が、ここには表明されている。

このように華族関連の記事には、華族制度への批判の視点とともに、封建領主への懐古の感情を見つけることができる。ただ、こうしてさまざまな趣旨の記事があるとしても、明治二〇年代半ばまでは、総じて華族の構成メンバーである旧諸侯や旧公卿にたいして、「天上人」のイメージがいまだに強かったことがわかる。

以上のように、この時期には、商界の成功者は金銭的にダーティな「奸商」として、また、旧諸侯・旧公卿の華族は封建的な長敬の対象として、しばしば描かれた。

ただ、諸雑誌のこうした語りが、富商と華族の〝実像〟を必ずしも反映しているわけではなく、誇張と脚色に満ちたものである点には注意を払うべきである。雑誌記事が彼らに付与するイメージはきわめて相対的な性格をもっており、このことは、記事を語る者が立脚するポジションを考える際には重要である。富商・華族に付与されたイメージは、いってみれば、語り手が同一化する庶民像を逆さに写した陰画である。すでに見たように、富商が「奸商」として語られるときは、金銭に疎い庶民像（「江戸ッ児」「武士」）が語り手の位置へと誘導されている。また、華族が「天上人」のイメージとともに語られるときは、なにか従順で野卑なキャラクターとしての庶民像が語り手の位置へと誘導されている。それぞれを言説化するときの主体のポジションは微妙に異なるが、誘導される自己像は、いわば前近代的庶民のステレオタイプであるという点では共通している。少なくとも、商人や華族が語られる場合、総合雑誌の語り手たちが依拠する自己像はしばしば、前近代という〝過去〟から懐古的・遡及的に動員されているのである。ここからは、諸記事の語り手が、身分秩序が崩壊したのちに現出した時代のなかで、みずからが依拠すべき新しい自己像をいまだ見いだせない姿を見てとることもできよう。

富豪イメージの生成――明治二〇年代半ばから明治三〇年代

さて、次に明治二〇年代半ば以降の記事を見てみよう。

富商と華族のイメージは、先の時代のものとくらべてそれぞれ大きく変化している。商売や実業の成功者が語られるとき、これまでの「奸商」に類する表現にかわって、「富豪」という言葉がしばしば用いられるようになる。また、華族については、必ずしも「天上人」のような高貴なイメージでは語られなくなり、むしろ、彼らにたいする手厳しい批判記事が多く書かれるようになるのである。

こうした変化は、実は、ある政治制度上の出来事と深く関わっている。帝国議会開設にあわせて規定された貴族院議員のメンバーに、多額納税者議員の枠が設けられた点である。多額納税の事実を理由に貴族院議員に選ばれる富裕者が登場したのである。これは、いってみれば国家にたいする金銭的な貢献や金銭的なアドバンテージそのものにたいして、貴族院議員の名誉を授ける制度である。諸記事はこれを、きわめてセンセーショナルな事件として扱った。多額納税者議員の出現は、〝金儲け〟を蔑み華族に敬意を表するといった先のプレモダンの常識を混乱させ、また動揺させたのだといえる。少なくともそれは、金銭的成功者や華族を言説化しようとする諸雑誌の営みに、大きな衝撃を与えたのである。

以下では、多額納税者議員の出現にたいする諸記事の反応をたどってみよう。

多額納税者議員は、明治二二年二月一一日に公布された貴族院令において、皇族、華族、「学識」などによる勅選議員などと並ぶ貴族院の構成メンバーとして規定された。議員組織を定めた第一条を次に示しておこう[20]。

第一条　貴族院ハ左ノ議員ヲ以テ組織ス
一　皇族
二　公侯爵
三　伯子男爵各々其ノ同爵中ヨリ選挙セラレタル者
四　国家ニ勲労アリ又ハ学識アル者ヨリ特ニ勅任セラレタル者
五　帝国学士院ノ互選ニ由リ勅任セラレタル者
六　東京都北海道樺太各府県ニ於テ土地或ハ工業商業ニ付多額ノ直接国税ヲ納ムル者ノ中ヨリ一人又ハ二人ヲ互選シテ勅任セラレタル者
七　朝鮮又ハ台湾ニ在住スル者ニシテ名望アル者ヨリ特ニ勅任セラレタル者

この規定に則り、明治二三年六月一〇日に第一回の多額納税者議員選挙がおこなわれ、四五名が議員に選出された（九月二九日に確定）。同年七月一〇日には、第一回の伯子男爵議員選挙もおこなわれ、貴族院の構成員は、皇族一〇名、公爵一〇名、侯爵二一名、伯爵一五名、子爵七〇名、男爵二〇名、勅選議員六一名、多額納税者議員四五名の、計二五二名となった[21]。

総合雑誌の記事は、多額納税者議員の登場にたいして大いに反応している。たとえば『日本人』のある記事は、金銭的な成功者が貴族院議員という名誉への道筋を得たことを、新時代の傾向として納得しようとしている。もはや「門地門閥の弊習改まり、実力独り貴き」時代である。したがって、多額納税者議員たちの「社会に対する影響」は、とても大きい[22]。彼らの出現から、記事は「実力」を基準とする競争時代の到来を読み取っているのである。

しかし、このような〝穏健〟な反応はむしろ少ない。金銭的な成功者にしばしば付与されていたダーティなイメージは、皇族や華族をメンバーとする貴族院議員の高貴なイメージとは、容易に折りあわないだろう。この〝不釣合い〟に諸雑誌は敏感に反応しており、それは多様な記事——富商や華族を評するものや蓄財や金銭そのものの意味について再考するもの——となって誌面に現れた。やや結論的なことを先に述べるが、諸雑誌の反応は、かつてL・フェスティンガーが描いた人間の認知的な傾向を、いわば忠実に反映している。この時代の論調の多くは、富商のダーティなイメージと貴族院の高貴なイメージのあいだの不協和を低減しようとする言説に満ちている。フェスティンガーによれば、複数の認知要素のあいだに矛盾や不協和が存在する場合、人間は認知的な一貫性を求める傾向をもつため、そうした矛盾や不協和を低減しようと試みる。たとえば、矛盾や不協和自体を重要なことではないものと捉えてみたり、新たな要素を付け加えて全体の調和を図ってみたり、また認知要素の片方を歪曲してみたりなど、さまざまな方法を講じる[23]。

この時期には、金銭至上の時代といかに向きあうかを論じる記事、あるいは、金銭や蓄財の意味を新たに捉えなおそうとする記事が多く現れるが、これは、不協和を意識しそれに反応した言説の一種と見ることができる。たとえば〈金は世論〉という『亜細亜』の記事〔明治二五年二月〕は、多額納税者議員の出現に落胆し、興醒めを示す[24]。

> **世に声望もなく、又才識もなきものが、一躍して議席を得るあらば、是れ金の力なり。……今や金は世論を代表して、名誉ある議員を出すこととはなりぬ。金なる哉……。**

記事は、金力が名誉へと直結していく新時代を慨嘆している。「金なる哉」という表現には、現実の不条理にたいする落胆と冷笑が込められている。また、このようなネガティヴな対応とは異なり、金銭崇拝を新時代の価値観として積極的に内面化すべきと説く記事も多い。『国民之友』の記事〈金銭と失行〉は、「金銭を軽んずるは日本士人の悪弊なり、金銭を軽んずるが故に独立の生計を為す能はず」と述べて、金銭を軽視する旧来の庶民意識を「悪弊」と見なしている[25]。また〈拝金の弁〉という『亜細亜』の記事は、「金銭を崇拝するは富を崇拝するに外ならずして、而して富を崇拝するは吾人第一の義務と云う可し」と述べて、金銭崇拝を富の崇拝として肯定的に捉えようとしている[26]。前者は「江戸ッ児」の比喩の一種であるが、ここでは貯蓄の価値よりも金銭そのものの価値が問題化されている。また、後者では金銭崇拝が明確に打ち出されている。これまでの貯蓄奨励論のなかで、蓄財は肯定的に捉えられつつあったが、これらの記事からは、多額納税者議員の出現という事件をきっかけに、蓄財自体を自己目的として露骨に正当化しようとする傾向を観察することができる。

このように、蓄財や金銭について論じる記事は落胆の表明であったり、金銭崇拝の推奨であったり、その趣旨は対照的であるが、金力と名誉のあいだにある不協和を解消しようとする営みである点では一致している。それらは現状に距離を置いたり、新たな価値観を取り入れて現状を肯定的に捉えたりというふうに、それぞれの仕方で不協和を解消しようとしていると言えよう。

注目したいのは、これらの記事とともに、富商と華族を新たなかたちで定義しなおそうとする記事が数多く見られる点である。先に見たように、明治二〇年代半ばまで、成功した商人は「奸商」イメージで語られることが多かった。しかし、多額納税者議員が現れたのち、彼らは新時代で巨富の蓄積に成功した稀少な階層として捉えられることが多くなる。彼らは、しばしば「富豪」や「紳商」という言葉で語られ始めたのである。先の時代とくらべ、ダーティなイメージが薄められたともいえる。こうした傾向は、やはり不協和解消の営みとして理解できる。富商を新時代の〝選良〟あるいは庶民による成功のモデルとして定義しなおせば、金力と名誉のあいだの不協和は緩和される。フェスティンガー流にいえば、〝「奸商」たちは、実は、稀少な模範者（いわばエリート）であった〟のである。

それにたいして、華族関連の記事は対照的である。多額納税者議員の出現以降、華族を「奸商」の類として貶める記事が目立ち始める。華族は高貴なものという従来のイメージが、いわば捉えなおされ始めたのである。華族をもともと富商と同類のものと定義すれば、貴族院への多額納税者の参入という事態も違和感なく受けとめられる。フェスティンガー流にいえば、〝華族は、実は「奸商」の類であった〟のである。以下では、富商・華族の順で、記事を具体的に見ておこう。

〈富豪専制の時代近けり〉（『国民之友』明治二六年七月）は、富商を模範的な成功者として捉えようとする記事の典型である。同記事は富商の躍進に当惑し、そこに「富豪専制の時代」の兆候を見るが、同時にそうした時勢を封建時代からの離脱の第一歩として歓迎する。すなわち、「富豪専制」は「平民の天国に近ける杜鵑の一声」なのである。(27) ただし、このように富商の存在を「平民」の模範として好意的に捉える記事ばかりではない。むしろ多いのは、彼らを模範者でありつつも道徳的に劣悪な者として、いわばアンビヴァレントに捉えるものである。たとえば『国民之友』のある記事は、富商たちがしばしば「紳商」と呼ばれていることについて、次のように疑問を投げかけている。(28)

紳士と云へば恰も昔の武士と云へる心地して其行状に就ても自から武士を標準として見ることなれども紳商と云へば昔の商売を標準と定め随て紳士にあるまじき事柄にても紳商には却て之を恕するの風なきにあらず為めに紳商なるものの奢侈放埒なる見聞に忍びざること往々なれども世間の之に対して寛大なるは実に不審と云はざるを得ず……。

この記事は、従来の「奸商」が「紳商」という一種のエリート・イメージで語られ始めた不可思議さを、率直に語っている。そして、道徳的には決して模倣できない新時代の模範者というアンビヴァレントな像で、彼らを捉えなおそうとしている。このような仕方で、「富豪」や「紳商」に何らかの威信やエリート的な特質を認めようとしつつも、彼らの道徳意識に疑問や批判をはさむ記事は多い。それらが語ろうとする「富豪」「紳商」とは、いってみれば「紳士」でありながら「奸商」でもあるという、〝奸商紳士〟のイメージである。次に「富豪」を論じた記事をいくつか見てみよう。それらには、いずれも〝奸商紳士〟のイメージが込められている。

この時期の「富豪」論の典型は、維新以降の不当な僥倖を償うために、「富豪」たちは慈善活動や公共事業への投資などの義務を負っている、と主張するものである。いわば〝贖罪要求型〟の記事である。たとえば『国民之友』のある記事は、教育研究家・山県悌三郎が、「富豪」である岩崎弥之助あてに教育事業への投資を勧める書簡を送ったことを受けて、いまや「社会」が「富者に向て要求し初め」る時代になったと論評する。[29]また、別の記事は、日清戦争後の恐慌で貧民が増加したのを受けて、「岩崎三井を始め各地土豪大商」などの「富者」は、「拝金宗の国」である米国の「富豪」のように公共事業へと投資すべきだと訴える。[30]これらは、「富豪」を成功者として一方で認めながらも、他方では彼らを、蓄財の不当性ゆえに常時代償を求められる存在として捉えている。

「富豪」を語る記事には、もうひとつ典型的なものがある。「富豪」の驕奢な生活ぶりを、誇張をまじえながら語り、彼らの私生活へと読者の視線を誘導するといった〝監視誘導型〟の記事である。このタイプの記事は、明治二九年六月に岩崎久弥や三井八郎右衛門らの実業関係者に初めて爵位が授けられて以降、とくに過激になった。そこからは、旧来の「奸商」というレッテルと爵位の高貴なイメージとのあいだの鋭い不協和から目を背け、「富豪」にたいする一方的な批判や揶揄へと逃避しようとする態度さえ読み取ることができる。たとえば、彼らの日常生活を「狎妓も蓄妾も、賭博も賄賂も、将た詐偽も、免れて恥無きは勿論、苟くも法網をさへ潜り得たらんには、泥坊猶紳士なるの体面を保つを得るの状あり」と語り、その反道徳的な振舞いを強調してみたり、[31]「顔蒼き夫人」「酒肥りの男」「二頭立ての馬車」「避暑」といったイメージで「富豪」たちの私生活を戯画化してみたりである。[32]道徳的に劣る〝奸商紳士〟のイメージは、多額納税者議員の出現や実業関係者への叙爵といった不協和を連想させる話題のたびに繰り返され、「富豪」像のステレオタイプを築いていった。

次に、華族関連の記事を見ておこう。富商の場合とは対照的に、華族のこれまでの高貴なイメージは大きく損なわれていった。「天上人」への敬意を語るような記事はほとんど見られなくなり、かわりに彼らの豊かな生活ぶりを批判し、彼らを「奸商」と同等の者として捉えなおそうとする記事がいくつも現れるようになる。そしてこうした傾向も、やはり不協和低減の方策として解釈できる。華族の高貴イメージと「奸商」のダーティ・イメージのあいだの齟齬を解消するため、華族にたいする従来の高貴イメージのほうを誤った認識として打ち消すという方策である。

華族批判の記事でとくに多いのが、彼らの「僥倖」を批判するものである。いまの華族が享受する豪奢な暮らしは、維新後に華族制度が急造されることによってもたらされた不当な「僥倖」であると、それらは主張する。すでに述べたように、先の時代にあっては、「僥倖」は富商を語る言葉であった。この時代には、華族が同様のイメージで語られ始めたのである。たとえば、「華族の維新革命に負ふ所、実に大なるものあり。彼等は真個に革命の僥倖児なり」と述べ、華族の「十中八九は、社会の寄生虫」であると決めつける記事[33]、あるいは、日本の貴族が歴史的に「尊氏、秀吉、家康に媚附して」「一時の利運を僥倖した」ように、華族も「時の勢力に媚附」した者であると断定する記事[34]などである。記事がそれぞれ華族の実像を伝えているかどうかはともかく、先の時代では、明治政府批判の陰に隠れてあまり批判の対象にはならなかった華族が、露骨な批判を受け始めたのである。諸雑誌の華族記事は、この時代、いわば華族批判のステレオタイプを見つけたのである。

また華族は、金融業に精を出すダーティな金満家として語られることもある。先の時代には、富商は庶民をだます「詐欺師」として語られることが多かった。それが、この時期からは華族さえもが、しばしば「詐欺師」まがいのイメージで語られるようになる。たとえば、「地所を抵当にして金を外人に借らん」とする一部の華族を「我国貴族の恥辱」と捉え、彼らは「詐欺恐喝して人の財を奪う者」と同等であると指弾する記事[35]、あるいは、「租税を出さざる委託販売、地所周旋家」としての華族、「詐欺取財」を生業とする華族などを列挙することで、華族の金銭的なダーティぶりを強調する記事[36]などである。また、明治三〇年代後半の記事ではあるが[37]、「単に公債の募集に応じて利子を貯蓄するを能事とする、華族は畢境一種の金貸に過ぎず」と述べて、これまでの華族を批判したうえで、日露戦争に勝利した現今、朝鮮半島への移民事業に華族が積極的に関与するように求めるものもある。

このように、明治二〇年代半ば以降の記事には、華族を「僥倖児」のイメージで語ったり、一種の「詐欺師」として捉えなおそうとしたりするものが、多々見られる。それはあたかも、富商にたいするかつての「奸商」イメージが、そのまま華族に転移したかのようである。いってみれば華族は、「奸商」まがいの者、あるいは〝奸商貴族〟として捉えられ始めたのである。

さらに華族記事には、「富豪」記事と同じように、驕奢な私生活をことさら強調する〝監視誘導型〟の論調も多い。

たとえば「国に厄介者あり」と述べて、華族を「高楼に棲み美服を纏ひ」「あらゆる肉欲を専らに」し、また「社会に蠹毒を流すの甚しき者」と決めつける記事[38]、そして、「多くの華族が、社会の上流にありて、常にその汚濁を下流に及ぼし来る」とし、庶民にたいする華族の悪影響を断罪する記事[39]などである。このように総合雑誌では、プライヴァシーを過激に批判するものが、除々に華族関連記事の中心を占めるようになっていった[40]。

こうして総合雑誌の「富豪」像と華族像は、明治二〇年代半ばから明治三〇年代にかけて、ともに〝金銭的にダーティな金満家〟という画一的なイメージへと収斂していった。

最後に、これらの「富豪」言説、華族言説を生み出した語り手のポジションについて述べておこう。先に指摘したように、「富豪」・華族を語る言葉は、記事の語り手たちが同一化する庶民像を影絵のように映し出している。「富豪」や華族が享受する「僥倖」や彼らの驕奢な生活が糾弾されるとき、語り手は、「僥倖」や驕奢とは対照的なポジションに立っている。そのポジションを当時よく使われた言葉でいえば、「勤倹」のポジションである。

「富豪」・華族イメージのステレオタイプが形成されていった時期と、「勤倹」という言葉が頻繁に使われた時期とは、明らかに重なりあう。この言葉は、明治二四年一二月の貴族院議会で、陸軍出身の子爵・谷干城が政府の施政方針を不満として建議案（一般に「勤倹尚武建議案」と呼ばれるもの）を提出して以降、新聞・雑誌などでしばしば使われるようになった[41]。谷は建議案のなかで、財政健全化のための財政整理・行政改革を政府に求めると同時に、国力充実の根本は「勤倹」の道徳であると記して、精神面の重要性を説いた。そして総合雑誌も、これを受けて「勤倹」について頻繁に論じるようになった。とくに『国民之友』は、本来「勤倹」は驕奢な貴族院議員のものではなく、庶民や「平民」のものであるという趣旨の記事を、いくつも掲載した[42]。それらの記事では、この言葉は理想的な庶民道徳の意味として用いられている。そうした「勤倹」の旗標の下、ときには庶民の奢侈をいさめる記事が書かれ、また、「富豪」・華族の驕奢を批判する記事が書かれた。諸雑誌のなかで「勤倹」は、しばしば奢侈や驕慢を攻撃する道徳的な拠点となっていたといってもよい。また、「勤倹」を説く諸記事は、先の貯蓄奨励論とも分かちがたく融合しており、「勤倹貯蓄」という言葉が、日清・日露両戦争後の恐慌時には庶民生活の理想としてしばしば語られた。「勤倹貯蓄」

が声高に叫ばれる時代に、「富豪」・華族のネガティヴ・イメージが形成されていったのである。

成金イメージとの対比 ——明治四〇年代から大正期

これまで見てきたように、かつて「奸商」として語られた富商は、きまって反道徳的な「富豪」のイメージで語られるようになった。同時に華族は、「奸商」を連想させる言葉でしばしば語られた。多額納税者議員や実業関係の叙爵者が現れて以降、「富豪」と華族はともに、社会の「上流」に位置しつつも金銭的にはダーティであるという、きわめてアンビヴァレントな存在として位置づけられていったのである。そして、彼らにたいするこうした批判的な語りは、その後も途切れることがなかった。ただし、語りの形式には少なからぬ変化がある。この最後の節では、その後の「富豪」言説・華族言説のあり方を、大正期までたどっておきたい。

明治四〇年代以降の諸記事も、両者のネガティヴ・イメージを煽るものが主流である。ただ、特徴的なのは、明治後期から現れた「成金」や投機に熱中する庶民との関係で、彼らが新たに捉えなおされた点である。日露戦争の後に生じた株式ブーム、そして第一次大戦中から始まった大戦景気という二期をピークとして、短期間に富を蓄えた新興層が現れ、彼らは「成金」と呼ばれた。総合雑誌では、「成金」は拝金主義者の典型として批判された。彼らは、いわば庶民のダークサイドとして描かれた。記事の語り手たちが、しばしば「勤倹」なる庶民像に自己を同一化したことを考えると、「成金」はそうした庶民像の完全な陰画として描かれたのだといえる。そして「富豪」と華族は、「成金」という庶民のダークサイドを加えた新たな布置のもとで捉えなおされたのである。

まず、「成金」関連の記事を見てみよう。この時期の総合雑誌はしばしば、庶民に広がる拝金主義的な風潮や投機熱について論じている。批判のターゲットは主に投機やその他の術策で成功した「成金」であり、とりわけ彼らが享受する「僥倖」が槍玉にあげられる。みずからの勤勉によらずに他者に寄生して、偶然、莫大な富を獲得した点が批判されるのである。たとえば、明治四一年二月の『中央公論』の記事は、「僥倖を希ふ国民は必ず勤勉心に乏しい。確固たる独立心がない」と述べ、その例として「富豪の娘を娶りて其後援を借らんとする」者を挙げている[43]。また、同年七月の『日本及日本人』の記事は、アメリカの実業家・カーネギーの考えを引用しながら「成金」を批判する。すなわち、「実業の根本義は、公衆の為に尽すにあり」、また「金を造るばかりが実業家ではない」という彼の考えからすれば、「今日の青年」は「実業熱と拝金宗とに浮かされて居る」。そして記事は、「成金紳士の連中は、実業界の寄生虫として成功した訳である」と断じている[44]。

これまで見てきたように、「富豪」と華族は、時代の「僥倖児」としてしばしば批判されてきた。しかし、それらの批判の論点は、「成金」の場合と必ずしも同一ではない。彼らの「僥倖」は、いわば「漁夫の利」の問題として批判されていた。すなわち、明治政府の庇護によって彼らに転がり込んだ社会的・経済的優位の不当性が批判され、また攻撃されたのである。これと比べて、「成金」の「僥倖」は、投機などの術策による富の蓄積を内容とする。それは、きわめて作為的な行動によって獲得した「僥倖」であり、蓄財のための積極的な仕掛けや攻勢にもとづくもの――いわば「僥倖」のための「僥倖」――である。

「漁夫の利」などの利益誘導の諸タイプについてはG・ジンメルが興味深い分類をしており、これを用いれば、記事が語る「僥倖」の意味をうまくつかむことができる。ジンメルは、他者の目論見に便乗して利益を得る受動的な「漁夫の利」のケースと、他者に取り入り巧みな術策で自己利益を誘導する能動的な「分割支配」のケースとを区別した[45]。この区別を援用すれば、諸記事が語る「富豪」・華族の「僥倖」と「成金」のそれの違いは、次のようになる。すなわち、現在の富が、実は状況への依存や便乗によって得たものであるという隠蔽と欺瞞に満ちたタイプか、それとも、みずから状況へと介入してあからさまに利益誘導していくという明快で露悪的なタイプかである。諸記事においては、「僥倖」狙いの明快さの点で、「成金」はしばしば、いわば〝純粋な〟「僥倖児」として語られたのである。

「成金」には、もうひとつ別のイメージがある。驕奢な生活を見せつけて世間の羨望を煽り、短期間で財を使い尽くすという蕩尽家のイメージである。とくに、大正五年から七年にかけての期間をピークとする大戦景気に乗じたいわば第二期の「成金」が、このようなイメージで語られることが多い。たとえば、「箱根、熱海、修善寺」などの「避暑地温泉地から来る成金の噂」の多さを指摘し、「成金の十中の九分九厘までは、ぱっと開いてぱっと消える線香花火のやうな短い運命を持っている」と、その蕩尽ぶりを強調する記事[46]、あるいは、「黄金金具や銀金具で脅しつけたり、金持振りを見せやう」とする成金の雛祭に感化されて、旧来の古風で質素な雛祭が「めちゃめちゃになる」と、露悪趣味を痛烈に批判する記事[47]などがある。たしかに先の時代でも、「富豪」や華族の驕奢な生活が過激に表現された。ただし、すでに指摘したように、それらは彼らの隠れた贅沢ぶりを暴露し、読者に注意を促すことを趣旨とする〝監視誘導型〟の記述であった。それに比べて「成金」批判では、彼らの露悪的な蕩尽ぶりに当惑を示すものが多々見られる。いってみれば、暴露的な表現や誇張的な表現の必要がない〝完璧な〟蕩尽ぶりを、そのまま総合雑誌の著者たちは伝えているのである。

　諸記事の「成金」イメージを概観したとき、それらが、これまでの「富豪」イメージや華族イメージをいわば純粋化したものに他ならないことに気づかされる。「成金」批判は、たしかに「富豪」・華族にたいする批判の論点をそのまま引き継いでおり、そこで語られるのは「僥倖」による致富であり、また豪奢な私生活である。ただし、それらは暴露や誇張・脚色の必要のない「僥倖」ぶり、蕩尽ぶりであり、この点で「成金」は、完璧な「僥倖児」、完璧な蕩尽家として語られたのだといえる。そしてこのイメージは、「勤倹貯蓄」という理想的な庶民像を忠実に逆倒した完全な陰画でもある。「僥倖」のたくらみと誇示的な蕩尽は、誠実な「勤倹貯蓄」を逆さまに映したものである。先の時代まで、「富豪」と華族は「勤倹貯蓄」の庶民像との関係のなかで言説化されていたが、明治四〇年代以降の総合雑誌では、そうした構図に「成金」というもうひとつのキャラクターが加わったのである。そして、構図の変化とともに、これまでの「富豪」と華族のイメージは、それぞれ少しずつ変わっていった。いわば「勤倹貯蓄」の理想像にたいする「成金」という対立図式のなかで、「富豪」と華族は、両者の曖昧な中間形態として新たに捉えなおされ始めたのである。

　それでは「富豪」関連の記事を見てみよう。先の時代の〝監視誘導型〟の記述があいかわらず多い。そこでは、「富豪」の豪奢な私生活が誇張されて描かれている。「連日連夜社交会に奔走し」「或は骨董に或は謡曲に或は俗曲に或は酒色に其の慰安を求める」といった「富豪」の私生活の画一的な描写は、その典型であろう[48]。

ただし、これまであまり描かれなかった「富豪」の姿が、この時期からは好んで描かれ始める。すなわち、実際には「成金」流の虚業と蕩尽に没頭しているのだが、そうした所業を外部にたいしては隠蔽しようと努めている演技者の姿である。日常生活における人間の行為を「オーディエンス」を前にした演技として捉えたE・ゴッフマンの用語を借りれば[49]、諸記事の語り手たちは、「印象操作」を繰り返す人物として彼らを描き始めたのである。

たとえば明治四〇年の『中央公論』の記事は、同年の株価暴落で株成金がたちまち没落したことを論じ、その内幕を暴こうとする。すなわち、「三井三菱氏」が「成金党」を「嫉み、其の傍若無人の振舞を怪しなり」として、「能く新聞紙を機関とし」、隠蔽工作をおこなったうえで株式を売り放ち、株価の暴落を誘ったというのが事の真相であると述べている[50]。ここでは、代表的な財閥である三井・三菱の経営者が、株価操作や隠蔽工作に長けた人物として描かれている。また、ある明治末の記事は、「富豪階級は秘密の間に有力なる若干の記者を買収し、此の記者をして隠約の間に富豪の便利のために筆を左右せしむるを例とす」と述べて、隠蔽工作を「富豪」の〝やり口〟として一般化している[51]。これらの記事には、新興勢力としての「成金」の存在を意識して、彼らとの差異を強調しようとする姿とともに、みずからがおこなう〝虚業〟の隠蔽に努める戦略家としての姿が、「富豪」による所業のステレオタイプとして描かれている。さらに、大正期のある記事は、「近来我国の富豪」は「成り上がり者同様の取扱を受くることを免れん」ため、さらには「貧者の嫉視を避けんとする」ために、わざわざ「家憲を制定して、みずから財産を処分する自由を制限し」たり、「財産の一部を公共事業に投じ」るようになったことを指摘する。そして、「富豪」たちのそうしたパフォーマンスのために、「成金者流の境遇」のほうは「甚だ安楽なる能はず」、すなわち批判の矢面に立たされることになったと論じている[52]。これは、「富豪」が批判や羨望の眼差しをかわすために、「成金」との差異をアピールする戦略に出たことを〝看破〟した記事である。「富豪」のこうした差異化戦略を、庶民をオーディエンスとして多分に意識したものと見ている点が特徴的である。

重要なことは、「富豪」たちによるこうした一連の戦略が、いわば見え透いたものとして描かれている点である。この時代、「富豪」は、庶民の視線を意識するために「成金」流の完全な蕩尽や明快な利益誘導を実行できない、いわば隠蔽と欺瞞に満ちた人物像としてしばしば語られる。言い換えれば、不完全で拙劣な「成金」、あるいは「成金」の亜流といった、なにか不安定なイメージである。当時「船成金」として有名であった内田信也が若い頃、三井の幹部経営者である早川千吉郎の豪邸に招待されたとき、「このくらいのことなら俺にも出来る」と奮い立ち、「須磨御殿」と呼ばれる豪邸を建てたと回顧しているが、[53] このエピソードが示すように、本来ならばニューリッチである「成金」のほうが「富豪」を追いかける模倣者であったはずである。しかし、諸雑誌の記事では、「僥倖」と蕩尽における「成金」の純粋さが強調されており、それとともに「富豪」の態度に関しては、「成金」流の態度と「勤倹貯蓄」のあいだを揺れながら印象操作をおこなう欺瞞に満ちた不純さが誇張されているのである。

次に、華族関連の記事を見ておこう。驕奢な生活を暴露的に表現する〝監視誘導型〟の論調が、やはり多く見られる。「今日の華族」の多くは「高尚なる游食の民」であると言い切り、彼らが「多少とも国民を啓発する」ことを強く求める記事や、[54]「率先して社会公共事業に尽瘁」する「英国貴族」は「日本貴族の遠く及ばざる所なり」と、華族の所業を慨嘆する記事[55]などである。

ただし、華族たちはときおり、「成金」の打算的な振舞いに感化されて「勤倹貯蓄」から脱落した者として捉えられることがあり、この点が明治末以降の華族記事の特徴となっている。たとえば、ある大正期の記事は、華族のなかには「物質的利益の提供に依って辛うじて地位に対する尊敬を購はんとするものすらある」と指摘して、彼らが「依然指導的地位を占めんと欲するならば、人に服せられる丈けの人格と能力とを養ふべく、先ず以て大いに努力奮闘する所なければならない」と論じる。[56] ここからは、打算的な華族の人格を疑う姿勢を読み取ることができる。また別の記事は、華族が「他日の高値を予想しての思惑買ひ」をする「成金」に近づき、「利殖のために伝家の宝を売却」する姿を描いて、華族の「低劣」さを「慨嘆」している。[57] ここには、打算的な「成金」と結託していく華族への哀れみさえもが表現されている。また、こうした打算的なものとは異なる彼らの別の側面を指摘する記事もある。それは、庶民的な「勤倹」の暮らしをめざす華族を揶揄する記事である。たとえば、ある大正期の記事は、「新聞紙が、写真まで挿入して、華族の平民的振りを紹介して、毫もこれを怪しむなきは、自ら軽んずるも、亦甚だしと謂はざるべからず」と述べる。[58] この記事は、庶民を模倣する華族の〝勤倹ぶり〟に軽薄さを認めている。よく似た記事をもうひとつ示しておこう。[59]

彼等は……余りに小利巧になった。彼等は世間から殿様と敬慕されても一文にもならぬばかりか、却って物入りが増すと云うことを知った。……彼等は平民的だと言って得意顔である。新人などと新聞記者におだてられて嬉しがって居るのである。……

ここでは、先の打算的なイメージとともに、「平民」を追いかける軽薄な流行追随者のイメージが込められている。このように華族は、「成金」の打算的な態度に感染した者として語られたり、庶民的な勤倹を模倣する者として語られたりする。いわば新時代のこころざしが薄弱で、「平民」による感化を受けやすい空疎な人物といったイメージである。たしかに明治末の記事では、〝国民の儀表〟として国民を感化する位置に据えられた華族にたいして、模範者になるように激励するものがいくつか見られる。[60] しかし、一般的に華族は、「平民」を感化するどころか、逆に「平民」に容易に感化されてしまう空疎なイメージで、徐々に語られるようになっていった。

このように、明治四〇年代以降、「富豪」には虚業と蕩尽を隠蔽する〝印象操作家〟のイメージ、そして華族には、勤倹的な態度になびいたり、「成金」に感化されたりする浮薄な流行追随者のイメージが、それぞれ新たに付与されていった。彼らは、言ってみれば理想的な庶民像（「勤倹貯蓄」の実践者）とその完全な陰画（「成金」）のあいだの曖昧な中間形態として、あるいは両者に強く影響される信念なき演技者として、語られていったのだといえよう。

おわりに

以上のように、総合雑誌はそれぞれの時代において、成功した商人や巨富を得た実業家、あるいは富裕な華族といった富裕層についてさまざまに語った。総合雑誌は彼らの存在や行動を言説化していく過程で、彼らにたいして画一的なイメージを付与していった。豪奢な「富豪」や優柔不断な華族といった判を押したようなイメージは、その典型であろう。これらの雑誌は、彼らを批判的に戯画化していったのである。このような戯画化のプロセスを導いた歴史的な脈絡については、すでに述べたとおりである。

そして、何度か触れてきたように、諸雑誌で描かれた「富豪」や華族の画一的なキャラクターには、それらの語り手が同一化している庶民像が強く反映している。ここで、「富豪」と華族を言説化する語り手のポジションについて、少し振り返っておこう。

明治二〇年代の半ばまでの「奸商」イメージは、金銭の扱いにおいて稚拙であるといった庶民イメージとの関係のなかで語られた。また華族については、従順で野卑な庶民の立場から語られることがしばしばであり、依然として華族には高貴なイメージが付与されていた。いずれも、前近代的な庶民像を連想させるポジションに、語り手は立っていたといえよう。しかし、こうした位置関係は、その後、大きく変貌した。「富豪」は、明治後期には豪奢な生活ぶりが監視されるべき存在として描かれ、さらに大正期にかけては、庶民の前でみずからの「成金」的な所業を隠蔽する存在として描かれるようになった。また華族は、大正期にかけて、庶民の「勤倹」や「成金」的な所業を拙劣に模倣する存在として描かれるようになった。すなわち、明治後期以降、「富豪」と華族は、主に「勤倹貯蓄」の実践者という理想的な庶民像のポジションから、批判的に語られるようになったのである。いってみれば、「富豪」と華族がその存在とその視線を意識せざるをえないような立場、あるいは、社会の上層を占めるはずの彼らが逆に影響を受け、拘束されてしまうような立場が、語り手のポジションとなったのである。

語り手のポジションのこうした変化と連動して、「富豪」と華族のイメージは、「奸商」や「天上人」といった脅威や畏敬を連想させるものから、〝隠蔽家〟や〝模倣家〟といった欺瞞や空疎を暗に意味するものへと変化していった。「勤倹貯蓄」の理想的な庶民とその陰画である「成金」のあとを追いかける、信念なき存在とでもいえそうなイメージである。理想的な庶民像とその陰画からのズレを誇張しながら、それらの亜流として描いていくのが、「富豪」・華族を戯画化していく総合雑誌の手法であった。

したがって、総合雑誌における庶民像と「富豪」・華族の関係を図式的にいえば、次のようになろう。すなわち、「富豪」と華族が庶民の眼差しを意識しながら演技の輪を展開しているという図である。こうした図からすれば、実業の世界で成功し、社会の上層へと近づいていくことは、「勤倹貯蓄」の理想から降りていくことになる。致富し「上流」のポジションに近づくことは、道徳上の模範者のポジションから遠ざかることである。このような前提から総合雑誌が描いたのは、そこから遠ざからないために「富豪」たちがとった手管であった。致富の現実を隠蔽したり、「勤倹」を演技してみたりといったことである。そうした所作を怠れば、「成金」的な露悪に陥ってしまう。豊かな資産を誇る彼らは、いわば庶民的な「勤倹」の態度を〝踊らされる〟存在として描かれていったのである。

総合雑誌によるこうした戯画化は、豊かな資産を誇る少数者、とりわけ実業の世界で富を築いた金銭的な成功者（いわゆる「富豪」）が実際に階層社会や文化の領域に占めていたポジションを象徴している。次の章以下で述べるとおり、彼らの行動は、「勤倹」の装いや「勤倹」の演技に満ちている。彼らは、メディアによるこのようなネガティヴな戯画化に敏感であり、また、そうした戯画化は一種の社会的圧力となって、彼らを「勤倹」の態度へと誘導していったとさえいえる。

さて、この第Ⅰ部では、メディアに映った富裕層や金銭的な成功者に関わる諸問題を主にとりあげた。次の第Ⅱ部では、これらの諸問題からいったん離れ、彼ら自身がどのような階層的なポジション、あるいは文化的なポジションを占めようと望んでいたのか、また、どのようなポジションを実際に彼らが占めたのかを考察していく。

(1) 各誌の概要については、岡野他家夫『近代日本名著解題』（有明書房、一九六二年）を参照した。また、『日本人』に関しては、佐藤能丸『明治ナショナリズムの研究』（芙蓉書房出版、一九九八年）、『太陽』に関しては、日本近代文学館編『太陽総目次』（CD-ROM版近代文学館6「太陽」別冊）（八木書店、一九九九年）を別途参照した。
(2) ただし、発行部数に関しての正確なデータは未詳である。たとえば『国民之友』は、各号数万部は発行されたといわれるが、データの裏づけがあるわけではない。ここで扱う総合雑誌の影響力に関しては、岡野、前掲書が参考になる。
(3) 〈御用商人の運命〉『国民之友』第六七号（明治二二年一一月、四五頁）。
(4) 中原貞七〈豪商の子弟に望む〉『日本人』第四五号（明治二三年四月、一五頁）。
(5) 今外三郎〈日本殖産策〉『日本人』第一号（明治二一年四月、一三頁）。
(6) 〈労作、節用、貯蓄〉『国民之友』第九四号（明治二三年九月、一四－一五頁）。
(7) 中原貞七〈銀行条例発布に就き〉『日本人』第五四号（明治二三年九月、六－七頁）。
(8) 北島亘〈貯蓄銀行と日本の道徳〉『太陽』第三巻一五号（明治三〇年七月、二三－二四頁）。
(9) 貯蓄増強中央委員会編『貯蓄白書』（貯蓄増強中央委員会、一九六三年、第七章）参照。
(10) 杉江輔人〈天下の商工農諸士に告ぐ〉『日本人』第一二号（明治二一年九月、四頁）。
(11) 明治八年四月『東京日日新聞』における駅逓頭前島密の貯金公告、および、徳富猪一郎編『公爵松方正義伝』（坤巻）（同伝記発行所、一九三五年、八六五頁）参照。
(12) 霞会館諸家資料調査委員会編『華族制度資料集』（霞会館、一九八五年）参照。
(13) 宮内庁編『明治天皇紀　第二』（吉川弘文館、一九六九年、五六六頁）。
(14) 〈新華族の諸氏に告ぐ〉『国民之友』第五号（明治二〇年六月、二一頁）。
(15) 〈板垣君の栄爵を辞せんとするは信耶〉『国民之友』第五号（明治二〇年六月、二二－二三頁）。
(16) 〈華族と鉄道〉『国民之友』第五二号（明治二二年六月、一－五頁）。
(17) 〈華族の移住〉『国民之友』第一〇号（明治二〇年一〇月、三三頁）。
(18) 〈旧藩主と旧藩臣の紛糾〉『日本人』第四号（明治二一年五月、二三－二四頁）。
(19) 菊池熊太郎〈貴族社会の任務〉『亜細亜』第一〇号（明治二四年八月、三－五頁）。
(20) 第一回目の貴族院議員の選出については、社団法人尚友倶楽部『貴族院の会派研究会政治年表　増補改訂　貴族院政治年表』（社団法人尚友倶楽部、一九八二年）、社団法人尚友倶楽部『貴族院の会派研究会史　明治大正篇』（社団法人尚友倶楽部、一九八〇年）参照。
(21) 欠員や追加により、明治二三年から二四年にかけては、一、二名の増減がある。
(22) 菊池熊太郎〈貴族院議員当選者諸氏に告ぐ〉『日本人』第四九号（明治二三年六月、四頁）。

(23) L. Festinger, *A Theory of Cognitive Dissonance*, Stanford Univ.Press, 1957. 末永俊郎監訳『認知的不協和の理論』〔誠信書房、一九六五年〕参照。
(24) 〈金は世論〉『亜細亜』第三三号〔明治二五年二月、一一頁〕。
(25) 〈金銭と失行〉『国民之友』第二〇一号〔明治二六年九月、四〇頁〕。
(26) 荻村龍城〈拝金の弁〉『亜細亜』第三一号〔明治二五年二月、一七頁〕。
(27) 〈富豪専制の時代近けり〉『国民之友』第一九五号〔明治二六年七月、四七頁〕。
(28) 〈紳商は即ち紳士のみ〉『国民之友』第二二二号〔明治二七年四月、四二頁〕。
(29) 〈岩崎弥之助氏への勧告〉『国民之友』第二一九号〔明治二七年三月、四九頁〕。
(30) 迂夢〈富者の義務〉『日本人』第六四号〔明治三一年四月、三七-八頁〕。
(31) 〈上流社会の風教〉『反省雑誌』第一三年一五号〔明治三一年五月、一頁〕。
(32) 〈我国の富豪に就いて〉『中央公論』第一八年一〇号〔明治三六年一〇月、八二頁〕。
(33) 〈華族、現在、及び未来〉『国民之友』第二〇三号〔明治二六年九月、一-二頁〕。
(34) 〈華族制度〉『国民之友』第二六五号〔明治二八年一〇月、一二-一三頁〕。
(35) 〈華族の不始末〉『亜細亜』第六一号〔明治二五年一〇月、二〇頁〕。
(36) 〈華族制度〉『国民之友』第二六五号〔明治二八年一〇月、一四頁〕。
(37) 〈華族は韓国に移住すべし〉『日本人』第四二〇号〔明治三八年一〇月、八-九頁〕。
(38) 迂夢〈華族を一代にせよ〉『日本人』第六四号〔明治三一年四月、三八頁〕。
(39) 〈華族〉『中央公論』第一五年三号〔明治三三年三月、六一頁〕。
(40) ただし、総合雑誌にみられるこれらの記事は、庶民の日常的な感覚からすれば、やや批判色が強いのかもしれない。たとえば、大正一三年の『中央公論』の記事は、大正末に明治三〇年代前半を懐古し、その頃までは近所に住む大名華族と面会した際には感激と緊張を覚えたと記している。前田蓮山〈今の華族は富める平民〉『中央公論』第三九年三号〔大正一三年三月、一一九頁〕。
(41) 前掲『貴族院の会派研究会史 明治・大正篇』〔二四二頁〕、および平尾道雄『子爵谷干城伝』〔冨山房、一九三五年、六四七頁〕参照。
(42) 〈勤倹てふ文字の流行〉『国民之友』第一三八号〔明治二四年一二月、四四頁〕、あるいは〈勤倹〉『国民之友』第一八四号〔明治二六年三月、一一六頁〕。
(43) 安部磯雄〈投機的悪風を排すべし〉『中央公論』第二三年二号〔明治四一年二月、二八頁〕。
(44) 上田駿一郎〈カーネギーの実業観〉『日本及日本人』第四八七号〔明治四一年七月、一九頁〕。
(45) G.Simmel, *Soziologie: Untersuchungen über die Formen der Vergesellschaftung*, Duncker & Humblot, 1908, S.83-89. 居安正訳『社会学

（上巻）』（白水社、一九九四年、一二五―一四〇頁）。

(46) 田中貢太郎〈華やかなる成金国裏面の悲惨〉『中央公論』第三二年九号（大正六年九月、七九頁）。

(47)〈趣味の雛祭と成金振りの雛祭〉『中央公論』第三三年三号（大正七年三月、一二九頁）。

(48) 林癸未夫〈覚醒から同化へ〉『太陽』第二七巻一〇号（大正一〇年八月、一〇二頁）。

(49)「オーディエンス」や「印象操作」の概念については次のゴッフマンの著作を参照。E. Goffman, *The Presentation of Self in Everyday Life*, Doubleday, 1959. 石黒毅訳『行為と演技』（誠信書房、一九七四年）、*Strategic Interaction*, University of Pennsylvania Press, 1969.

(50)〈三井三菱の勢力〉『中央公論』第二二年七号（明治四〇年七月、五―六頁）。

(51)〈黄金の光益々揚る〉『中央公論』第二七年七号（明治四五年七月、一〇―一一頁）。

(52) 堀江歸一〈成金論〉『中央公論』第三二年一号（大正六年一月、四一頁）。

(53) 内田信也『風雪五十年』（実業之日本社、一九五一年、一二七頁）。

(54) 沐猴冠〈華族社会の道楽〉『日本及日本人』第四八二号（明治四一年四月、五〇頁）。

(55) 浅田江村〈英国の貴族と日本の貴族〉『太陽』第一六巻五号（明治四三年四月、一二七頁）。

(56) 吉野作造〈布衣宰相エーベルトの新任を観て我貴族階級の覚醒を促す〉『中央公論』第三三年一一号（大正七年一一月、七〇頁）。

(57) 高島米峰〈美術を有せざる美術国〉『中央公論』第三二年七号（大正六年七月、三五―三六頁）。

(58) 高島米峰〈学習院に於ける国定教科書の改竄を笑ひ併せて貴族教育の驕慢を罵る〉『中央公論』第三四年一一号（大正八年一一月、四〇頁）。

(59) 前田蓮山〈今の華族は富める平民〉『中央公論』第三九年三号（大正一三年三月、一二〇頁）。

(60) 建部遯吾〈貴族及其教育〉『太陽』第一三巻五号（明治四〇年四月、六九―七一頁）、あるいは〈貴族論〉『中央公論』第二五年三号（明治四三年三月、八―九頁）など。

第Ⅱ部　エリート実業家の文化的動向

第四章　財界人の叙爵と婚姻戦略

これまで述べてきたように、人名録や資産家番付などの明治期のメディアは、維新以降に躍進した金銭的な成功者の存在を「紳士」や「富豪」といったカテゴリーで捉えてきた。彼らはそうしたカテゴリーをつうじて、富裕なエリートとして社会的に認知されていった。いってみれば、彼らは実業の世界で成功した稀少な富者として〝発見〟され、注目されていったのである。それでは、みずからの存在がこのように〝発見〟され、定義されていくさなかに、彼ら自身は一体どのように、維新後の階層状況と関わり、また、それと対峙したのだろうか。

第Ⅱ部では、彼らが自己を帰属させるにふさわしい階層をどのように模索したのか、また、実際にどのような手段でそうした階層へと自己を帰属させていったのかを考えてみたい。いうならば、新しい階層秩序のなかでの彼らの自己定義のあり方についてである。

以下の章では、明治維新以降に致富した実業家や財閥の当主を主に考察したい。人名録で実名がしばしば掲載され、また資産家番付では上位掲載の常連であった者たち――三井一門や岩崎・安田・大倉・渋沢など――である。すでに見てきたように、彼らは近代日本の資産家たちのなかでも資金力の点で傑出しており、そのために彼らの実名は、人名録や資産家番付に記載されたばかりでなく、新聞や雑誌などのメディアにもしばしば登場した。彼らはいわば「富豪」と呼ばれる人々のなかの典型的人物であった。

彼らが維新後の階層状況へとどのように関わったのかを考えるには、これまで幾度か触れてきた華族および華族制度について言及する必要がある。というのも、成功した実業家や財閥当主たちは、華族制度が整備されつつあった明治前期から、華族の初期のメンバーであった旧諸侯や旧公卿へと、さまざまな仕方で接近していったからである。「上流社会」への接近をつうじて、彼らは社会的威信のヒエラルヒーの頂点をうかがうとともに、実業家によるセレブリティの世界を徐々に築いていったのである。彼らは華族へといかに接近していったのか、そして、それはどのような仕方でおこなわれたか、また、彼らはどのような階層文化へと自己を帰属させていったのか。この第Ⅱ部では、主にこれらのことを考察していきたい。実業家や財閥当主たちのそうした動向に光を当てることによって、新たに構築されつつある階層秩序にたいする彼らの対処や適応の特徴的なあり方が、浮かび上がってくると考える。

本章では第Ⅱ部の序として、番付上位の実業家や財閥当主たちが、華族制度や華族とどのような関係にあったのかを、まずはとりあげてみたい。具体的には、彼らと叙爵との関係、そして彼らと既存の華族との姻戚関係についてである。これらを本章でひととおり見たあとで、次章以下では、彼らが帰属しようとした階層文化について考えたい。

実業関係者への授爵

華族制度と華族のブランド的価値

実業家や財閥当主が階層秩序に占めたポジションを考えようとする場合、華族制度の存在について触れないわけにはいかない。すでに指摘したとおり、明治二九年以降、何人かの実業関係者に爵位が授けられた。賤商意識が根強い時代にあって、彼らへの授爵は、実業という職域の社会的威信に大きな影響を及ぼしたにちがいない。とくに明治二九年の叙爵は、爵位が社会的地位の確立や威信の飛躍的向上のための究極的な――そして、その獲得がありえないわけではない――手段であることを、実業界の成功者たちに知らせたはずである。また、のちに述べるとおり、彼らは華族と社交上の関係や文化的なつながりをもつことに大きな関心を抱いていた。このことは、彼らの階層的なアイデンティティにとって、そうした関係やつながりが重要な意味をもっていたことを示している。

まずは華族制度の概略、そして華族の構成員について、それぞれ触れておこう(1)。

華族制度は、明治の初年から少しずつ整備されていった。そして明治の半ばには、「上流社会」の制度的な基盤としてほぼ確立された。先の章でも述べたように、明治二年の版籍奉還によって封建制度が崩壊するに伴い、すでに藩知事に任命されていた旧諸侯が、旧公卿とあわせて初めて華族と称された。こうした初期の華族の制度的な位置づけについては、当時の勅旨や勅諭からうかがい知ることができる。明治四年一〇月の旧藩知事にたいする勅旨では、華族は「四民ノ上ニ」立ち「衆人ノ標的」となるべき身分であるとされている(2)。また、同年、全華族にたいして下された勅諭では、華族の立場が「国民中貴重ノ地位ニ居リ衆庶ノ嘱目スル所」と捉えられるとともに、華族が「国民」の「標準」となって「率先シテ」「勤勉」を「鼓舞」すべきであることが強調されている(3)。彼らは、国民の模範(〝国民の儀表〟)になるべき責務を負った社会的身分として位置づけられたのである。ただし、大久保利謙が指摘しているように、こうした位置づけは、旧諸侯と旧公卿を一体化しようとする政府の方針を明確に打ち出すための方便であると見たほうが適切であろう(4)。実際のところ、〝国民の儀表〟となるように華族を誘導していこうとする効果的な制度が、その後、積極的に導入されることはなかった。むしろ、皇室と士族・平民のあいだの防波堤、あるいは緩衝的な身分(〝皇室の藩屏〟)としての意味あいが、その後は強まっていった(5)。

さらに、大久保や園田英弘らの研究で明らかにされているとおり、明治初年の華族制度には、旧体制下の特権階級を経済的に救済するために企画されたという側面もあった。華族の多くは維新以降、旧来の特権的地位を返上した結果、領地や禄といった収入源を失った。一部の富裕な諸侯出身の華族とは対照的に、家政が困窮した者は多かった(6)。維新以降、彼らに家禄が支給されるとともに、華族財産の保護を目的とする法制が企画・制定されたのは、そのためである(7)。また華族なかには、三条実美や岩倉具視といった公卿出身の有力政治家もいたが、彼らは華族全体のなかでは例外的な存在だったといってもよかろう。明治初年の華族たちを総体的に捉えれば、それは必ずしも政治的・経済的に力をもつ身分ではなかった(8)。むしろ、園田が指摘するように、華族は「社会的・経済的実力を意味していない」

「人為的に設けられた『政治的身分』」としてスタートしたのである。[9]

さらに、明治一七年七月に華族令が公布されてからは、華族のすべての成員に通底するような階層的な基盤というものは、ほとんどなくなったといってもよい。先の章でも少し述べたが、華族令によって改めて旧諸侯・旧公卿に爵位が授けられるとともに、国家への「勲功」や「偉勲」を理由として、明治の大官たちにも爵位が授けられた。彼らは一般的に「勲功華族」と呼ばれた。同時に、華族は帝国議会開設をまえにおこなわれる上院議員（貴族院議員）選挙の選出母体として捉えなおされることになり、ますます「人為的」な「政治的身分」の特色は強まっていった。そもそも華族制度は旧諸侯・旧公卿といった封建身分を中核としてスタートしたのだが、維新に「勲功」や「偉勲」のあった薩長土肥出身の旧藩士たちの多くをメンバーとして加えることによって、華族は、実力本位・業績本位に獲得される身分としての意味をもつようになったのである。大久保の言葉を借りれば、「華族でない実力者士族の華族への割込み」が、明治一七年以降、急速に進んだのである。[10] したがって、こうして華族という呼び名で制度的に一括された集団は、メンバーの社会的・文化的出自の多様性の点で、そしてまた異質な選抜基準を含む点でも、ひとつの社会的身分として定義するのが難しいほどの〝雑居状態〟にあったといえよう。

明治一七年の華族令以降の授爵件数の内訳を累計してグラフ化したものを示しておこう【図4a】。明治一七年に華族令が公布されたときに、旧諸侯・旧公卿とならんで政治家や軍人が国家への「勲功」や「偉勲」によって受爵している。また、日清戦争や日露戦争などを経過するなかで、軍人への授爵件数が急増していることがわかる。授爵件数自体は、華族制度の廃止までに、累計で千件を超えている。

このように、ひと口に華族といっても、それは経済的にも出自の面でも決して等質な集団ではなかった。ただし、こうした華族の拡散したあり方とそれにもとづく階層としての実体性のなさは、逆に、新しい階層秩序のなかでの華族の〝ブランド〟としての意味を強めたのではないかと思われる。とりわけ、先の章で見たように、新秩序のなかでも「御用商人」や「詐欺師」などと揶揄され批判されていた富裕な実業家にとっては、爵位という〝ブランド〟を獲得することは非常に魅力的だったはずである。爵位は、上昇移動の事実やそこで用いた手段を正当化する究極の制度的証明であった。そして事実、明治二九年六月に、三井高棟・岩崎弥之助・岩崎久弥の三名が実業界から初めて爵位を授けられ、それ以後、昭和初期まで、幾人かの実業関係者が受爵することになった。

【表4a】には、華族制度の成立から廃止に至る期間に爵位を得たおもな財閥当主・実業家を示した。[11] 受爵者の構成を見ると、封建期に端を発する豪商の当主（三井・鴻池・住友）、政府の庇護の下、維新後に躍進した三菱の当主（岩崎）、明治初期に急速に致富した財閥創始者世代（大倉・森村・藤田・渋沢・古河）、三井・三菱の幹部経営者（近藤・益田・団）といった顔ぶれである。【図4a】では、これらの実業関係者は「その他」に含めてある。全体の授爵件数からすれば、実業家や財閥当主たちへの授爵は、決して頻繁なものではなかったといえよう。爵位を授かった実業家は、成功した実業家たちの社会的威信を象徴する稀少な存在であった。それだけに、彼らにとって爵位がもつ〝ブランド〟価値はきわめて大きかったはずである。

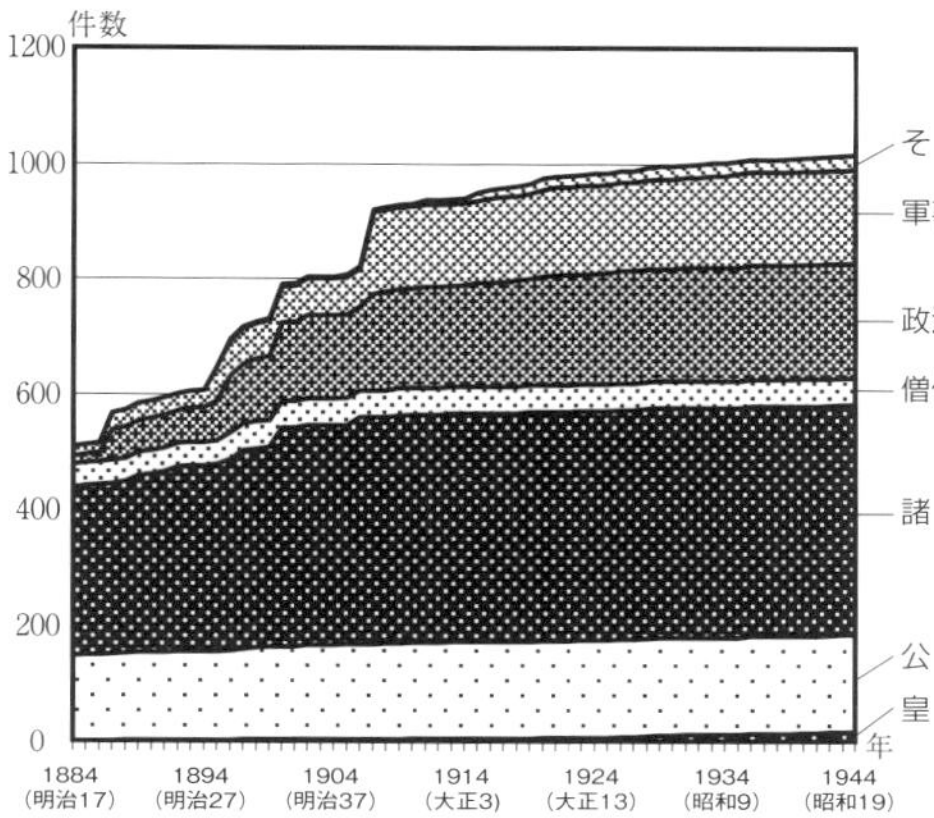

酒巻芳男『華族制度の研究——在りし日の華族制度』〔霞会館，1987〕から作成し，西邑木一編『華族大観』〔華族大観刊行会発行，昭和14年〕で授爵者の経歴を適宜参照した。以下の要領で作成した。①明治20年頃までの勲功による授爵においては，軍人としての勲功に加えて官僚ないし政治家としての勲功が評価されたと推測される者があるが，授爵当時，軍籍にいた者は，すべて「軍事関係」に含めた。また「軍事関係」には少数であるが軍医への授爵が含まれる。②数名の再授爵も含む。③「政治家・官僚」には技官・裁判官・内務省などの官職に就いていた数名の医師を含んでいる。④「その他」は主に財界人，大学教授，官職経験のない医師。⑤陞爵は含まない。

図4a　授爵件数（累計）

受爵年月日	人　名
明治29年 6月 9日	三井高棟（八郎右衛門），岩崎弥之助，岩崎久弥
明治33年 5月 9日	渋沢栄一
明治44年 8月25日	鴻池善右衛門，近藤廉平，住友吉左衛門，藤田伝三郎，三井高弘（八郎次郎）
大正 4年12月 1日	古河虎之助，三井高保，大倉喜八郎，森村市左衛門
大正 7年11月26日	益田孝
大正 9年 1月13日	川崎芳太郎，安川敬一郎
昭和 3年11月10日	団琢磨

受爵時の爵位はすべて男爵。
なお，渋沢栄一は大正9年9月4日に陞爵（子爵）している。

表4a　おもな実業関係の受爵者

勲功華族と実業家

さて、華族令が公布されて「勲功華族」が出現してから、明治二九年に実業関係者が初めて受爵するまでには、十数年が経過している。初受爵まで長かったのかどうかの評価はここでは措くとして、商売や金儲けにたいする蔑視がいまだ根強く存在した明治二〇年代末に三井・三菱の当主が爵位を授かったのは、どのような経緯によるのだろうか。旧公卿や旧諸侯の場合、爵位に該当する者はかなり明確に規定されている。明治一七年に華族令とともに定められた「叙爵内規」では、該当者が公侯伯子男のどの爵位に相当するかという点まで明確に規定されている。[12] しかし実業家・軍人・政治家を含む「勲功華族」については、公爵の場合が「国家に偉勲ある者」、侯伯子男爵の場合が「国家に勲功ある者」とあるだけで、「偉勲」や「勲功」とはどのようなものかは記されていない。誰が爵位に値するか、そして誰が発議するかという実際の授叙査定基準や授叙過程には、不明な点が非常に多い。大正七年から十数年にわたり宮内省で勤務し、宗秩寮爵位課長などを歴任した酒巻芳男は、「勲功華族」の叙爵過程について次のように語っている。[13]

> **華族令制定後の実際の取扱方を見ると、元老の推薦があったり、内閣総理大臣、宮内大臣から発案があったり、之等の人々が相談して皆の異議のない所で宮内大臣から内奏し、勅旨を受け御允許があった上宮内大臣から正式に上奏し、裁可を経、宗秩寮**（爵位局の後身）**は爵記を作成し、御名の御親署を願った上で、内大臣府に呈出、御璽を鈐して頂く。其の上で宮内大臣署名しての其の奉行の旨を明かにする。宮内大臣は上奏の責任者であるから必要あれば宗秩寮当局をして種々調査をなさしめる。**

「推薦」「発案」「相談」という言葉を酒巻は使っているが、ここからは、「勲功華族」の叙爵には統一的な査定基準がなかったことがうかがい知れる。むしろ、天皇を取り巻く政治家たちと爵位該当者との人的なつながりが叙爵の可否を左右していた可能性がうかがわれる。また、牧野伸顕（大久保利通の次男で文部大臣・枢密顧問官・外務大臣などを歴任）は、西郷寅太郎が明治三五年に父・隆盛の維新の功により爵位（侯爵）を授かった経緯について、次のように回顧している。[14]

……大西郷の授爵は桂内閣の時にあったことだが、桂さんが言われるのに、自分は西郷の心情を固く信じて、終始その忠誠に変わりはなかったことを奏上して授爵の御裁可を得たが、……。この授爵のことは山県、伊藤、松方、黒田の各内閣時代の懸案だったが、これは皆西郷の世話になった人々であり、その行き掛りもあって、そういうことが持ち出せなかったが、私の代になって初めて実現したのだ、と桂さんは語られたそうである。

酒巻が述べているような「推薦」「発案」のタイミング、そして天皇にたいする「忠誠」の有無、さらに政府要人の人的配置といったものが爵位授与に大きく影響していたことが、牧野の回顧からはうかがい知れる。

それでは、明治二九年の叙爵の場合はどうだったのか。日清戦争後には軍功による叙爵者が多く出たが、岩崎弥之助・岩崎久弥・三井高棟も、彼らにまじって爵位を授けられた。公式的な叙爵理由は、いずれも産業の振興、西南・日清等の戦役での勲功、および公共事業・教育事業への貢献である。[15]叙爵まえの岩崎・三井には、ともにそうした「勲功」に対応する行動を認めることができる。岩崎弥之助は、西南戦役で軍事輸送と海運拡張の分野であげた功績により、明治一八年一〇月に従五位勲四等に叙せられている。そして、明治二〇年には、帝国海防費として一〇万円を献納している。このとき岩崎久弥も、弥之助とともに海防費一〇万円を献納している。また久弥は、明治二七年、日清戦争の勃発時に福澤諭吉の主唱で、三井高棟・渋沢栄一・東久世通禧（旧公卿）とともに報国会結成の発起人となっている。この会は戦費として数千万円を供出する計画を立てた。しかし、政府が軍事公債を募集し、報国会運動のとりやめを希望したので、この会自体は解散している。ただし、このとき久弥は、海軍恤兵用に清酒、西洋果物、野菜、食料品などを寄贈し、さらに陸軍には、三万人分の防寒仮兵舎材と台湾派遣隊用本フランネルを寄贈している。また三菱会社として、清国を利するであろう輸出炭の販売を停止している。そのうえ、兵役に服する社員に、月給の半額とともに従軍中の家族扶助料を支給している。[16]こうした一連の援助活動が、叙爵の査定につながったものと推察される。三井高棟については、次に授爵録の抜粋を引用しておこう。ここからは、叙爵の根拠が主に国家への金銭的な貢献にあったことをうかがうことができよう。[17]

右ハ素封家ヲ以テ夙ニ天下ニ名アリ、戊辰ノ役朝廷軍費ニ欠乏ス、同家ハ率先シテ軍費ヲ献シ以テ王事ニ資ス、王政維新車駕東幸財政ノ基礎未タ立タス、管理ノ法未タ緒ニ就カサル草創ノ時ニ於テ、国家ノ金庫ヲ以テ自ラ任シ財政ヲシテ円滑ニ運転セシメ、爾来日本銀行ノ創立ニ至ルマテ能ク其職ヲ尽シ、以テ国家ノ進運ニ阻碍勿ラシム、其功績亦尠シトセス、況ンヤ同家カ公益及慈善ノ為メニ国家ニ報効シタル金銭上ノ効果ハ枚挙スルニ遑マアラザルヲヤ……

三井・岩崎への授爵にたいしては、さまざまな反応があったであろう。先の章で見たような金銭万能時代への嘆きや失望も、そのひとつである。ただ、他の実業家たちにとっては、叙爵は歓迎すべき出来事だったはずである。たとえ実業という生業が蔑まれようとも、国家への傑出した金銭的貢献があれば受爵の機会は開かれていることが、彼らの受爵の事実によって明らかになったからである。

では、明治二九年の叙爵以降、実業の成功者たちは爵位についてどのような考えをもったのであろうか。何人かの実業家は爵位について言及している。ただし、彼らが残した言葉から、爵位についての想いの〝実のところ〟を特定するのは意外に難しい。たとえば大倉喜八郎〔大正四年一二月叙爵〕は、無爵時代に刊行した自伝的な口述書〔『致富の鍵』明治四四年刊〕のなかで、爵位について少し触れている。[18]

……例えば世には国家事業にせよ、公共事業にせよ、名を得んが為になし、爵位を得んが為にする者がある。しかし私は決して名の為にはしなかったのである。また自らも爵位を欲していないのである。私に向って、『貴方も教育事業やその他公共的事業に貢献したところも多いから、従来の慣例とすれば、爵位を得られてもよい筈だ』という人も多いが、私は夢にもそんな人爵などは得たいとは思っていないのである。

大倉はこのように、爵位を欲していないこと、また名誉や「人爵」のために事業をおこなう考えをもたないことを強調する。しかし、ここからは逆に、爵位への強い意識や爵位獲得への意欲を読み取ることもできる。第Ⅲ部であらためて考察するが、実業家の言葉はしばしば正反対の解釈を許すほど多様な粉飾の類を含んでいる。ただ、そうした問題を抱えるにしても、大倉の言葉からは、国家への金銭的貢献は爵位への道筋をつけるという認識が、パターン化された一種の社会的通念として存在していたことがわかる。また、宮内省式部官の経験もあるジャーナリスト・矢野文雄の回顧からも、こうした認識が爵位に関する一般的な通念であったことがうかがえる。矢野は、明治四四年の実業関係者の叙爵について次のように語る。すなわち、明治天皇の下賜金をもとに恩賜財団・済生会を設立するために、政府は一〇〇万円の寄附を「国内著名の富豪」に要請した。そして、これに応えて一〇〇万円を寄附した「二三の紳商」には、その後、授爵の恩命が下ったのだという。(19) 寄附と爵位の深いつながりについて、このように矢野は指摘する。さらに、この恩賜財団の一件については、原敬も日記に記している。原は、当時親交のあった総理大臣・桂太郎が民間有力者からの献金を期待していること、そして大倉がその献金に積極的であることを記している。(20)

> **……大倉の献金は美挙に相違なきも彼は数年来男爵にならんとて種々の運動をなし居るに付恩賞を望むの意味もあらん〔中略〕此挙も募集に熱して怨嗟の声などは聞かぬ様にありたきものなり。**

原は、爵位に野心的な大倉のような実業家にとって、寄附は公益への貢献をアピールする格好の機会であると見ている。また、「富豪」による金銭的貢献に反応して、大衆的な「怨嗟」が生じることを指摘している。実際に大倉は、三井・三菱とならぶ寄附をしたと伝えられるが、この一件でただちに爵位を授かったわけではない。大倉の叙爵は大正四年を待たねばならない。寄附が叙爵にもたらす効果がいかほどであったのかは定かではない。しかし、寄附の有無やその金額が叙爵を左右するということが、まことしやかに語られていたことは事実である。(21)

いずれにしても、爵位を得た実業家や財閥当主は、華族という社会的身分がもつ〝ブランド力〟によって、威信のヒエラルヒーを一足跳びに駆けあがったことになる。そして、先に見たように、この途方もない威信の上昇を、総合雑誌などのメディアは、金銭が名誉に直結する事態としてしばしばセンセーショナルに伝えた。しかしながら、推測するに、当事者である実業家・財閥当主にとって、叙爵の事実はそれほど唐突な出来事ではなかったのではないか。というのも、実は叙爵以前に、彼らの多くは、既存の華族とのあいだにあった門閥上の距離を縮めていたからである。すなわち、華族といわば積極的に姻戚関係を結んでいたのである。彼らの姻戚関係を一瞥すれば、貨殖と豪奢な日常を揶揄されながらも、彼らが威信上昇のステップを着実に上昇しようとしていたことがわかる。華族との姻戚関係は、威信上昇の密やかな場として、あるいは叙爵の前哨戦として機能していたといってもよいほどである。

次節では、主に明治から大正にかけて受爵した実業家や財閥当主が、華族とのあいだでどのような姻戚関係を結んできたのかを、具体的に確かめておきたい。まず明治二九年受爵の三井・岩崎のケース、次に渋沢栄一や大倉喜八郎といった財閥創始者世代のケース、そして三井・三菱の幹部経営者のケースという順で見ていくことにしよう。[22]

姻戚関係のパターン

三井家・岩崎家のケース

明治二九年に受爵した三者（三井高棟・岩崎弥之助・岩崎久弥）には、華族との姻戚関係の結び方に共通点がある。三者とも、爵位を授かったときにはすでに華族の子女を妻としているのである。さらに、爵位を授かった本人のケースとは別に、それぞれの一族が華族とのあいだで複数の姻戚関係を結んでいる点も共通している。

まず三井高棟〔一八五七―一九四八年〕の場合を見よう。高棟は豪商三井の総領家・北家の第一〇代当主である。彼は旧諸侯出身の華族の娘と再婚しており、また彼の叙爵以降、北家は複数の華族と姻戚関係を結んでいる。高棟の先妻・幾登は摂津豪農の出身であり、大阪の豪商・広岡信五郎の養女を経て、明治一六年に三井家に入家した。幾登は明治二四年に病没するが、翌二五年に高棟は再婚している。再婚相手の苞子は伯爵・前田利同の妹にあたる。この婚儀は高棟の兄・高弘の紹介によって実現したと伝えられる。[23]三井家が華族とのあいだで姻戚関係を結んだのは、これが最初のケースである。高棟が爵位を授かったのは、この婚儀の四年後である。

その後、高棟は自分の子女を積極的に華族と結婚させている。長女・慶子を侯爵・中御門経恭に、そして次女・裕子を男爵・鷹司信熙に、それぞれ大正期に嫁がせている。また、のちに北家を継いだ息子・高公は、侯爵・松平康荘の娘・鋹子と結婚している〔大正九年一一月婚儀〕。高棟の子女の代で、三井家と華族との姻戚関係は一気に拡大したのである。

次に岩崎家を見てみよう。岩崎弥之助〔一八五一―一九〇八年〕は、政府要職への就任経験がある政治家・後藤象二郎の長女・早苗と、明治七年一一月に結婚している。[24] 後藤象二郎と交流のあった兄・岩崎弥太郎の仲介によってこの縁組は実現したのだという。[25] 弥之助はしばらく三菱の社長である兄・弥太郎を副社長として補佐していたが、弥太郎が明治一八年二月に死去するにともない、社長に就任した。そして二年後〔明治二〇年〕の五月九日に、妻・早苗の父・後藤象二郎が勲功により伯爵を授かっている。弥之助自身は、その後、明治二三年九月に実業界を代表する者として貴族院議員に勅選され翌年には拝辞、さらに明治二九年には爵位を授かった。したがって弥之助の場合は、華族の子女と結婚したというよりも、妻の父が受爵して華族となったいわば〝事後的〟なケースである。岩崎家と華族のあいだで姻戚関係が生じたのは、弥之助のケースが初めてである。

もう一人の受爵者・岩崎久弥〔一八六五－一九五五年〕は岩崎弥太郎の長男である。久弥は明治二六年一二月に三菱合資会社の社長となった。そして、翌年〔二七年〕七月に、子爵・保科正益〔旧上総飯野藩主〕の長女・寧子と結婚している。明治二九年、久弥は父・弥太郎の勲功により爵位を授かるが、この受爵は寧子と結婚した翌々年ということになる。

このように三者はともに、爵位を授かったときにはすでに華族の子女を妻としていた。ただし、この点を捉えて、華族との姻戚関係が叙爵を可能にしたと考えるのは早計である。この頃の爵位の授叙過程のなかで、華族との姻戚関係の有無がどれほど勘案されたのかを知るのは難しい。また、三井や岩崎がどのような考えで華族と姻戚関係を結んだのかを知ることも、いまとなっては難しい。さらに、先の岩崎弥之助の〝事後的〟なケースからもわかるとおり、華族との姻戚関係は先々の叙爵を狙う戦略性に満ちたものばかりではない。また、実業界で初めて爵位を授かった彼らに、姻戚関係が爵位獲得のための手段となりうるという認識があったとは考えにくい。

ただ、次のことはいえるであろう。たしかに彼らの叙爵は一種のセンセーションであったが、華族との姻戚関係が物語るように、彼らは唐突に爵位を授かったわけではない。少なくとも華族との姻戚関係は、彼らにとって、上昇する社会的・経済的地位に〝つりあった〟威信を手に入れるための象徴的な手段であったにちがいない。すなわち、それは華族という社会的身分へと限りなく近づいていくための予備段階であったとでもいえよう。

三井高棟と岩崎弥之助の爵位については、もうひとつ共通点がある。それは、それぞれの子弟が爵位を継承〔襲爵〕

するまえに華族の子女と結婚している点である。三井の場合、高棟と先妻とのあいだに生まれた高寿が早世しており、北家の家督を相続したのは高公である。そして昭和八年に高棟が退隠するとともに家督を相続し、襲爵している。先に述べたように、高公は大正九年に侯爵・松平康荘の娘と結婚している。また岩崎の場合、弥之助の長男・小弥太は、やはり旧諸侯出身である男爵・島津珍彦の娘・孝子と明治四〇年に結婚しており、翌四一年三月に弥之助が死去するにともない襲爵している。[26] ここでは、先に見た叙爵のパターン（華族との婚姻→叙爵）に準じる襲爵のパターン（華族との婚姻→襲爵）を確認することができる。爵位を戴くことと華族の娘との婚姻とが、やはりここでも連動しているのがわかる。弥之助は明治二九年の叙爵で、初めは叙爵を辞退する意向であったと伝えられる。[27] しかし、三井家を含めた両家の姻戚関係のその後のあり方を眺めてみると、弥之助個人の意向とは異なり、そこには華族社会と門閥的なつながりを強めていくプロセスを観察することができるのである。

維新以降の財閥創始者世代のケース

さて次に、三井・岩崎以降に爵位を授かった実業家について見てみよう。

大倉喜八郎・渋沢栄一・森村市左衛門・藤田伝三郎は、ともに一八四〇年前後に生まれた同世代である。渋沢は、実業界における諸団体のフィクサーや会社設立の媒介者として著名であり、また大倉・森村・藤田は、それぞれ明治期を通じて財閥を築いた。彼らは近代日本を代表する実業家である。注目すべきことに、彼らの継嗣はすべて華族の娘と結婚している。それも、彼らが爵位を授かったとき、彼らの継嗣はすでに結婚している。すなわち、華族と姻戚関係を結んだのちに彼らは爵位を授かっており、この点は先の三井・岩崎の場合と似かよっている。それぞれのケースを確かめておこう。

渋沢栄一〔一八四〇－一九三一年〕の場合、嫡男・篤二は伯爵・橋本実梁〔旧公卿、元老院議官等を歴任〕の娘・敦子と結婚しており、明治二九年には長男敬三が誕生している。そして渋沢自身は、明治三三年に爵位を授かっている。また藤田伝三郎〔一八四一－一九一二年〕の場合、長男・平太郎は子爵・芳川顕正〔東京府知事・文部大臣等を歴任、明治二九年、勲功により叙爵、四〇年に伯爵へ陞爵〕の娘・トミと結婚している。伝三郎はその後、明治四四年に受爵している。さらに森村市左衛門〔一八三九一一九一九年〕の場合、跡継ぎの開作は子爵・井上勝〔明治二〇年に勲功により叙爵、鉄道庁長官等を歴任〕の長女・卯女子と結婚しており、その後、市左衛門に大正四年に爵位を得ている。同じく大正四年に爵位を得た大倉喜八郎〔一八三七―一九二八年〕の場合、嫡男の喜七郎は伯爵・溝口直正〔旧越後新発田藩主〕の娘・久美子と明治四〇年に結婚している。

それぞれの婚儀の経緯については、先の三井・岩崎のケースと同様にあまり詳しい記録はない。ただ、大倉のケースについては山路愛山が次のように論評している。ここからは、彼らの婚儀の世間的な評判についてうかがい知ることができる。(28)

人情は不思議のものにて大倉喜八郎氏が旧藩主の溝口家より子息の嫁を取たりといえば何となく不釣合の様に思い、旧臣などには憤慨するものありといえり。これは大倉氏が成上りものたるがためなり。成上りものなりとて別段賤むべき理由もなく、豊太閤も徳川家も成上り者に相違なければその成上り者の大倉の子息が華族の女を妻女にしたりとて敢て不思議とするに足らざれども、人はなおその不倫を尤むるなり。

続けて山路は、財閥・住友家が、明治二〇年代半ばに嫡男・友忠が若くして亡くなったことで旧公卿・徳大寺公純の子・隆麿〔第一五代吉左衛門友純、明治四四年受爵〕を養子に迎えたことについて言及している。山路によれば、住友家の養子縁組たいして「世の人」は大倉の縁組ほどの違和感を覚えないのだという。大倉には「成上り者」や豪奢な「富豪」としてのイメージが強かったが、そうしたイメージが、大倉にたいする道徳的な違和感（「不倫」）のもとになっているというのである。

山路の論評は、裕福な実業家たちの婚姻戦略が露骨なものであったことを想像させる。ただし、姻戚関係がこのように戦略的な性格をもつものであったとしても、彼らが華族との姻戚関係を叙爵の準備として捉えていたと推測するのは、やはり早まった考えであろう。たしかに渋沢・大倉・藤田・森村のケースでは、婚儀と叙爵に同一のパターン（継嗣による華族との婚儀→叙爵）が見られる。しかし、婚儀から叙爵への期間が長いケースもあり、これらの婚儀を、すべて将来の叙爵を見込んでのものとは考えられない。このことについては、安田善次郎〔一八三八―一九二一年〕のケースがひとつの参考になるだろう。安田善次郎は大倉らと同世代の実業家である。彼の長男・善之助も、大倉らの継嗣と同じように華族の娘〔伯爵酒井忠宝の娘・銑子〕と結婚している。しかし善次郎は、大倉のように多額の寄附を行うなどして叙爵の機会を積極的に享受しようとはしなかった。[29] そして、現に爵位を授けられることはなかった。成功した実業家たちにとって、華族との婚儀は叙爵を実現するための手段であったとは、一概にはいえないのである。

ただ、「富豪」と称される代表的な実業家たちのなかで、このような華族との婚儀がなかば慣例化していたことは事実であろう。先の三井・岩崎のケースと比べてみた場合、たしかに、三井・岩崎のケースが叙爵の当事者の結婚であるのにたいして、大倉たちのケースが継嗣の結婚であるという違いはある。しかし、大倉たちの姻戚関係は、三井・岩崎のケースに準じるものと見なしてもよいのではないか。二つのケースは、叙爵より先に華族との距離を姻戚関係によって縮めている点で共通している。

大倉たちより若い世代であるが、古河虎之助の例も同様である。虎之助は明治二〇年生まれで、父・市兵衛以来の鉱山経営を中心とする事業を受け継ぎ、大正四年一二月に爵位を授かった。彼は明治四一年に侯爵・西郷従道の娘・不二子と結婚している。伝記には「事業上の関係や社会的地位も考へて、家の筋目正しい、門閥名聞ある旧家の令嬢」を探したとある。[30] 叙爵以前に本人が華族の娘と結婚しているというパターンである。こうした古河の例もふくめて、明治期を通じて財を成し叙爵に至った実業家たちが、叙爵以前に華族との姻戚関係を志向していたのは確かであろう。さらにまた、明治二九年に実業界で初めて爵位を授かった三井・岩崎の姻戚関係が、後続の実業家たちにとって、威信向上の雛形となったと考えても邪推ではなかろう。

財閥幹部経営者のケース

最後に、三井・三菱の幹部経営者で爵位を授かった二人〔近藤廉平・益田孝〕について見ておこう。

明治四四年八月に受爵した近藤廉平〔一八四八―一九二一年〕は三菱の幹部経営者であり、日本郵船会社社長などを歴任した。長男と次男は夭折しており、三男・滋弥が継嗣になった。滋弥は、大正元年七月に子爵・松平頼和の長女・信子と結婚している。継嗣と華族の娘との結婚が叙爵の翌年であるから、大倉たちとは順序が逆である。したがって、近藤の場合は、華族との姻戚関係が叙爵にとって好都合にはたらいたわけではない。これにたいして、大正七年に爵位を授かった益田孝（一八四八－一九三八年）の場合は、大倉たちと同じパターンが見られる。益田は三井物産会社社長などを歴任した明治期三井の代表的な経営者であり、次章で述べるように、実業家たちの社交文化の中心にいた人物である。益田の長男・太郎は子爵・板倉勝全の長女・貞と明治三三年四月に結婚している。[31] 叙爵に先んじて継嗣が華族の娘と結婚しているという、大倉たちと同じパターンである。

近藤と益田の継嗣は、三井・岩崎や大倉たちと同じように、華族と姻戚関係を結んだ。ただし二人のケースには、三井たちとは別の意味がある。それは、二人が一族・一門からなる財閥の当主でも旧家の当主でもない、いわば非世襲の専門的経営者であった点である。彼らは資産家番付の上位にランクされるほど、三井・三菱関連の企業体から莫大な富を得る「富豪」であったが、財閥家の当主ではなかった。しかし、彼らも華族との姻戚関係においては、三井・岩崎や大倉たちと同等の動きをしており、そして爵位も授かっている。財閥の創始者やその当主ではない経営者のなかにも華族との姻戚関係への志向があったことを、二人の例は示している。

おわりに

これまで見てきたように、それぞれのケースによって、華族とどのようなかたちで姻戚関係を結んだのかについては微妙な違いがある。しかし、爵位を授かった実業家たちや財閥の当主が、姻戚関係をつうじて華族社会へと接近していく傾向にあったことは確かである。彼らは、それぞれがさまざまな時期に、またさまざまなルートをつうじて実業界の頂点に立ったのだが、華族との姻戚関係のあり方においては大きな共通項をもつ。彼らはともに、華族との姻戚関係を半ば慣例化していくなかで、共通の〝姻戚文化〟を形成していったのだといえよう。

先にも述べたように、華族の姻族になることが叙爵基準のひとつであったのかどうかについて、確実なことはいえない。しかし、彼らは爵位を授けられても不思議ではない門閥的な状況を着々と構築していた。先に少し触れたように、華族と姻戚関係を結んでいても、安田善次郎のように爵位を得ることがなかった実業家は何人もいる。[32] そうした実業家たちは、華族の姻族となったという意味では、〝擬似華族〟的な実業家たちであるといってもよいであろう。明治期から大正期にかけて、そうした者たちを含めて、爵位を授かった実業家・財閥当主を中心とする実業家集団が門閥社会を形成していったのである。[33] 明治四三年、横山源之助は彼らの姻戚関係について、次のように述べている。[34]

日本の富豪も近頃大名華族又は新華族と縁組するのがだいぶ流行って来た。特に大富豪の列を見れば、何時の間にやら大名華族又は新華族と姻戚の間柄になっている……

横山がいうように、華族との縁組が一種の流行となって、実業家たちがそこへと一斉になびいていったのかどうかはわからない。しかし、この章で見てきたとおり、華族との縁組が一定のパターンをもつ〝姻戚文化〟となって、実業界の頂上をうかがうエリート実業家のあいだに浸透していったことは事実であろう。そして、エリート実業家たちが築いていった〝擬似華族〟的な門閥社会は、おそらく、彼らが維新後の社会のなかでみずからを帰属させようとした階層のイメージを反映するものであろう。

(1) 華族および華族制度については、次の研究や著作物が情報量豊富で参考になる。総論的なものとしては、小田部雄次『華族——近代日本貴族の虚像と実像』(中公新書、二〇〇六年)。華族制度については、大久保利謙『華族制の創出』(吉川弘文館、一九九三年)、浅見雅男『華族誕生』(リブロポート、一九九四年)、同『華族たちの近代』(NTT出版、一九九九年)、酒巻芳男『華族制度の研究——在りし日の華族制度』(霞会館、一九八七年)。また、大名家華族・公卿華族の生活実態については、タキエ・スギヤマ・リブラ『近代日本の上流階級——華族のエスノグラフィー』竹内・海部・井上訳(世界思想社、二〇〇〇年)。明治期の大名家華族・公卿華族の門閥形成と維持については、森岡清美『華族社会の「家」戦略』（吉川弘文館、二〇〇二年）。財閥・華族の財産管理については、安岡重明『財閥の家憲と華族の家憲』（同志社大学出版部、一九八四年）。
（2）宮内庁編『明治天皇紀 第二』（吉川弘文館、一九六九年、五五九頁）。
（3）前掲書（五六六頁）。
（4）前掲、大久保（一七五頁）参照。
（5）華族が〝皇室の藩屏〟として位置づけられていった政治的な過程については、前掲、大久保（一九九三年、一七七－一八一頁）参照。
（6）前掲、大久保（二七五－二七六頁）。
（7）華族への家禄の支給については、前掲、大久保（一一八－一三三頁）参照。また、「華族世襲財産法」は明治一九年四月二九日に公布された。この法制の審議と公布の過程については、前掲、大久保（二七五－二八六頁）参照。
（8）前掲、大久保（一九九三年、一七八頁）、および園田英弘「華族論」『日本研究』第一六集（国際日本文化研究センター、一九九七年）参照。また、この点は次の資料・研究のなかでも多々、指摘されている。霞会館諸家資料調査委員会編『華族制度資料集』（吉川弘文館、一九八五年）、および酒巻芳男『華族制度の研究』（霞会館、一九八七年）。
（9）園田英弘『西洋化の構造』（思文閣出版、一九九三年、二〇四頁）。
（10）前掲、大久保（九頁）。
（11）叙爵者の授爵年月日、叙爵理由については、酒巻、前掲書（第六章）に詳しい。
（12）前掲『華族制度資料集』、および、前掲、大久保（四四九－四五〇頁）参照。
（13）酒巻、前掲書（二六二頁）。
（14）牧野伸顕『回顧録 上』（中公文庫版、一九七七年、六四頁）。
（15）六月五日と六月九日に爵位授与された者は、計四〇名である。叙爵理由を含め、酒巻、前掲書（一六一－一六二頁）参照。いわゆる「僧侶華族」という僧侶枠で授爵された数名を除いて、彼らのほとんどが勲功華族である。
（16）岩崎の勲功については、岩崎家傳記刊行会編『岩崎久弥伝』（東京大学出版会、一九七九年）に詳しい。
（17）三井八郎右衛門高棟傳編纂委員会編『三井八郎右衛門高棟傳』（東京大学出版会、一九八八年、二〇四頁）。
（18）大倉喜八郎述、菊池暁汀編『致富の鍵』（丸山舎、明治四四年）・再版（大和出版、一九九二年、二二五－二二六頁）参照。
（19）矢野文雄『安田善次郎傳』（安田保善社、大正一四年、五一〇－五一二頁）。
（20）明治四四年三月三〇日の記載。原奎一郎編『原敬日記 第三巻』（福村出版、一九六五年、一〇六頁）。
（21）恩賜財団済生会にたいする民間有力者の寄附、および、皇室からの下賜金と財閥家の寄附との関連については、山岡義典「皇室からの下賜金と財閥家の寄附」川添登・山岡義典編『日本の企業家と社会文化事業――大正期のフィランソロピー』（東洋経済新報社、一九八七年）が参考になる。また、米村は『原敬日記』の一節（「此の済生会は桂が将来に遺す功名の一となさん考にや、頻りに富豪を招きて御用金を申付け居るも世間の評判甚だ悪し」）を引用し、済生会への寄附の奨励には桂太郎のほかに、井上馨の取計らいが関与していた点を指摘している。米村千代『「家」の存続戦略』（勁草書房、一九九九年、二〇五頁）。

(22) 以下の記述では適宜、霞会館諸家資料調査委員会編纂『昭和新修華族家系大成 上巻・下巻』（吉川弘文館、一九八二年・一九八四年）、霞会館華族家系大成編輯委員会編『平成新修旧華族家系大成 上巻・下巻』（吉川弘文館、一九九六年）、華族大鑑刊行会著『華族大鑑』（日本図書センター、一九九〇年）を参照した。

(23) 前掲『三井八郎右衛門高棟傳』（一三八－一四〇頁）。

(24) 岩崎家の姻戚関係については次の伝記を適宜参考にした。岩崎家傳記刊行会編『岩崎弥之助伝 上・下』（東京大学出版会、一九七九年）、岩崎家傳記刊行会編『岩崎久弥伝』（東京大学出版会、一九七九年）。

(25) 大町桂月著『伯爵後藤象二郎』（冨山房、一九一四年、七七九頁）。

(26) 久弥の長男・彦弥太も華族の娘と結婚しているが、襲爵のまえに終戦を迎え、華族制度自体が廃止された。

(27) 前掲『岩崎弥之助伝 上』（三一三頁）。

(28) この『商工世界太平洋』掲載の記事は翌年、単行本で出版された。山路愛山『現代金権史』（服部書店・文泉堂書房、明治四一年）・社会思想社版（二三七－二三八頁）。また、大倉雄二『鯰 大倉喜八郎』（文春文庫版、一九九五年、二二一－二二三頁）には、この婚儀に関する記述がある。

(29) 前掲『安田善次郎傳』（五一一－五一二頁）。

(30) 古河虎之助君傳記編纂会『古河虎之助君傳』（古河虎之助君傳記編纂会、昭和二八年、一一九頁）。

(31) 益田太郎の生涯については、高野正雄『喜劇の殿様 益田太郎冠者伝』（角川書店、二〇〇二年）が詳しい。

(32) 財界人と華族との姻戚関係を知る文献としては次のものが明快である。佐藤朝泰『門閥――旧華族階層の復権』（立風書房、一九八七年）、早川隆『日本の上流社会と閨閥』（角川書店、一九八三年）、人事興信所編『財界家系図』（人事興信所、一九五六年）。

(33) 米村はこの点に関して、「家」の存続を図るために獲得すべき「象徴財」として華族との姻戚関係を捉え、こうした姻戚関係の重なりによって「財界」という「界 society」が形成されたと考えている。前掲、米村（一九九九年、二三五頁）。

(34) 『横山源之助全集 第三巻』（明治文献、一九七四年、一五四－一五五頁）。

第五章　実業家文化の戦略と形式

ここで、これまでの検討をふまえて、巨富を築いた実業家・財閥当主と社会的威信との関係について、少し整理しておきたい。

明治維新以降、彼らは、富のヒエラルヒーをかなりのスピードで駆け上がった。資産家番付や一部の人名録は、彼らの金銭的な上昇移動の凄まじさを伝えている。しかし、このことは必ずしも社会的威信の上昇に直結するものではなかった。総合雑誌の記事で見たように、実業を生業とする者は、とくに明治の半ばまで、しばしば金銭の扱いに長けた「奸商」のイメージで捉えられた。また、実業分野の成功者は、「僥倖」によって富を得た「御用商人」、あるいは豪奢な暮らしをする「富豪」といった画一的なイメージで、たびたび語られた。彼らは成功者のなかの典型的人物であったが、同時に蔑視や批判の対象でもあったのである。富と威信、それぞれのヒエラルヒーの〝ねじれ〟の位置に、彼らは立っていたのだといえよう。

たしかに、明治二九年には実業関係者にたいして初めての叙爵があった。他の成功実業家たちはこの叙爵から、国家にたいして顕著な金銭的貢献があれば、途方もない威信の上昇がありうることを認識したはずである。しかし、成功実業家たちへの批判は辛辣かつ過激であった。とくに明治二九年の叙爵以降、新聞や雑誌は「富豪」の私生活への揶揄を内容とする記事を数多く掲載した。たとえば『萬朝報』の〈弊風一斑 蓄妾の実例〉と題する記事〔明治三一年七月七日〜九月二七日〕などは、その典型であろう。そこでは、政治家などの著名人とともに幾人かの「富豪」の「蓄妾」の事実が暴露されている。また、先にも少し触れたように、『二六新報』は明治三三年四月から同年六月にかけて、三井家同族の私的な乱行や三井の経営者による放漫経営に関する記事を次々に掲載した(1)。明治三〇年代は、「富豪」をターゲットとする過激な報道が目立った時期であった。第三章で見たように、実業関係者の叙爵と「富豪」批判の過激化とは連動している。そしてこのことは、明治という時代において、金銭的成功と社会的威信のあいだには解消しがたい溝あるいは〝ねじれ〟が存在していたことを象徴している。

富を築いた実業家たちは、この〝ねじれ〟をどのように受けとめたのであろうか。明治二九年の叙爵は、途方もない威信上昇のチャンスが実業関係者にたいして制度的に開かれたことを意味する。しかし、そうしたチャンスの存在が、彼らの威信上昇の実感につながるものであったのかは、疑問である。

先の章で見てきたように、成功実業家たちは姻戚関係をつうじて、華族とのあいだにある門閥上の距離を着実に縮めていた。華族との姻戚関係は、彼らが新しく構築されつつある階層秩序のどこに自己を帰着させようとしていたのかを暗示している。しかし、そうした門閥的な上昇は、一種の「成り上がり」として捉えられ、それは実業家を批判する言説の中心的な論点になった。横山源之助や山路愛山の富豪論はその典型であろう。富裕な実業家たちの階層的なアイデンティティは、門閥の拡大や経済的地位の上昇だけで必ずしも充分に確認されるものではなかったはずである。

明治期をつうじて、彼らの傑出した社会的・経済的地位と彼らへの過激な批判や揶揄とのあいだには、いわば和解しがたい齟齬が横たわっていた。そうした状況にあった彼らが文化の領域で一貫しておこなってきたことは、彼らの階層的なアイデンティティを考えるうえで重要である。彼らは、みずからの地位上昇にふさわしいと目される文化を探り、それを摂取し構築しようとする試みを、明治前期から続けていた。彼らの文化的な営みは、金銭的な成功や門閥の構築によっては実感できない自己の階層的なアイデンティティを模索する試みとして捉えることができる。維新後の彼らの動向からは、文化的な威信の源泉となりうる〝ハイカルチャー〟を探し、それを積極的に身に纏おうとする姿が数多く見いだせる。この章では、そうした彼らの文化的な動向に着目してみる。

先に少し結論的なことを述べておこう。〝ハイカルチャー〟へと接近していく試みは、彼らにとっては必ずしも容易なことではなかった。そもそも〝ハイカルチャー〟とは具体的にどんな文化的アイテムを含むのかが、少なくとも明治初年には曖昧だったからである。いわゆる「正統文化」を、実業家たちは手探りでつかもうとしていたといってもよい。そして、そうした模索のなかで、彼らの多くは伝統文化へと傾斜していった。また、茶会・能楽会・和楽会といった実業家同士の社交の場をつくりだし、茶事や能楽を中心とする趣味の世界を築いていった。ピエール・ブルデューの言葉を借りれば、茶事や能楽などの趣味は、彼らにとっては、威信上昇に力を発揮する「文化資本」としての教養であり、また、それらを介した社交文化は、天皇や貴紳大官たちへの接近を可能にする文化的な場を形成したのである。

以下では、新聞・回想録・伝記など、彼らの文化的な動向を伝える資料を可能な限り用いることで、実業家や財閥当主たちの〝文化戦略〟の全体像を素描してみたい。まずは、彼らの動向を具体的に知りうる明治一〇年代から見ていこう。

ハイカルチャーへの手探り

明治一〇年代初頭、実業の世界にハイカルチャーを志向する社交サークルがいくつも現れた。それは宴会・夜会・茶会などといったさまざまな形態をとり、のちの実業家文化の基礎となった。これらのサークルの内容については後述することにして、この節ではまず、興亡の激しい初期の実業界に、なぜこうした横断的なサークルが現れたのかについて述べておこう。

第一章で少し触れたように、明治一〇年代初頭は、実業家たちが国内外の交際窓口として際立った活動をおこなった時期であった。そしてこのことは、社交サークルの出現と密接に関連している。

彼らは明治初年から、外国商人との交易上のトラブルにたびたび直面していた。そして、日本の商界が多数意見を代表する機関をもたないという点に日本商人の劣勢の理由があるという認識から、渋沢栄一・福地源一郎・益田孝・大倉喜八郎らは、英米の商業会議所に範をとった東京商法会議所を、明治一一年三月に発足させた[2]。またその頃、条約改正をめざす明治政府は、文明国の外賓をいかにもてなすかを重要な政治的課題としていた。そして政府は、外賓接待への協力を、社交や会議の経験がある実業家たちにしばしば求めた。とくに鹿鳴館時代の前哨となる明治一〇年代の前半には、貴賓を接待する集会所をどうやって確保するかが直近の問題として浮上しており、協力を依頼された三井は、何度か会場を提供している[3]。明治一二年一月三日、井上馨・楠本正隆らは三井銀行で、外賓接待をにらんだ実験的な夜会を開いている。夜会では政府高官や富商を招き、彼らを市川團十郎や尾上菊五郎らによる演舞でもてなした。『東京日日新聞』はこの夜会を評する記事のなかで、「官民ヲ一席ニ混合」したことにより、夜会が「官尊民卑」の旧習を打破したと述べている[4]。その後、同年二月にイギリス下院議員のリード、同年六月に香港総督のヘネシーがそれぞれ来日した。そして彼らへの饗応は、いずれも三井の別邸でおこなわれた。

また、同年七月に来日したアメリカ合衆国の前大統領・グラントへの接待は、実業家たちにとっては記念すべき饗応となったようである[5]。東京府会、東京十五区会に東京商法会議所が加わり、それぞれのメンバーが共同で接待委員を選出して饗応にあたった。渋沢栄一や益田孝、安田善次郎などが接待委員に名を連ねている。また、八月二五日には、明治天皇とグラントの会見を兼ねた上野公園臨幸を彼らは実現した。

実業家たちが接待委員としてグラント歓待にどのように関わったのかを、渋沢栄一は次のように回顧している[6]。

グラント将軍の如き米国の有名な人には、国民として親しくして置いた方が、日本の将来のためにもよいと考へ、福地源一郎氏、益田孝氏等実業界の有力な人々に相談して大歓迎会の計画をしたのであります。そしてそれは恰度商法会議所の組織された時分で、福地・益田の両氏がその副会頭であり、私が会頭であつたからでありました。

渋沢によれば、明治天皇の臨幸とグラント接待のために、彼らは寄付金を集めたのだという。また、当時、唯一の洋式建築といわれた工部大学での夜会〔七月八日〕や新しく建築した新富座での観劇招待〔七月一六日〕などの企画にも、彼らは携わった。渋沢の娘・歌子の回想によれば、夜会には、接待委員の夫人という立場で、益田孝や大倉喜八郎の夫人も出席したという。[7]さらに、来賓を家庭へ招待するのが西洋の習慣であるという考えから、渋沢自身は、飛鳥山の別荘へグラントを案内している。[8]

こうした外賓接待の経験は、彼らの社交活動に大きなヒントを与えたにちがいない。すでに触れたとおり、この頃の新聞記事を見れば、当時の代表的な実業家たちが私邸に客人を迎え入れ、宴会や夜会でもてなすといった仕方の社交活動をいわば一斉に始めたことがわかる。明治一二年四月二八日の『郵便報知新聞』は、三井物産会社の益田孝が御殿山に新居を建築したことを、次のように記している。「三井物産会社の益田孝氏は昨日品川舊御殿山の新居へ朝野の紳士を招きて移徙の宴を開かれ芳町の美人は云ふに及ばず柳橋の芸妓も数名席上に陪し献酬半ば頃に例の清元お葉の妙音で数曲を奏で又今日は同社員の者を招かる、とか」。[9]私邸の新築や購入は、いわば実業家たちのトレンドであった。明治一三年には大倉喜八郎も別邸を建てている。同年六月一七日の『有喜世新聞』は、「東京自称紳士の随一なる大倉喜八郎」が向島に建てた別荘の完成を記念して、「同好の紳士」や「官員方」を招いて宴会を催したと伝えている。[10]安田善次郎が本所横網の旧田安侯邸を購入したのも同じ時期である。『東京日日新聞』〔明治一三年二月二四日〕は、安田がこの邸に東京府知事や正副議長らを招いて、能楽や点茶式でもてなしたと伝えている。安田はその後、明治二〇年代にかけて旧田安邸に隣接している松浦伯や池田侯所有の邸を買い取っている。[11]さらに岩崎弥太郎も、明治一五年に下谷茅町の旧丹後田辺藩主・牧野弼成の邸を買い取っている。[12]

このように大倉や益田は、外賓ラッシュの時期と並行して、いわば示しあわせたように私邸を手に入れ、しばしば客人を招いてもてなしている。おそらく三井邸での歓待や接待委員としての経験は、私邸の入手（そして客人の歓待）と密接に関わっている。彼らは貴賓を招待できる空間を準備し、みずから客人をもてなす主催者の位置に立とうとしたのだといえよう。外賓接待に携わった実業家たちは、「官民ヲ一席ニ混合」するという貴紳との〝隣席体験〟をつうじて、貴紳のもてなしに社会的威信の〝形式〟を見いだしたと考えても間違いではなかろう。

さて、明治一〇年代における社交サークルの出現を説明するコンテキストは、他にもある。ハイカルチャーの核を探ろうとする動きが、この時期、「官民融和」の風潮のなかでにわかに芽ばえてきた点である。とくに明治一二年・一三年は、茶道サークルや能楽サークルに関与してそうした諸芸能に携わっていることが、威信の向上につながるものと認識され始めた重要な時期である。多くの実業家たちが茶道や能楽を、ハイソサエティとの関わりを示す文化的指標として確認したといってもよい。ブルデューが「文化資本」と名づけたような、威信向上に効果的な文化的アイテムが、具体的にイメージされ始めたのである。[13]

とりわけ茶道は、その後、明治二〇年代後半から大正期にかけて、リッチな実業家たちの「正統文化」へと成長していった。実業家茶道を含む明治期茶道の全体像については、近代茶道史のこれまでの研究蓄積がいくつかの重要な点を知らせてくれる。維新にともなう身分制度の崩壊で家元制度が有力なパトロンを失って茶道は衰退していき、冬の時代を迎えたこと、そして、その後の茶道の復興には政治家・実業家・文人などの数寄者が貢献したことなどである。[14]ただし、実業家茶道の隆盛期以前に、彼らがどのように茶道などの伝統文化と関わったのかについては、いまだに知られていないことが多い。いくつかの資料を見てわかるのは、実業家たちの世界に先んじて、明治一〇年代初頭に、主に旧諸侯や旧公卿のあいだで茶会が流行した点である。

東久世通禧〔旧公卿〕の日記は、茶会が流行した時期を推測するための絶好の資料である。東久世は、明治後期に安田善次郎や三井八郎次郎らとともに、数寄者茶道サークルの最高峰・和敬会の中心メンバーとなった人物である。彼の日記で茶事に関する記載が初めて現れるのは、明治一二年三月二〇日の記述においてである。そこでは、旧諸侯・南部信民邸の茶室落成に招かれたことが記される。日記には、「……南部信民邸茶亭落成ニ付部長局輩招請、女天紅花瓶為土産進呈……」とある。[15]また、東久世自身が茶事に携わったことを示す記載は同年五月七日の記述が初出であり、そこでは広岡吉次郎宅に牡丹見物をしたことが記され、「午餐饗応点茶」とある。このあと急に茶事に関する記述がふえる。それらからは、知人や友人が主催する「点茶会」「煎茶会」「抹茶会」へと東久世が頻繁に出席していたことがわかる。たとえば、同年五月九日、杉孫七郎〔維新の勲功で明治二〇年子爵〕宅での「煎茶会」、六月二九日は西四辻

〔旧公卿で、明治一七年子爵〕邸での「抹茶会」への出席といった具合である。そして、同年六月一三日、ついに東久世は、茶席を普請するために職人を自宅に入れている。一〇月三〇日、「茶寮造作落成」。日記には、「一百七十八円請負金……相払、植松雅平へ金三十円借与月賦返金ノ約」とある。[16] そして翌月に茶器などをとりそろえ、二一日には、脇坂安斐〔龍野藩主家に藤堂家より養子、明治一七年子爵〕を客人にして、初めての点茶をおこなっている。その後、日記には「点茶稽古」という記載が幾度となく記されており、彼が茶事を介して脇坂らと頻繁に交流していたことがわかる。

明治期における数寄者茶事の代表的人物であり、やはり和敬会の中心メンバーであった軍医・石黒忠悳〔明治二八年に勲功により男爵、大正九年に子爵〕も、この頃、茶事に携わり始めたようである。明治三四年に刊行された彼の回想記〔『況翁閑話』〕には、「余が茶の會を心懸けしは、廿余年前にして」というくだりがあり、それが正確な記憶にもとづくものであれば、茶事の開始は明治一〇年代前半ということになる。[17] さらに、やはり和敬会の会員であった松浦詮〔旧肥前平戸藩主、明治一七年伯爵〕も同様であり、彼が残した茶会記の起筆は明治一三年である。[18] これらの資料を見れば、明治一二年あるいは一三年に、華族を中心に数寄者茶事が流行り始めたことが推測できよう。

明治一三年五月一三日に『郵便報知新聞』は、「この頃しきりに抹茶が更復つて来て、この道を知らぬとちよつと上等の人と交際が難かしい」と伝えている。[19] 管見では、明治一〇年代初頭よりもまえに実業家たちが茶事サークルを形成していた形跡はない。入手できる資料を見るかぎり、明治一〇年代初頭、それも明治一二年前後が、のちに隆盛を極める実業家による数寄者文化の草創期であったと思われる。実業家たちは華族たちに倣って、流行する茶事へと傾斜していったものと推測される。

安田善次郎の場合を見てみよう。安田は実業家のなかではかなり早い時期に茶事へと接近していった。彼は『松翁茶会記』と題する茶会記を書き残している。この茶会記は明治一三年一月一四日から記載が始まっている。そこには「……横網別邸に於て始めて客を招き茶会を催す……」とあり、安田が別邸で初めてみずから茶会を主催したことが記されている。[20] 先に少し触れたが、安田は本所横網の旧田安侯邸を明治一二年一二月に購入している。[21] 購入して間もない別邸で第一回目の自会を催したのである。

この茶会記を見るかぎり、彼が同席した茶会に著名な政治家や実業家が現れるのは、明治二〇年代に入ってからである。熊倉功夫が指摘するように、初期の『松翁茶会記』は「茶会が主要な社交の場に、いまだ成長する以前の状況の反映を示している」[22]。ただ、第一回目の茶会を一月に開いたあと、先に述べたように翌月には東京府知事らを招いた宴席を催しているのであるから、自邸を活用した社交活動——それも茶事をとりいれたもの——に、安田はきわめて積極的であったといえる。こうした安田の積極性については、次章で再びとりあげる。

また、維新以降、三井家一族が本格的かつ積極的に茶道に携わり始めたのも、ほぼ同じ頃であったと推測される。明治一四年六月に三井高福・高朗・高棟が京都から上京し、内国博覧会などを見学した折、表千家碌々斎を伴っていたという記録、そして、明治一五・一六年に三井八郎次郎らが東京で茶会を主催したという記録がある[23]。さらに、関西でも、茶事が盛んになってきたのは、ほぼ同じ時期であると推測される。藤田伝三郎が明治一四年一月に平瀬亀之助らを自邸に招いて茶会を開いたと『東京日日新聞』は伝えている[24]。

このように、実業家たちのあいだで茶事が流行し始めたのは、明治一〇年代前半であると考えても間違いではなかろう。そして、同じ時期には能楽も彼らのあいだで流行し始めた。

三井の経営者であり茶人としても有名な高橋義雄は、かつて能楽師・梅若実による直筆の入門帳を見たとき、三井八郎次郎と益田孝の入門年がともに明治一三年と記されていたと回顧している。また、団琢磨の入門年は明治一六年であったという[25]。梅若実の日記を見てみると、明治一三年七月三日に「三ツ井八郎次郎今日より弟子入稽古始ル」とあり、高橋の記憶と合致している[26]。梅若のこの頃の日記には、三井家の人々や三井の経営者たちと面会したことや、三井の邸を訪れたことが多く記されている。三井一族や三井の経営者たちは、明治一三年以降、いわば一斉に能楽へと接近していったものと推測される。また、益田孝の入門については、梅若実の息子・万三郎の証言がある。万三郎によると、益田は明治一三年四月一三日に父・実に入門したのだという。実が益田の邸へ出向いたり、益田が梅若宅までやって来たりというふうにして稽古は進められた。そして、益田は亡くなる年〔昭和一三年〕の一二月四日まで、謡の稽古を熱心に続けたという[27]。

安田善次郎が謡曲を習い始めたのも同じ頃である。安田は両替商の手代時代に常磐津や義太夫に凝っていたとされるが、明治一三年の夏頃から、突然、宝生流の稽古を始めたという。伝記の記載によると、彼が能楽に関心を寄せた理由は、「自己の位置の高まるに顧みる所があった」からであるとともに、「一族店員社員」の趣味には「謡曲が最も上品にて弊害少しと考えた」からであるという。[28]安田のケースは、先の「官民融和」でもたらされた社会的地位の急上昇によって、実業家たちの趣味嗜好がドラスティックに転換していったことを示す好例であろう。

天覧芸への便乗

では、明治一〇年代のこうしたさまざまな動きのなかで、なぜ特定の諸芸能が実業家文化の中核を占めるようになったのであろうか。この問題には、近代芸能史と密接に関わるもうひとつのコンテキストがある。

芸能史の分野では、次のことが明らかにされている。すなわち、明治前期、天皇が臣下邸に行幸した際に、さまざまな芸能が天皇への見せ物として組み込まれ、その結果、天覧の権威で近代諸芸能の位置づけが再構成されていったという点である。そこでは、伝統芸の生き残りを賭ける家元、外賓の眼差しと新時代の風教を意識して諸芸能の選別を企てる明治政府、そして、両者の目論見が交錯しながら諸芸能が権威づけられていくプロセスといった要素により、近代芸能の揺籃期が語られる。[29]そしてこれらは、明治二〇年代までの実業家たちの動向と深く関わっている。彼らの動向からは、諸芸能の権威づけというプロセスにいわば便乗して、天皇、および天皇を取り巻く貴紳へと接近していこうとする強い傾向を見つけることができる。

とくに実業家たちがいち早く能楽に接近していったことは、こうした傾向の典型例であろう。能楽は、明治九年四月の岩倉具視邸への行幸で天覧に供された。その後、明治一〇年代をつうじて、中山忠能や前田利嗣といった華族の邸で天覧能や天覧狂言が繰り返された。[30]したがって、三井一門や安田らは、能楽への権威づけがまさに進行しているなか、謡の稽古を始めたことになる。その後、明治二三年には、山階宮主催の天覧能に三井高棟と高朗が参加しているが、このとき彼らは御前で一芸を披露したのではないかと推測される。[31]興味深いことに、明治二〇年代半ば以降には三菱でも、いわば伝染的に謡曲への関心が高まったとみられる。梅若実の日記には、三菱幹部の近藤廉平が明治二六年に梅若父子に謡曲を習い始めたことが記されている。また、同じ明治二〇年代半ばに岩崎久弥がある宴席で、謡曲好きの支店理事に一芸を披露するよう催促したことを、高橋義雄がのちに回顧しているが、これも三菱で謡曲が流行ったことを伝えるエピソードであろう。さらに、岩崎弥之助にも謡曲のたしなみが多少あったという。弥之助は、明治三三年頃に梅若実から謡曲を習い始めたと伝えられている。[32] 稽古を始めたときの様子を、伝記は次のように語っている。[33]

> ……稽古を初〔ママ〕める時、弥之助は『この年になって謡を習ふのは、母のたっての勧めによるのです』と梅若に語った。その時、母堂から電話があって『謡ははじめたか』と尋ねてきた。『今、丁度始めるところです』と弥之助は返事をした。梅若実は『弥之助男は親孝行のために謡を始められたのであるが、その内に段々熱心になられた。……』と述べてゐる。弥之助は謡仲間と「鶯鳴會」といふのを作ってゐたと傳へられる。

弥之助は、他の実業家と比べて、経営以外の交際や趣味には無頓着なところがあったとされる。謡曲のエピソードからも、周囲に影響されて始めた受け身の嗜みが伝わってくる。また、三菱幹部の能楽趣味はその後の実業界では有名になったらしく、大正元年の『実業之日本』は、近藤廉平と岩崎小弥太が玄人はだしの腕前であったことを伝えている。[34]

能楽が大流行したのは、やはりそれが代表的な天覧芸であったからであろう。三井一族の天覧能への参加、そしてその後の三菱内部での流行は、能楽が社会的威信の向上にとって重要な芸能であるという認識を、彼ら自身が共有していたことを示している。ブルデューの表現を借りれば、能楽は天皇や他の貴紳との距離を縮める「文化資本」であったのである。

そして明治二〇年代は、実業家たちがこうした「文化資本」の効用をリアルに意識した時代であったと推測される。明治二〇年二月、京都博覧会で三井高棟は茶会を主催しており、三井高朗とともに、明治天皇への献茶をおこなっている。同年一月、二月には、表千家家元・千宗左〔碌々斎〕が三井家に頻繁に入邸している記録があるが、これは天皇への献茶を想定した稽古のためであったと推測される[35]。先に述べたように、三井高棟は明治一〇年代半ばには茶事を嗜んでいたわけだから、彼にとって、明治二〇年の献茶はにわか仕込みの余興だったわけではない。あとでまた述べるが、明治二〇年代、茶会は徐々に実業家たちの社交の受け皿になりつつあったとみてよい。

また、明治二五年七月に明治天皇が後藤象二郎邸に行幸した際、貴紳が陪席するなか、岩崎弥之助・久弥一門も天皇に拝謁している。そのとき、弥之助の娘・繁子は後藤の娘・延子とともに皇后陛下の前で琴を弾いたという[36]。「各宮殿下をはじめ、文武顕官三百余名」が陪席したその様子は、次のように伝えられている[37]。

後藤は善美を尽して両陛下をお迎へ申上げ、和楽、洋楽、能楽を催ほし、大宴会を開いた。この際後藤一門の者も拝謁を許され、弥之助と早苗もその席に列らなつた。また弥之助の長女繁子は後藤の女延子と共に、皇后陛下の御前に琴を弾じた。……

弥之助の叙爵が明治二九年六月であるから、この「和楽、洋楽、能楽」の催しの四年後ということになる。叙爵は必ずしも唐突だったわけではない。弥之助は、こうした天覧芸を介して天皇との距離を着実に縮めていたと見るべきであろう。

さて、実業家たちと天覧芸との関わりについて、ここで一点、付け加えておこう。維新後の家元や芸人たちが歩んだ威信上昇のプロセスに実業家たちが便乗した点は、彼らの文化の特色やその形式を考えるうえで重要である。貴紳に見せ物を披露したり演じたりといった家元や芸人たちの所作に、実業家たちは倣ったのである。こうした彼らの〝文化戦略〟は、家元や芸人を経済的に援助してハイカルチャーを掌握するといったパトロン的なやり方ではない。特定の文化の独占的援助をつうじて社会的な威信を身に纏うといった戦略とは異なる。彼らはむしろ、家元・芸人と同じ位置から天皇や貴紳に拝謁し、また時にはみずから一芸を披露して、彼らとの距離を縮めたのである。みずからが芸能を嗜むなかで威信上昇を図る彼らの戦略は、文化にたいするパトロン的な接し方とは好対照をなすであろう。

茶会サークルの成熟

実業家の文化は明治二〇年代をつうじて、貴紳を招き、演じるという形式へと明確に方向づけられたといえる。そして、以後、自邸に客人を招いてもてなす数寄者茶道が、実業家たちの「正統文化」として急成長を遂げていった。その中心的な担い手は、何といっても三井の実業家たちである。なかでも益田孝は、明治後期および大正期における数寄者茶道の中心人物であり、茶事の知識と茶道具の蒐集に秀でていた。益田は回顧録のなかで、自分が茶事に携わった経緯について次のように述べている。(38)

私が茶……を始めたのは、余程古い事で、明治二十二年に御殿山の家に座敷を建てた時、奥の小さい部屋に爐を切つて、其処で茶をやつた。其頃朝吹が三菱で運送の荷物を集める係をして居て、私の処へ殆ど毎日のやうにやつて来た。どうだ斯う云ふ事を始めたが君もやらないかと云ふと、うん其れは面白い、やらうと云ふて……。

益田は東京海上保険支配人であった弟の益田克徳や、当時、三菱に勤めていた朝吹英二に勧められて茶事を本格的に始めたと回想している。その後、彼は茶道具の蒐集を進め、弘法大師筆座右銘十六字一巻の入手をきっかけに、明治二九年から自邸で年一回、大師会という茶会を開いた。彼自身の回顧によれば、大師会への招待を望む実業家は多かったという。(39)

また、実業家たちの茶会は、実業家文化の中核として普及していく過程でさまざまな意味をもつにいたった。それは必ずしも超俗的なサロンの道を歩まず、しばしば世俗的な事柄に関わる密談や金力誇示の場となったようである。

茶事の世俗性については、渋沢栄一が語るエピソードが興味深い。彼の回想によれば、茶道や謡曲にあまり関心がなかった渋沢も、益田克徳らの勧めで明治三一年、ようやく飛鳥山の別邸に無心庵という茶室を造築した。(40)その茶室がもたらした存外の効用について、渋沢は、「……あの茶席は、あれで仲々値打がある。徳川家を公爵にしたのも、謂はばあの茶室だからネ(41)」と語っている。渋沢が述べているのは、彼が無心庵で徳川慶喜を伊藤博文と井上馨に引きあわせたことが、慶喜の叙爵〔明治三五年、公爵〕につながったという点である。三者の面会の詳細については、大塚栄三の手記も参考になる。それによると、無心庵での面会の折、慶喜は大政奉還が時勢に乗っておこなったものではなく、維新まえからの所懐であったこと、さらに「存家保権」の考えは抱いていなかったことなどを伊藤・井上に告白したのだという。[42]渋沢は、無心庵が貴賓をもてなし、客人を仲介する社交空間として「値打」があったと言っているのである。このエピソードは、たしかに茶室や茶事の一般的な効用を語るものではない。しかし、茶室が重要な事案に関わる面会や人脈形成の場として利用される場合もあったことが、ここからはうかがい知れよう。

また、実業家茶事の中核であった三井の茶事にも、こうした世俗的な一面があったと伝えられる。東京美術学校長や帝国美術院長などの職にあった正木直彦の回想からは、この頃の実業家たちの趣味世界を垣間みることができる。正木は、益田孝や朝吹英二といった同時代の実業家数寄者と友誼のあった人物であり、茶道具にも詳しい。彼は、明治二〇年頃から明治末年までの三井幹部の茶道・古美術愛好について次のように語っている。[43]

……三井財閥の部将達は翁〔筆者註――益田孝のこと〕**の麾下に在つては茶人ならざるべからざる時代が来た。商談策謀は茶室以外では出来ないとまで云はれた。馬越恭平、團琢磨、池田成彬……、加藤正義、朝吹英二、高橋箒庵、有賀長文、野崎幻庵、根津嘉一郎等の人達である。三井にゐるもの皆茶人となつて蒐集した。此の人々は明治末年まで趣味界を牛耳つてゐた。名物帳を尋ね、その緑をたぐつて名物を蒐めるといふ時代である。**

三井では、益田を中心とした幹部経営者たちの充実した趣味サークルがあった。正木は、幹部であればこのサークルに関わらざるをえなかった状況について語っているのである。「商談策謀は茶室以外では出来ない」という言葉は、実業家茶事が必ずしも超俗的で高踏的なものではなかったことを端的に語っているであろう。

また、正木も触れているが、実業家茶事がこのように普及した背景に、名品の所有を誇示する古美術ブームがあったことを忘れてはならない。よく知られているように、明治維新直後の旧物破壊でほとんど顧みられなくなった名家重宝の多くは、フェノロサたちの働きによって安価で買収され、海外に流出し始めた。しかし、これに刺激されて、明治一〇年代初頭には龍池会などの古書画鑑賞会が組織されて、伝統的な美術工芸がふたたび注目されるようになった。[44]そして、日清戦争後の好景気と戦勝国の大国意識が、爆発的な古美術ブームにつながった。高橋義雄はこのブームを次のように回想している。[45]

日清戦争の結果は、世界が日本を大國と認めたると同時に、日本人も亦自ら大國人と為つた気持になつて、従来非常に劣等視した自國の事々物々が、俄に有難く思はれて来た。其内で維新後瓦礫の如く取扱はれた道具やら、二束三文で売買せられた書画に対して、一時に鑑賞熱が勃発した……

書画骨董の蒐集に励む実業家は多かった。そして、コレクションの披露にウェイトを置いたさまざまな茶会や宴会が催された。益田孝も大師会では古美術の陳列に力を入れている。彼は、旧大名家出身の華族に家宝を出品するように依頼していた。益田は「どんな大大名へ出品を頼んでも、一度も断わられたことがなかった。なかには家職がついてきたのもある」[46]と述べている。充実した陳列品によって大師会は茶会としての権威を保ち、実業家たちの古美術への関心と購買欲を刺激し続けたのであろう。

また、明治二九年頃から短期間続いた二二会のように、会員が書画骨董を持ち寄り、入札で二番札の者に賞与を授け、最低価格の者に罰金を課すといった、射倖心を刺激する遊興的なサークルもあった。しかしながら、馬越恭平・近藤廉平・益田英作・朝吹英二らが参加したこの二二会は、徐々に出品品位が低下し、「瓦楽多集合の会」という悪評で崩壊したという。[47]こうした古美術ブームは、実業家たちの偏執的な欲望と競争心を煽り、書画骨董の価格高騰を招きながら大正期まで続いた。[48]

批判的思潮とハイカルチャー

このように、実業家文化は徐々に天覧芸から独立していった。そして明治後期には、同業の実業家たちにたいして自己の「文化資本」を呈示してみせる実業家サークルとして成熟していったのである。実業の世界におけるハイカルチャーの中核が、明確な輪郭をもって立ち現れたといえよう。

ところが、すでに第I部で述べたように、明治二九年に実業関係者に初めて叙爵があって以降、富裕な実業家にたいする批判的な思潮が急速に高まっていった。雑誌や新聞においてしばしば彼らは、「御用商人」や「奸商」といった従来のイメージに加えて、宴会や茶会に耽る豪奢な「富豪」のイメージで語られるようになった。すでに触れた『二六新報』による三井攻撃は、メディアによるこうした「富豪」批判の典型であろう。先にも述べたが、明治三三年四月から六月にかけて、同紙は三井一族とその経営者によるさまざまな乱行を伝える記事を幾度も掲載した。大倉喜八郎らを来客とする三井主催の宴席の模様は、「秘密屋敷に陣取って妓を傍らに侍らせ、盛んに博打を打つ」などと、過激に伝えられた(49)。

また、「富豪」たちの日常を批判する者は実業界の内部にもいた。大倉喜八郎や森村市左衛門といった財閥の創始者たちよりも若い世代の福沢桃介である。福沢桃介は明治・大正期の電力業界を代表する経営者として、また福沢諭吉の女婿として、実業界では名の知られた人物であった。明治末に福沢は雑誌『実業之世界』にいくつか論評を載せているが、そのなかで彼は、渋沢栄一・大倉喜八郎・益田孝らといった明治期実業界のビッグネームを名指しで痛烈に批判している。福沢は、彼ら「オールド、フアシヨンの代表的人物には素々経綸の才などはない」と言い切る。さらに実業家たちの生活を、宴会に奔走したり書画骨董に耽溺したりするものと一括し、それを「無意義極まる」と酷評している(50)。福沢のような辛辣な批判者は実業界のなかでは稀であるが、こうしたインサイダーによる批判が存在したことは、実業家文化にたいする批判的な思潮がいかに大きかったかを示唆しているであろう。

こうした批判的な世評の高まりに、実業家たちは無関心ではおれなかったはずである。明治三〇年代以降の彼らの文化的な動向を見てみると、これまでにない新たな傾向がいくつか観察できる。そしてそれらは、批判的な世評を前にして彼らの〝正統〟なるハイカルチャーを軌道修正したり、また、それを防御したりする戦略的な動きとして解釈することができる。

三井家による家憲の制定と施行は、そうした動きの典型であろう。先に少し述べたように、三井家は明治三三年七月に家憲を施行し、翌年四月に家憲披露会を挙行した。家憲施行は、前月まで続いた『二六新報』によるバッシングに後押しされたものと見ることができる。三井家の後見人である井上馨が、家憲の施行を強行するためにバッシングを謀ったという噂もあった。家憲には「同族ノ義務」という中核的な章があるが、そこには「奢侈ヲ禁シ節倹ヲ守ルハ祖宗ノ定ムル所ノ三井家家風ナリ」という一節があり、『二六新報』が伝えた三井関係者の行状とは対照的な「節倹」の態度が明示されている。[51] また、茶事サークルに目を転じれば、安田善次郎や三井八郎次郎らをメンバーとする先の和敬会は、明治三三年一月に規約を定めている。そこでは「和敬静寂の本旨を守るべき事」や「器は新古を選ばず結構を好むべからざる事」などが掲げられ、質朴清閑な精神性が打ち出されている。実業家の数寄者茶道の本流は、ややもすれば古美術ブームと結びついた豪奢な「道具茶」であると見られがちであったが、和敬会の規約からは、そうした「道具茶」との差異化を図り、数寄者茶道の格式をアピールしようとする意思が伝わってくる。[52] 規約の内容は、「富豪」への批判的思潮にたいする配慮を強く感じさせるものであろう。

これらの例はともに、いってみれば、彼らが日常生活や趣味生活のなかで依拠する道徳的な規準を言説化していこうとする動きである。そして実は、この動きはこうした特定の事例のみに観察されるわけではない。詳しくは第Ⅲ部で述べるが、明治末から大正期にかけて、富裕な実業家たちのあいだでは、自己の道徳的信念を語り、それを積極的に公表していくことが一種のブームになった。彼らは書籍や雑誌などのメディアをつうじて、みずからが依拠してきた処世訓や「成功哲学」を積極的に語り始めたのである。そして、それらは一般に流布していたネガティヴな「富豪」イメージに対抗する内容――「勤倹」や禁欲的な努力主義――を多分に含むものであった。彼らが「勤倹」や努力主義の言説をしばしば語ったことは、批判的な世評にたいするある種の防衛的措置――あるいは対抗的措置――として解釈できる。彼らが語った道徳的な言葉の中身についての細かな検討は後の諸章に譲るが、ここでは、彼らが道徳的な言説を生み出した社会的な背景について、少しばかり試論的に述べておきたい。というのも、茶事を中心とする彼らのハイカルチャーは、その後、彼ら自身が発する道徳的な言説とのあいだの微妙なバランスのもとに成熟し、また変化していったと思われるからである。

明治後期から大正期にかけて、実業家たちは自己の生活上・経営上のモットーを積極的にメディアに公表していった。とくに書籍では、明治末そして大正前期に、実業をこころざす若い世代を対象とした彼らの自叙伝や成功書がいくつも出版された。大倉喜八郎の『致富の鍵』『努力』、安田善次郎の『富の活動』『意志の力』、森村市左衛門の『独立自営』などである。そうした書籍のなかで、彼らは実業の世界と精神性との関連を力説している[53]。大倉喜八郎は「精力主義」、安田善次郎は「克己制欲」「勤倹貯蓄」、森村市左衛門は「奮闘主義」、渋沢栄一は「義利合一主義」を、それぞれみずからが信奉してきた生活上・経営上のモットーとして掲げ、それらを若い世代に推奨している。彼らの自叙伝・成功書には、このように種々さまざまな生活上・経営上の道徳的規準が溢れているが、いずれも、実業の分野での成功の秘訣や処世の秘訣を、「勤倹」や禁欲的な努力主義に求めている。彼らは、自叙伝や成功書といったメディアと出会うことによって、退廃した豪奢な「富豪」イメージに対抗する機会を得たのだといえよう。

また、批判的な世評のなかで彼らがみずからの信条を表明し、自己弁明する機会を得たのは、おそらく彼らの言説にある種の社会的な需要——あるいは読者需要——が存在したからであるにちがいない。明治四四年は、大卒失業者（「高等遊民」）や高校進学浪人の増加が、まさに社会問題となっていた。少し推測めいたことを述べておくが、著名な実業家の道徳的メッセージは、学歴による上昇移動を閉ざされた若者たちの野心を、実業による金銭的成功へと変換していくイデオロギーとして機能したのではないだろうか[54]。道徳的なメッセージを発した彼らは、学歴によらずに成功した者の典型例や模範例となったはずである。彼らが発する道徳的言説は、金儲けへの伝統的な蔑視を緩和するものであり、また、実業という生業の道徳的な正当性を強くアピールするものであった。彼らの言説は、若年層の野心を実業の分野にふりむける効果をもっていたであろう。そして、こうした社会的な需要が彼らにイメージアップの機会を与えたのではないだろうか。

もうひとつ、社会的な需要として考えられるものを挙げておこう。日露戦争後の株式ブームや大正前期の大戦景気は「成金」を生み、投機熱を煽った。そして、投機熱が高まるたびに、新聞や雑誌といったメディアの論説は拝金主義の風潮を盛んにいさめた。これは先に総合雑誌の記事で見たとおりである。重要なのは、著名な実業家による「勤倹」のメッセージが、そうしたメディアとともに、投機熱を冷却する役割を果たしたと思われる点である。そして他方で、「勤倹」のメッセージを伝えることは、実業家たちにとっては好都合なことであったはずである。現金決済主義をモットーとする大倉喜八郎は、「ありもしない金をあるようにみせかけよう」とする投機事業家を「卑怯」となじり、また、安田善次郎は「分に応じた仕事」を推奨して、それとは対照的な相場師の「謀略術数」を批判した(55)。彼らは一致して、「勤倹」や禁欲を背景にした手堅い経営を提唱し、「成金」と呼ばれる新興実業家の「僥倖」と享楽性を強く批判した。すなわち、彼らはこうした道徳的言説を述べ立てることによって、一方で投機熱の冷却に貢献し、また他方では「成金」をいわばスケープゴートに仕立てあげて、自己を彼らとは異なる〝正統〟な実業家として呈示することができたのではないか。

以上、邪推めいたものを試論風に述べたが、このようにいくつかの需要があったからこそ、実業家の処世訓や成功の哲学は、「富豪」批判の思潮に対抗しうる言説としてメディア上に流布したのだと考えられる。これらの点については第Ⅲ部で詳述しよう。

ここで付言しておきたいのは、このように彼らの禁欲的な言説が流布したのは、あくまでもメディアをつうじて語られた世界での出来事だという点である。ふたたび彼らが模索し帰属したハイカルチャーに話を戻せば、現実の実業家文化の本流や中核は、やはり宴会・茶会文化であった。そして、そうした彼らの文化は、実業家たちの巨富と豪奢な日常とを充分に連想させるものであったし、また、現に彼らが催した宴会・茶会には、豪奢なものが多かった。「勤倹」や禁欲を吹聴する言説の世界と現実の社交の世界の裂け目に、彼らの生活世界は存在していたのである。

言説と現実のあいだのこうした状況を考えると、富裕な実業家たちの社会的な影響力は二面的なものであったことが予想される。一方で、彼らは実業をこころざすいわば真摯な若年層からの需要に、道徳的な言説で応えた。彼らはそうした若年層にとって、成功の雛形、成功の模範であっただろう。しかし他方で、彼らの社交文化は、しばしば新興の「成金」たちによる模倣のターゲットになった。福沢桃介と親交のあった野間五造は、この時期の「成金」による模倣の様子を次のように語っている(56)。

……成金輩は言ひ合はした様に贋ひ物の古道具や、擬の古書画などをひねくり廻はす癖がある、名けて趣味の向上と云ふそうだが実際は美術眼どころか眼に一丁字もない無学文盲の俗物小輩で居て少し小遣銭が出来ると無暗に書画を買ひ込んだり古道具を陳列したりして独りよがりをして居る……

「古道具」や「古書画」を手に取り「趣味の向上」を図ろうとする「成金」の姿は、益田孝ら実業界の名士たちが築いた〝正統〟な実業家文化を模倣するものであろう。海運業で一躍致富した山下亀三郎も、宴会・古美術趣味の模倣に走った「成金」のひとりだった。彼は、「紳商」の茶会に招かれたときは「皿一枚を褒めるのに……瀬戸物の産地、年代まで詳しく知らなくつてはならない」ので「窮屈苦労には耐えない」と回顧している。明治後期以降の新興実業家にとって、〝正統〟な実業家文化には独特な敷居の高さがあったことを、このエピソードは伝えている[57]。

ただし、〝正統〟な実業家文化が、他の新興実業家を寄せつけずに圧倒するような強固な威信を纏うものであったのかは疑問である。福沢桃介は次のようなエピソードを語っている。益田孝が主催する大師会の帰り道に、ある友人が高橋義雄の茶席で出た虎屋の菓子を貶していた。福沢が、なぜ高橋の面前ではそれを誉めたのかと尋ねたところ、友人は「何んでもホメルのが茶の湯の法則だからホメタのだ」と答えたという[58]。福沢はこれを受けて、茶会に集う人々を「皆嘘を吐き合つて喜んで居る」と評する。おそらくはこうした虚飾や阿諛も、実業家文化の一面だったのだろう。

おわりに

このように彼らの文化的な動向を経年的に眺めてくると、明治から大正にかけて、彼らがとった戦略は少しずつ変化していったことに気づく。

すでに述べたように、明治前期は、貴紳からいかに権威を獲得するかという点に戦略のポイントがあった。彼らは華族たちの嗜みや天覧の権威に便乗して、自己の文化の帰属先を求めた。それは、貴紳をターゲットとする〝便乗戦略〟であったといえよう。それにたいして、明治後期から大正期にかけては、新興「成金」との違いを印象づけながら「勤倹」や努力主義をアピールしたり、また、「成金」とは一線を画する社交文化の威信を保持していったりという、これまでとは異なる戦略が見える。いってみれば、実業家としての正統性や実業家文化の正統性をいかに確保していくかをポイントとする〝差異化戦略〟である。そして、この差異化戦略を彼らが進めていくなかで、禁欲的な言説の世界と豪奢な現実の茶会・宴会文化のあいだの分裂は徐々に深まっていった。〝正統派〟の実業家は、禁欲的な道徳的言説とリッチで豪奢な現実の裂け目にますますはまり込んでいき、そうした裂け目のなかで、対立する要素をはらむ独特な文化を形成していったと考えられる。

しかし見方を変えれば、実業家文化の中核を占める数寄者茶道とはそもそも、禁欲的で質朴な道徳的精神性の外観を強く打ち出すことによって、「道具茶」に代表されるような世俗的なファッション性を隠蔽することができる柔軟な文化の形式として、彼らの生活世界に親和し、また成熟したのだともいえる。彼らの茶事文化にあっては、質朴や「勤倹」といった精神性は、彼らの富を象徴する高価な茶道具やそれを使用した茶事とは必ずしも矛盾しなかったものと考えられる。実業家たちが嗜んだ数寄者茶事には、精神性と富や権勢の誇示とがさまざまな割合で混じりあい、それらは実業家文化の独特なあり方を反映しているのだといえる。

最後にもう一点、彼らの文化の特色について付け加えておこう。彼らの文化は、他の集団との交渉を絶つような自閉的で高踏的な高級文化の道を進んだわけではなかった。彼らは、いってみれば明治初年以来、たえず他者にたいして自己呈示する立場——演じる立場——に立ってきた。天皇・貴紳へのもてなし、若年層への〝正統〟な処世訓・成功哲学の披露、「成金」への威信の誇示などなどである。そして、世評の攻撃にたいしては、道徳的言説を駆使した自己弁明をつねに強いられた。彼らはダーティなイメージを払拭し、威信の上昇を図るために、次々にさまざまな観客の前で自己呈示しなければならなかったといえよう。したがって、先に少し触れたように、このような彼らの〝演じる立場〟は、芸術家とその技能を掌握し独占するパトロン的な立場、いわば〝庇護し、鑑賞する立場〟とは明らかに異なっており、対照的ですらある。たしかに横浜商人・原富太郎といった典型的なパトロンがいたり、渋沢栄一らによる帝国劇場・技芸学校の運営といった芸術の擁護活動があったりしたが、それらが実業家の「正統文化」や実業家文化の本流になったとはいいがたい。

また、こうした実業家たちによる伝統芸能への関与の仕方が、政界・官界、および華族たちの世界とのあいだの人脈形成に好都合な社交空間を用意したことも見逃せない。むしろ、そうした空間を用意できない芸事や趣味は、二次的な「文化資本」として後退していったと見るほうが妥当であろう。この社交空間は、政界・官界や華族への接近を可能にする貴重な場を提供し、実業家たちの威信向上のための戦略の場を与えたといえよう。華族との姻戚関係に見られる門閥の形成や叙爵も、こうした空間によって支えられていたはずである。

こうして実業家文化は明治後期から大正期にかけて最盛期を迎えたが、その後、主役の代替わりが進む昭和初期には、急速に衰えていくことになる。戦時体制下でいわゆる贅沢文化にたいする圧力が強まったこと、さらに、戦後導入された財産税を納税するため、書画骨董の類を実業家たちが放棄せざるをえなくなったことなど、衰退の要因はいくつかある。これらについては多くの歴史的文脈を説明しなければならない。本書では割愛し、また別の機会に述べることにしたい。[59]

（1）『二六新報』の三井攻撃は、明治三三年六月二八日に三井との和解記事が掲載されることで終結した。その間〈三井一家の乱行〉〈腐敗の本源〉などの記事が掲載された。また、『萬朝報』の〈弊風一斑　蓄妾の実例〉は次の一書に文庫化されている。黒岩涙香『弊風一斑　蓄妾の実例』（社会思想社〈現代教養文庫〉、一九九二年）。
（2）商法会議所の設立当初の意義については、永田正臣『明治期経済団体の研究——日本資本主義の成立と商業会議所』（日刊労働通信社、一九六七年、第二章）、および、渋沢栄一「商業会議所に就いて」『竜門雑誌』第四五一号（一九二六年四月）を参照。
（3）これらの点については〈明治十二年大事記〉『東京日日新聞』明治一三年一月六日が詳しい。

（4）前掲紙、明治一三年一月六日。また財団法人三井文庫には、歌舞伎の演目とあらすじを英文で記したプログラムが残っている。

（5）グラントの来日については、竜門社編『渋沢栄一伝記資料　第二五巻』〔渋沢栄一伝記資料刊行会、一九五九年、第三節〕にさまざまな資料が収録されている。

（6）「グラント将軍歓迎の追憶」『竜門雑誌』第五〇九号〔一九三一年二月、二九頁〕参照。

（7）前掲誌〔三五－三六頁〕参照。以下、歌子の回想を引用しておく。「其時代に婦人が表向きの交際社会に出るのは、外交官の夫人とか又は特別に外国関係の有る人々の家族と丈けで、それも至つて少数でありました。一般家庭の婦人は親戚の婚礼或は法要の会の他には、大きな宴会に出席することなど殆ど無いのでした。……さうした時代に今度の米国前大統領グラント将軍一行歓迎の大夜会には、接待委員側でも、ぜひに夫人・令嬢が出席せねばならぬのであるといふのですから、実業家の人々の家庭に、現代の詞で申せば、一つのセンセーションを巻き起したといふ次第なのです」。

（8）「グラント将軍の歓迎会を回想して」前掲誌、第四七四号〔一九二八年三月、一－五頁〕参照。

（9）『郵便報知新聞』明治一二年四月二八日。郵便報知新聞刊行会編『復刻版・郵便報知新聞　第十七巻』〔柏書房、一九八九年、三九二頁〕。

（10）『有喜世新聞』明治一三年六月一七日。

（11）『東京日日新聞』明治一三年二月二四日。また、安田の私邸購入については次を参照。『安田保善社とその関係事業史』〔「安田保善社とその関係事業史」編修委員会編修・発行、一九七四年、六一－六四頁〕。

（12）岩崎家傳記刊行会編『岩崎弥之助伝　上』〔東京大学出版会、一九七九年、四四五頁〕。

（13）ブルデューによる「文化資本」の概念に関しては、ピエール・ブルデュー「文化資本の三つの姿」『アクト』No.1〔日本エディタースクール出版部、一九八六年、一八－二八頁〕を参照。

（14）熊倉功夫『近代茶道史の研究』〔日本放送出版協会、一九八〇年〕参照。

（15）霞会館華族資料調査委員会編纂『東久世通禧日記　下』〔霞会館、一九九三年、四一七頁〕。

（16）前掲書〔四一八頁〕。

（17）石黒忠悳〔況斎〕『況翁閑話』〔博文館、明治三四年、九〇－九一頁〕。別の著書で石黒は、茶事を始めたのは明治一〇年頃であると述べている。しかし、正確な年月日は不明である。前掲『近代茶道史の研究』〔二一一頁〕参照。

（18）松浦伯爵家編修所編『松浦詮伯伝　第二巻』〔松浦伯爵家編修所、一九三〇年〕参照。

（19）『郵便報知新聞』明治一三年五月一三日。

（20）安田善次郎『松翁茶会記　巻之上』〔安田善次郎、昭和二年、一頁〕。

（21）前掲『安田保善社とその関係事業史』〔六一－六四頁〕。岩崎弥太郎が旧諸侯の邸を購入したことを考えあわせれば、実業家たちにとって、旧大名家不動産の購入が「文化資本」の獲得と密接に関連していたことがうかがえる。こうした不動産取得に財界人の武家文化志向を見ることも可能であろう。

(22) 前掲『近代茶道史の研究』(二三八頁)。

(23) 以下の三井家の茶事については、主に次の資料を参照。三井八郎右衛門高棟傳編纂委員会編『三井八郎右衛門高棟傳』(東京大学出版会、一九八八年、六一四-六一八頁)。

(24) 『東京日日新聞』明治一四年二月七日。

(25) 高橋義雄『箒のあと 上』(秋豊園、一九三三年、二九七頁)。

(26) 梅若実日記刊行会編『梅若実日記 第三巻』(八木書店、二〇〇二年、三二四頁)。

(27) 梅若万三郎「謡が一番お茶は二番」学芸書院編輯『大茶人益田鈍翁』(学芸書院、一九三九年、一三七-八頁)。

(28) 矢野文雄『安田善次郎傳』(安田保善社、一九二五年、二四四頁)。また手代時代の安田については、由井常彦編『日本財閥経営史 安田財閥』(日本経済新聞社、一九八六年、二一-一八頁)参照。

(29) 簡潔な説明としては、藝能史研究會編『日本芸能史 七』(法政大学出版局、一九九〇年)参照。

(30) 前掲書(二一四-二一七頁)。

(31) 三井高棟と能楽との関わりについては、前掲『三井八郎右衛門高棟傳』(六〇七-六一三頁)に詳しい。

(32) 近藤廉平については、前掲『梅若実日記 第五巻』(二〇〇三年、一七四頁・一七六頁)参照。その他は次の資料による。高橋、前掲書(二四八頁)、前掲『岩崎弥之助伝 上』(四六七-四六九頁)。

(33) 前掲『岩崎弥之助伝 上』(四六七-四六八頁)。

(34) 前掲『三井八郎右衛門高棟傳』(六一〇-六一一頁)を参照。

(35) 三井文庫資料の会記による。前掲『三井八郎右衛門高棟傳』(六一四頁)も参照。

(36) 前掲『岩崎弥之助伝 上』(四八四頁)。

(37) 前掲書、前掲頁。

(38) 長井實編『自叙益田孝翁傳』(成武堂、一九三九年、三四一頁)。

(39) 前掲書(五六〇頁)。

(40) 竜門社編『渋沢栄一伝記資料 第二九巻』(渋沢栄一伝記資料刊行会、一九六〇年、一八二-一八七頁)。

(41) 「雨夜譚会談話筆記」第二五回、前掲書(一八七頁)。

(42) 「大塚栄三手記」(渋沢子爵と茶事)、前掲書(一八七頁)。

(43) 正木直彦「益田鈍翁の古美術保護」前掲『大茶人益田鈍翁』(四三頁)参照。

(44) 佐藤道信『明治国家と近代美術』(吉川弘文館、一九九九年、第一章)参照。
(45) 高橋、前掲書(三〇七頁)。
(46) 前掲『自叙益田孝翁伝』(五五八頁)。
(47) 高橋、前掲書(三〇八頁)。
(48) 高橋義雄は『中外商業新報』などに、実業家茶事の記事をさかんに掲載し、そこで出される道具のすばらしさを伝えたが、そうした記事も、道具熱に拍車をかけた。前掲『大茶人益田鈍翁』(四六頁)。
(49) 『二六新報』明治三三年五月六日。
(50) 福沢桃介『無遠慮に申上候』(実業之世界社、大正元年、四六頁)。
(51) 前掲『三井八郎右衛門高棟傳』(八一九－八三二頁)。
(52) 前掲『安田善次郎傳』(四九九－五〇〇頁)。
(53) おもなものの著者と刊行年のみを以下に挙げておく。大倉喜八郎『致富の鍵』(明治四四年)・『努力』(大正五年)、安田善次郎『富の活動』(明治四四年)・『克己実話』(明治四五年)・『意志の力』(大正五年)、森村市左衛門『独立自営』(明治四五年)・『奮闘主義』(大正五年)、渋沢栄一『論語と算盤』(東亜堂書房版、大正五年)など。
(54) 地位から金銭への変換や後述の「冷却」概念については、竹内洋『選抜社会――試験・昇進をめぐる〈加熱〉と〈冷却〉』(リクルート出版、一九八八年)第九章「冷却イデオロギーの社会史」が参考になる。
(55) 大倉喜八郎述、菊池暁汀編『致富の鍵』(丸山舎、明治四四年、一五六頁(大和出版復刻版))、安田善次郎『克己実話』(二松堂書店、明治四五年、四四頁)。
(56) 野間五造「桃サン論」福沢桃介『桃介は斯くの如し』(星文館、大正二年、二八八頁)。
(57) 山下亀三郎『沈みつ浮きつ 天』(山下株式会社秘書部、一九四三年、一三五頁)。
(58) 前掲『無遠慮に申上候』(八〇頁)。
(59) 実業家文化のその後については、次の拙稿で少し論じたことがあるので参照されたい。「実業家文化の戦前・戦後」中久郎編『戦後日本のなかの「戦争」』(世界思想社、二〇〇四年)。

第六章　安田善次郎の文化戦略

近代日本を代表する実業家たちや財閥当主たちは、維新以降、みずからの経済的地位や社会的地位に〝ふさわしい〟文化を模索した。そして特定の芸能へと積極的に携わっていった。先の章で見てきたとおり、彼らのそうした動向は、金銭的成功やそれに付随する社会的地位の獲得などによっては実感できない階層的なアイデンティティを模索する試みとして捉えることができる。明治前期から彼らが積極的に社交活動に精を出し、諸芸能を介した社交サークルを形成していったことは、そうした試みのひとつである。新興富裕層である彼らは「上流社会」の文化を追い求め、「上流社会」へと可能な限り接近していったのである。

この章では、そうした実業家のひとりである安田善次郎のケースを詳しく見ていこうと思う。というのも、安田は、文化への関与という点ではきわめて積極的な人物であったからである。彼はいち早く〝正統〟と目される文化へと近づき、それを摂取して、みずからの子弟に〝相続〟しようとした。文化への彼の関わりを追っていくと、実業家文化の戦略性の濃縮された姿を見つけ出すことができる。『安田善次郎傳』の著者・矢野文雄は、子弟の教育に関する安田の戦略性について次のように述べている(1)。

……彼等が其の成長するに従ひ、自然に下品なる音曲遊戯に踏迷ふを予防せんが為め、氏は彼等を強制して、謡曲及び茶の湯を習熟せしむるを常とせり、人性は元と無味乾燥に甘んずるものにあらず、何等かの遊戯遊芸を以て其の心を楽ましめざるを得ざるものなり、氏は此の人性の微妙の点を覚りしが故に、其の子弟をして、音曲遊芸に楽むの道を得せしめ、無難なる方面に彼等を誘導せんと企てた、故に氏の門族に生れたる子女は、何人も皆謡曲及び茶の湯に堪能ならざる者なく、其の中には、まゝ玄人の塁を摩する者すら之れあるに至る、氏が心を教養に用ふるも亦至れりと云ふべし、……

「下品なる音曲遊戯に踏迷ふを予防せんが為め」あるいは「無難なる方面に彼等を誘導せん」といった矢野の言葉には、子弟の教育に関する安田の考えが端的に表現されている。あとで詳しく見ていくが、子弟の教育に先んじて、安田自身が茶事・謡曲・馬術といった芸事や習い事に積極的であった。安田は、自分自身や子弟が関与する文化的なアイテムへの対応が素早かった。他の実業家たちの多くも彼と変わらぬ動きをみせていたが、安田の場合は、その機敏さと作為性が際立っていた。

文化にたいする安田の戦略的なスタンスは、彼が一代で財閥の基礎を築いたことと無関係ではない。彼の出自と実業家としての歩みについては、少し触れておく必要があろう。

安田善次郎は天保九年〔一八三八年〕、越中の下級藩士であった富山安田家四代・安田善次郎〔のちに善悦と改名〕の第四子として生まれた。彼と妹三人のほかは早世している。安田家は貧乏な半商半農の生活を営んでいたが、四代善次郎の代にそこから脱して、富山藩士の末席に列することが認められた。子の善次郎は、家計を助けるために一二歳の頃から青物行商を始めている。そして二度の出奔失敗を経験して、二一歳のときに江戸に定着した。玩具商の店員や両替商での奉公を経験した彼は、やがて独立して両替店・安田屋を開業した。安田屋は慶応二年に安田商店に改称し、明治二年には質商を兼ねた。その後、安田は公債の運用や不動産業務などへと業務の拡大を実現した。そして、安田商店を改組して明治一三年一月に安田銀行を開業した(2)〔明治一二年一二月設立認可〕。その後、安田は金融業を中核にさまざまな事業に参画し、利益を拡大していった。

大倉喜八郎や森村市左衛門らと同じように、安田は一代で財を成した。これは三井家や住友家とは対照的である。両家は徳川時代からの大商家を継承し、経営体制の近代化などによって財閥を築いた。そして、とくに三井家は、徳川時代から茶事の嗜みがある程度あり、したがって、三井家の人々と明治期ハイカルチャーの距離は必ずしも大きなものではなかった。[3] 彼らとは異なり、安田たちにはそうした距離をつめるハンディがあった。実業で頭角を現し、政府大官やさまざまな貴紳と同席し面会する機会が増えるにつれ、みずからの社会的地位に〝ふさわしい〟文化に敏感になり、また、そうした文化に近づくために戦略的思考をはたらかせたのは、当然のなりゆきだったはずである。

安田は、同世代の実業家たちのなかでも断然、ハイカルチャーに敏感だった。文化の領域における彼の足跡をたどれば、その時代の実業家たちの生活世界と彼らが築いた文化の典型的な姿に触れることができるであろう。この章では、安田という一人物の生活史——それも文化的な活動に関わる部分——をできるだけミクロな視点で描くことで、実業家たちの〝文化戦略〟の特色を浮き彫りにしてみたい。

資料について一言しておこう。ここでは、安田の手記や備忘録などをもとに編集された『安田善次郎全傳』（私家版、昭和二年刊）を主に参照する。安田は明治二〇年七月に「保善社」という組織を、安田家同族の資産管理の母体として設置した。『安田善次郎全傳』（以下『全傳』と略記）は、安田の没後、「保善社」内に設けられた伝記編纂所が編集した安田の伝記である。『全傳』は安田の手記などにもとづいているとはいえ、第三者の手が加えられている伝記資料である。したがって、こうした資料をもとに個人の生活史を語る際には、おのずと方法的な限界が出てくる。彼の文化的な戦略を知るうえで重要な項目が、編集により掲載されていない場合がある。それでもあえてこの資料を参照するのは、閲覧できる資料のなかでも『全傳』が安田の生涯に迫りうる最も詳細なものであり、また、縁故者のみに配布された〝私家版〟であって、一般への公表を念頭において編集されたものではないからである。『全傳』が史実のデータ・ソースとしてもつ価値は大きいと考える。[4] なお『全傳』のみでは不充分な点は、他の資料で補足しようと思う。

次節では、まず、ハイカルチャーの揺籃期である明治一〇年代の状況と安田の対応を概観しておこう。

実業家文化の草創期に

外賓の来日と実業家

前章でも述べたように、明治一〇年代前半、実業家たちは積極的に外賓接待に携わった。そして、こうした経験は、客人を招きいれる彼らの社交文化の形式と深く関わるものであった。外賓接待には安田善次郎も関与していた。ここでは実業家たちの外賓接待と、そこでの安田の関わりについて述べておこう。

明治一〇年代前半は外賓の来日があいつぎ、政府は貴賓をもてなす場所と方法を、急いで決定しなければならなかった。そのなかでも、香港総督・ヘネシー Sir John Pope Hennessy の来日は、実業家たちにとって、外賓接待の窓口として国家に貢献する重要な機会となった。

ヘネシーは明治一二年六月七日、日本の商工業を視察するために来日した。当時、香港は日本の重要な貿易地であり、そこには三井物産会社の出張所もあった。六月九日、政府は彼を官邸に招待した。そこでは、東京府知事や在京の実業家たち（渋沢栄一・益田孝・岩崎弥太郎・三野村利助ら）を含む主客一六名による懇親の小宴会が催された。その後、ヘネシーは、東京商法会議所への訪問、新富座の観劇、三井家の深川別業への訪問などをおこなった。実業家たちにとって、創立まもない東京商法会議所への招待は、とくに記念すべき出来事だったはずである。そこでは渋沢栄一が歓迎の辞を述べ、また、益田孝の通訳によってヘネシーが東洋貿易の隆盛について演説したと伝えられる[5]。

ただ、ヘネシーへの接待は、その直後に来日したアメリカ前大統領・グラント Ulysses Simpson Grant への接待に比べれば、予行演習の規模だったといってもよい。グラントは同年六月二一日に長崎入りしたあと、七月三日に横浜に到着し、以後、さまざまな歓待を受けている。なかでも岩倉具視が日本固有の芸能として能楽をグラントに見せたことは、その後の実業家たちの能楽趣味と無関係ではなかろう。『岩倉公實記』によれば、延遼館にグラントを招いたとき、次のように彼は岩倉に尋ねたという。「具視ニ問テ曰ク貴国ニハ固有ノ音楽アリヤ[6]」。岩倉が催馬楽・舞楽とともに能楽があると答えたところ、グラントは「一見センコトヲ乞フ」といった。そこで岩倉は、七月八日にグラントを岩倉の本邸に招き、能楽師による演舞でもてなしたという。『岩倉公實記』には、「此後具視華族ノ有志者等ト商議シ……能楽ヲ保護シテ之ヲ永久ニ伝ヘンコトヲ図ルト云フ」とある。

安田はグラントの接待に深く関わっている。六月二七日、府会・商法会議所・区会の各議員であった彼は、グラントの接待委員のひとりに選ばれている。また、岩倉がグラントを能楽でもてなした七月八日、虎ノ門にある工部大学の講堂で、グラント歓待の夜会が催された。そこには、渋沢栄一・益田孝・大倉喜八郎とともに、安田も出席している。さらに二一日、府会議員、商法会議所議員、十五区会議長・副議長らは、東京府庁に参集し、グラントを天皇に接見させることを決定した。選挙の結果、安田は臨幸の請願委員のひとりに選ばれた。『安田善次郎傳』はその折のことを、彼がグラント接待の所用に奔走し、きわめて多忙であったと伝えている。[7] また『全傳』は、上野臨幸の当日（八月二五日）、「善次郎君は斎戒沐浴礼服を着用し、午前八時より出張種々斡旋した」と記している。[8] さらに「善次郎君は無事、此の重任を果したること全く神明の加護によることと感涙に咽んだ」[9]とも伝えている。

グラントは九月三日、帰国の途についた。その後、一一月一二日に安田は接待委員として決算の報告をするために府庁に赴いた。そして所用を済ませたのち「府知事の晩餐会に列し、各委員と共に無事終了の祝詞を交換し頗る愉快な一夕を過した」という。[10] このように『全傳』の一連の記述は、安田にとってこれらの体験が重要な意味をもっていたことを強調している。府会議員などの役職を経験していたとはいえ、実業家・安田としては、いまだ安田商店の時代であり、大官や外賓との〝臨席体験〟は、安田のハイカルチャーにたいする強いアスピレーションを覚醒させたに違いない。また、伝統芸能への関与という点でも、こうした〝臨席体験〟は、安田に少なからぬ影響を与えたと思われる。能楽師・梅若実の日記によれば、グラントが来日した翌年（明治一三年）の二月二二日に、安田は梅若らを別邸に招き、東京府知事らと能を鑑賞している。[11] また、同年六月一六日から、安田は宝生流の謡曲の稽古を始めたとされる。[12] 先に述べたように、この頃には華族邸ですでに能楽が天覧に供されており、能楽にたいする伝統芸としての権威づけがまさに進行していた。安田の稽古の開始には、岩倉がグラントを能楽で接待したことが大きく作用したと考えても邪推ではあるまい。

茶事開始と趣味の転換

それでは、実業家文化のもうひとつの柱である茶事に、安田はどのように携わったのであろうか。三井系茶人の中心人物・高橋義雄は、実業家たちのなかで茶事が普及していった端緒を、次のように語っている。(13)

> 明治六七年頃より東京数寄者間に、瓶茶と云へる簡短〔ママ〕なる茶会はあつたが、明治十年西南戦争の終局までは、紳士茶人で公然茶事を催す者がなかつたのである、然るに明治九年頃報知新聞社長で、宗徧流を学び橋場の渡し近くに別荘を持つて居て、茶事を奨励した其人は小西義敬氏である而して益田克徳、安田善次郎の如き、皆此小西氏の勧誘に依つて茶人仲間になつた者である……

高橋はこのように、安田が東京の実業家たちのなかでも、数寄者の草分け的な存在であったと述べる。ただし、安田が小西義敬の勧誘によって茶事を始めたという事実を傍証する資料は見いだせない。先の章で述べたように、安田善次郎や益田克徳、そして三井一族、関西の平瀬亀之助といった人物が、明治一二年〔あるいは明治一三年〕頃から茶事に本格的に携わり始め、茶事復興の一翼を担ったことが、いくつかの資料から判明するに過ぎない。いずれにしても、益田や安田が実業家による数寄者茶事の先駆的人物だったことに間違いはなかろう。

それでは、茶事を始める前後で、安田にどのような趣味上の変化があったのだろうか。『全傳』は安田の手記をもとに、グラントらが来日するまえに安田が開いた宴会の様子を記述している。この宴会は明治一二年一月二六日に旧友たちを自宅に招待したものであり、茶事を介した社交を本格的におこなうまえの安田の交友状況を示している。(14)

> 君は少閑を得たので旧友と会し懐旧談を交はさんがために其の人々を自宅に招待して小宴を開いた、列席者は、上野、増田、……の計十九名であつた、ひねもす懐旧談に時の移るを知らなかつた程で君に取りては実に愉快な一日であつた、そして余興には杵屋の長唄並に落語などがあつた。

安田と同席した者として記されている人物は、安田の交際範囲を知るための貴重な情報である。この記述からわかることは、この宴会が、親しい者が集うきわめて素朴な会であった点である。長唄・落語などは、その後の安田の交際録から徐々に姿を消していく余興である。

安田は前年（明治一一年）八月、東京商法会議所議員となり、一二月二三日には東京府会議員に当選し、翌、明治一二年一月一六日にはその第一回の議員として東京府会に臨んでいる。先の「小宴」があった時期はちょうどその頃であり、安田が徐々に公的な役職を拝命し、交際範囲も拡大しつつあった時期である。同年二月一六日、栃木で安田は画帳・花瓶・書画・風鎮・硯・文鎮・巻物など、かなり多くの調度品の類を購入している。[15] これらは、新しく拡大した交際のための小物として購入されたものと考えられる。

そして同年の六月以降、ヘネシーとグラントの来日があり、先に述べたように貴賓との隣席を経験することになる。同年の一二月一日には、本所区横網の旧田安邸を一万二五〇〇円で、西村・加納両氏の紹介によって買い受けている。この邸宅は別荘として使用され、その後の安田の社交活動において大いに活用されることになった。安田が初めて茶会を開いたのも、この別荘においてであった。先に触れたように、安田が厳密にいつから茶事の稽古を始めたのかを特定するのは難しい。『安田善次郎傳』では、明治一三年頃の安田の動向を語るくだりに、「氏は六七年前から、已にぼつ〱其の道を心懸け、其の頃或師匠の家で、氏に逢ふたと云ふ老人さへも存生して居る、然れば以前から已に始めて居たらしい」と記載がある。[16] これにしたがえば、安田が茶事を始めたのは明治六・七年頃に遡ることになるが、これも確実なものではない。先の章でも述べたとおり、安田は自身が催した茶会の記録（『松翁茶会記』）を残している。そして、その起筆は明治一三年一月一四日であり、これが日付を特定できる最も古い記録である。そこでは、この茶会について次のように記載されている。[17]

> **一月十四日　横網別邸に於て始めて客を招き茶會を催す、来客は中井、星野、田中、小杉、海老原、小林、山市、小林きん、由比氏室の諸氏なり、余興廣川たか、堅田仲次、杵屋勝代**

のちに高橋義雄も指摘しているように、この記載を見るかぎり、この会では酒宴の余興として茶会が催されたようである。[18] 安田にとって、この時期の茶事は、他の芸能や娯楽とは異なる特別な文化的アイテムとして認識されていなかったと考えるのが賢明であろう。[19] 実は、安田はさまざまな娯楽に興味をもっており、同年一月三〇日には、横網新邸で囲碁会を催している。『全傳』には、「かくの如く近来君は、囲碁、茶事等の雅会を開くことが頻々であつた、そして横網別荘の手入れ、舞踊の見物、骨董品の鑑賞等を楽しんだ」と記されている。[20]

さて、別荘の購入とそこでの茶会の催しをきっかけとして、安田の交際範囲は飛躍的に拡大していった。前章で、安田の宴会が新聞記事（『東京日日新聞』明治一三年二月二四日）になったと述べたが、それはちょうどこの頃の出来事である。『全傳』には、安田が宴会を開いた経緯について記されている。[21] 安田は明治一一年一二月に東京府会議員に当選し、翌一二年一月より、第一回の議員として東京府会に臨んだ。しかし一三年二月二三日をもって、安田は議員の辞職願を提出し、最終的に辞職している。市内に火防線を新設し、道路橋梁を改造するための費用を東京府の公債によって拠出しようという計画にたいして、起債方法取調委員の一人であった安田は、拠出案を修正なしに受け入れることができないと主張し、結局は議員辞職を決意したのだという。『全傳』には、安田が議員を辞める際の「別宴の意味」で、二月二二日午後一時から府知事・書記官・議長・副議長、それに他の議員たちを招待したと記載されている。「別宴」を開いた安田の意図については詳しくわからないが、『全傳』に引用されている安田の手記には「殊の外愉快の模様にて午後二時より十時に至るまで一同中座せず、歓を盡して退散せり、實に未曾有の盛會なり」とあり、安田は客人を招いた宴会に大いに満足していたことがわかる。『東京日日新聞』はこの宴会が開かれた経緯については触れず、安田が知事や議員たちを横網の別邸に招いて観世・梅若などの能会や「点茶式」でもてなしたという大宴会の様子のみを伝えている。先にも述べたように、この頃、新興実業家の大宴会の様子を新聞がしばしば伝えている。安田の宴会も、実業家としての勢力を示す大宴会として伝えられたのである。

この盛大な宴会のあと、三月から四月にかけて、安田は宇都宮地方を旅行している。代理店や支店を訪問するための旅行であったが、『全傳』を見るかぎり、主たる目的は茶道具の購入だったようである。旅程の一部を追ってみよう。[22] 三月三〇日、野村瀧澤氏を訪問し、酒食の饗応を受け、古書画を鑑賞する。その後、宇都宮で伊藤氏に面会し、その氏から崋山椿山の巻物、芳齋の小画帳、明清の書画幅数軸を譲り受ける。三一日には、郡長森岡興氏と面談し、その後、道具屋から抹茶道具を購求し、鈴木氏と茶事を談じる。四月一日、栃木支店へと赴き、栃木の日野屋庄七氏から容斎六高僧・鐵翁山水・銅風爐・錫銅徳利・印籠を、また文古堂から香合・茶碗の類を買い入れる。二日、夕刻より、支店員、鈴木・黒田・若林・鷲尾・木下の五名を茶会に招待。五日に帰宅。まさに茶事旅行であったといえよう。ただ、あらかじめ付言しておくが、このように『全傳』が安田の道具入手について多く記載しているとはいえ、安田の茶事にとって、茶道具の蒐集はおそらく二義的なものであった。『安田善次郎傳』には「書画骨董の売立入札などの会には、必ず行って見るが例である」という記述があるが、㉓多くの数寄者やコレクターとは違って、安田はその後、名器と呼ばれる高価な茶器の収集にのめりこんでいくことはなかった。㉔

明治一三年は、安田の社交活動が活発化した年である。そして、自己の社会的地位に〝ふさわしい〟ハイカルチャーを求めて、彼は触手を伸ばした。五月二二日、午後三時から、彼は大木喬任参議の夜会に出席している。この夜会は、三条実美らの参議議官や各国の公使たち三百余名が出席した大規模なもので、そこでは陸軍軍楽隊の奏楽、花柳壽助らの演戯などがあった。「尤も愉快であつたのは、参議大木喬任伯と参議西郷従道侯との綱引に至つては当日の壓巻であつた」と、『全傳』は安田の満足ぶりを記している。㉕

また、この年、安田は謡曲に本格的に関わり始めた。府知事などを招いた先の大宴会では、梅若実らを別邸に呼んで能を鑑賞している。そして六月一六日、安田はみずから謡曲の稽古を始めたという。『全傳』には次のように記されている。㉖

豫ねてから謡曲の家元寶生九郎氏を後援して居た関係上、君は今日から夫れを習ひ始めた、丁度大木伯から招待せられた翌日であつたが、横網別荘で小林、小杉の両氏が茶会の後、『熊野』、『松風』の二番を謡はれたので、君は其『熊野』から始めることにした。

謡曲への接近は、安田の趣味の一大転換を示すものであったらしい。『安田善次郎傳』はその事情を端的に記しているので、引用しておこう。㉗

同年夏より又宝生流の謡曲の稽古を始めた、氏は壮年の頃、頗る俗曲に巧で、富本などは得意であつたが、其の品のわ

るきを感じたと見へ、中ごろから之を見合せたりしが、此の頃に至り高尚なる能楽に其の心を向け始めた、右は自己の位置の高まるに顧みる所があつた為めと、又一族店員社員の若手共に、何等か音曲上の趣味を与ふるには、謡曲が最も上品にて弊害少しと考へたからである……

のちに安田は、実業家仲間とともに旅先での余興として謡曲の会をしばしば催している。たとえば明治一七年八月一八日、北海道旅行の道中、函館にて「公園内の協同館で、富岡、平岡両氏と洋食を喫し、折柄来訪された大脇弼教氏と、『熊野』、『藤戸』の二番を謡つた」[28]とある。三一日には、やはり函館で「午前中は三井、山田、富岡氏等と謡曲に過し」[29]とあり、この時期には謡曲が彼の趣味として定着していたことをうかがわせる。

また安田はこの頃、茶道の家元とも少しばかり接触している。一三年八月二〇日、安田は旅行で京都にやって来た。この日の夕方、彼は市川市十郎・嵐璃笑らの歌舞伎を鑑賞している。そして『全傳』では、翌二一日に「九時頃から千宗室、千宗左の二家を訪ふた」[30]とある。また、寺院観光をはさんで二八日には、「朝から千宗左氏を訪ひ、紫野の大徳寺、桂御所を見物した」とある。[31]旅先でのひとこまであるが、彼の茶事にたいする関心の高さを、ここからうかがい知ることができよう。

このように、外賓が来日した明治一二年に別邸を購入して以降、安田は宴会や茶会をつうじて積極的な社交活動を展開していった。そして、彼が茶事や謡曲に携わり始めたのもちょうどこの頃であり、それらは徐々に彼の中心的な嗜みになっていったのである。

社交の拡大と変質

交際範囲の拡大

明治一〇年代後半から安田善次郎は、宴会や茶会を頻繁に催すようになり、また、華族や他の著名な実業家たちが催す宴会や茶会に出かけて行くことも多くなった。『全傳』の記録をもとに一〇年代後半をたどってみよう。

明治一七年一一月一日および二日、安田は別荘の新築落成を記念して大宴会を催し、親類や知己、そして関連会社の社員たちを招待した。そこでは藤間の手桶などが余興として組み込まれた。そして、この大宴会の前後から、安田は客人を招くばかりではなく、他の著名な実業家が主催する茶会へも頻繁に出席するようになった。また、安田の郷里・富山の旧藩主とその宗家、前田家一門と本格的に交流し始めたのも、この頃である。一二月一五日には、前田家の招待により、善助・善郎ら安田一門とともに、下谷松源楼でおこなわれた宴会に安田は出席している。そこでの余興は講談であった。その日、金貨十五万両を前田家から買い受ける約束をしたと『全傳』は伝えている。[32]

翌一八年は、茶事への傾倒が著しい年であった。なかでも一月二〇日から八回にわたって安田は集中的に茶会を催しているが、このことは、茶事が彼の生活世界できわめて重要な部分を占めていたことを物語っている。この集中的な茶会は、次のようにおこなわれた。二〇日は隠宅で近親者のみの茶会。二一日は別荘で星野・松浦恒などの諸氏が来会。二二日は加藤・條野諸氏、二三日は三井武之助・益田克徳らを招待。二四日は東久世等の五氏、二六日は馬越恭平らが来会。二八日は松浦詮・南部信民ら六氏を招待。二月四日は山本誠之らが来会。[33]

実は、これらの茶会の合間（二月一日）に、安田は八百松楼に第三国立銀行の得意客、百七、八十名を招待して宴を開いている。彼はそこで、昨年末から安田が銀貨相場で大損をしたとの風評があるが、それは事実無根であると弁明している。[34]連日の茶会は、おそらく財政安泰のアピールになったにちがいない。安田にとって茶事や宴会は、金融機関としての信頼性を顧客に向かってアピールするイベントとしての意味をもっていたのではないか。

また、明治一九年は貴紳との交流の多い年であった。六月六日、安田は横網別邸に毛利元徳とその夫人たちを招いて晩餐の宴を開いた。余興には堅田連の手桶などを盛り込んでいる。[35]さらに同月一九日には、松方正義の晩餐会に招待されている。余興には圓朝の落語や琴曲があった。『安田善次郎傳』には彼の手記が掲載されている。[36]

六月十九日、午後六時より、三田松方侯に招かる、相客は武井守正、小林年保にて、余興には圓朝の昔話、琴曲等にて十一時半退散した、此の日は天気晴朗にして、主人公の先導にて、庭園中を逍遥するに、新樹鬱蒼、池水澄明、洒掃の行

届きたること、広馬場の結構、花園の美麗等、愉快千萬なり

松方のもてなしに善次郎がいかに満足したかが伝わってくる。同月二六日は、大木元老院議長の招待で、夫人（房子）、暉子、善四郎をともなって、芝区の別邸を訪問している。そこでは晩餐の饗応があり、大木の令嬢三人による琴の演奏、歸天齋正一の手品などでもてなしを受けた[37]。また一二月一九日には、旧加賀藩主・前田家から鴨狩りに招待され、善四郎・善助・善郎、政定の四人をともなって深川区の別邸を訪れている。善四郎が二羽、善次郎が一羽捕獲し、獲物の鴨はさっそく料理された。『安田善次郎傳』に記された自筆日記には次のようにある[38]。

十二月十九日、老生今曉八時より、深川小田新田の加州侯の御控邸に於て、鴨狩の御催の御招待を受け、生、善四郎、善助、善郎、政定、の五名参候す、……夕五時頃まで、四十七羽を猟す、終つて平清に臨み、晩食の宴会あり、……此の日天気晴朗にして、何れも未曾有の愉快をなせり、主公を始め、接待の諸氏と共に、手網を以て東西を奔走し、又は海岸の堤上を逍遥して、養鼈場を見物す、十分に運動して手料理の酒飯を喫す、其の美味筆紙に尽し難し、各自十分の愉快を極め、八時半帰宅す…。

『安田善次郎傳』の著者・矢野文雄も述べているように、この頃は安田が「上流社会」から手厚く遇された時期だった。さらに明治二〇年代に入ると、財界関係者や得意客を招いての園遊会・乗馬会、華族の別荘への訪問などなど、安田の交際はとても華やかなものとなった。明治二四年の年賀回りには、伏見宮殿下・松方大蔵大臣・川田日本銀行総裁・前田公爵・前田伯爵の五邸を訪れている[39]。この頃の安田の交際圏が垣間みえよう。

さて、安田の交際には、趣味の馬術を介したものが多い。ここで彼の馬術趣味について少し記しておこう。安田は、明治二一年には馬術の練習を始めていたと見られる。そして、明治二三年一月四日からは、善之助ら若年の親族にも馬術の練習に取り組ませている。『全傳』には、「愈々一族の少年に乗馬練習を為さしむること丶なり、本日より善之助、芳次郎、善吉、定吉、幸次郎、彦次郎、卯三郎の七氏が下谷同練習所に通ふ事になつた[40]」とある。その後、善次郎は毎日のように善之助を伴って近郊へと出かけ、乗馬の技術を磨いた。また、安田は松平信正、上杉茂憲、前田利

同らとともに馬術練習所に通っている。明治二四年には二級に及第し、二七年には卒業証書を授与されている。

馬術は華族たちとの格好の社交手段であった。明治二四年五月三一日は馬術練習所の創立七ヵ年記念日であり、前田・上杉・松平らの発起で記念宴会が開かれた。そして、この宴会に安田も出席している。その他、前田利同の馬談会という宴会などに安田は積極的に出席している。明治二六年・二七年頃は、安田の馬好きが高じた時期で、毎朝一時間あまり馬で近郊を走らせたという。ときどき、そのまま職場へ出勤したともいう。明治二六年は、一月二日から稽古始めとして、邸内の馬場で乗馬の稽古をしている。また三月八日には、伏見・閑院両宮のお供をして、田端村田村利七氏の別荘へ騎乗で赴いている。上杉・前田・松平などの諸氏とともに計一八騎での同行だったという。さらに同年一〇月七日には、上杉伯・清棲伯・前田伯・松平子など乗馬の友人を園遊会に招待している。[41]

「勤倹」のアピール

明治三〇年代に入っても、社交の華やかさに変わりはない。松浦伯爵の茶事、大隈伯爵の宴会、小松宮殿下主催の能楽会、三井八郎次郎氏の茶事などなど、数多くの会合に安田は参加している。ある謡曲会ではシテを務めたりもしている。しかし、明治三三、三四年からの数年間は、社交文化への安田の携わり方に大きな変化が見られる。あいかわらず安田は茶会を開き、また客人として茶会に招かれているが、その一方で彼は、倹約・質素・勤倹といった日常生活のモットーを、機会をとらえてアピールし始めたのである。

明治三四年五月二一日の『国民新聞』は、熊本に赴いた安田が当地の支店を抜き打ち点検したと報じている。同紙によれば、安田は非効率的な作業や業務の遅さを注意してまわり、店員たちに煙草を禁じたという。また、安田は毎年、社員・行員へ年始の訓戒を授けていたが、この時期の訓戒では「勤倹貯蓄」というコンセプトが明確に打ち出されるようになった。『全傳』では、安田は明治三四年一月二〇日に、みずからが経営する第三銀行の行員一同を前に「勤倹貯蓄の躬行に付き演説」したこと、さらに、同じ日には安田銀行の行員一同にも「勤倹貯蓄の実践躬行につき説示」したことが記されている。[42] そしてこの「勤倹貯蓄」というモットーは徐々に、メディアに注目され始めた。明治三五年一月の『中外商業新報』は〈安田善次郎一族郎党を招集して吉例の勤倹貯蓄論を一席〉という見出しで、こ

の年の訓戒を長文にわたって掲載している。その内容を一瞥しておこう。次は冒頭の一節である。(43)

勤倹貯蓄の事は人間処世第一の要務なるは、誰しも承知なれ共、其実行は随分六ヶ敷事であります。此難事をたやすく行ふには、昨年の春諸子に御話致したる如く、順序を立て、徐々習慣となし、知らず識らずの内に実行する様致したいものであります。

安田は続けて、この一年間「勤倹貯蓄」の態度を試みた者は、すでに「習ひ性」になったはずだと述べ、行員たちに「勤倹」の持続を強く要望している。また、次のような言葉もある。

勤倹以て世に処するものは、一時に巨萬の身代とならずといへども、人に求る心あらざれば、おのづから高尚にして野卑ならず、本務に忠実なるが故人の用ひもよく、朋友に信義を欠かず、父母妻子に安神を与へ、家内和合して子孫長久疑ひなき事と存じます。

安田は「勤倹」の態度を、仕事ばかりではなく、友人関係や家庭内での関係にも影響を及ぼすような公私にわたる生活上のモットー――いわば処世訓――として位置づけている。また、次の言葉からは、「勤倹」が投機的な態度や豪奢な暮らしとは対照的なものであることを、彼がとりわけ強調していたのがわかる。

順序的の処世は如何にも迂遠なりとて、所謂豪傑肌に又は一攫千金の射倖心より、投機事業に心を傾けるものは平常の挙動粗暴となり、華美を好み外見を飾り、徳義を顧みず……

このように安田は、「投機」や「華美」な生活態度の戒めをつうじて、「勤倹貯蓄」のモットーを効果的に伝えている。そして、こうした彼の戒めは、成功実業家・安田の処世訓として広く知れわたった。当時出版された実業家叢伝のいくつかは、彼が実践し、また推奨する「勤倹」の態度をさまざまな脚色をまじえて特徴的に語っている。たとえば『実業家偉人傳』〔活動野史著、四書房発行、明治三四年刊〕では、安田の「勤倹」が、事業拡張期にあたる明治前期以来の彼の一貫した信条として語られる。さらに、そこでは実業家・安田が、並みいる「紳商」や「富豪」の豪奢な日常生活に異議を唱えるような、いわばアンチ・ハイカルチャーの英雄として描かれる。次の一節は、明治一三、一四年頃に「紳商」たちのあいだで流行っていた華美な宴会にたいして安田が反発するさまを描いている(44)。

此時に当りてや豪奢の風潮は漸やく天下に瀰漫し所謂紳商なるもの殊に甚だしとす而して親睦会なるものは此の間に流行し動もすれば親睦を名として酒宴を張る交際の広きもの、如きは今日も親睦会明日も懇親会にて殆んど其費に堪へざらんとするものあり善次郎の勤倹なる夙に此の風習を嫌ふ是に於て善次郎は鴻嘆大息して曰く「ア、方今親睦会の名其の実に適はず是れ徒づらに無用の金を費やし無益の時間を消するのみ亦何の得るところか之れあらん上流紳士の輩にして此の如し下流の徒漸やく将さに之れに倣ふて勤倹の美風地を払はんとすア、我れは斯る時流の好尚に倣ふを欲せず……

ここでは「勤倹」の実践へと突き進む彼の姿が、いわば堅固で不変の道徳的態度として語られる。安田に言及した当時の新聞記事や叢伝の記載を眺めると、明治三〇年代半ば以降、この叢伝の記載のように、彼が良くも悪くも「勤倹」的態度の権化のようなものとして語られ始めたことがうかがえる。明治三〇年代に彼が「勤倹」的態度を集中的にアピールする過程で、このような画一的なイメージが生み出されたと考えて間違いはなかろう。そして、とくに注意すべきは、彼がこの時期に「勤倹」をアピールし始めたタイミングのよさである。明治三三年の『二六新報』による三井バッシングは、安田を刺激したにちがいない。『二六新報』は連日、三井一族の私生活の腐敗ぶりや経営の問題性を強調した。先に述べたように、かつて風評被害に遭った経験がある安田は、こうした情報には敏感だったはずである。その折、安田は得意客を接待して信用回復に努めた。ただし、明治三〇年代の「富豪」批判は彼らの生活全般をターゲットとする過激なものであり、それは営業の問題を超えていた。処世訓のアピールは、そうした強烈な批判の圧力をかわすために安田が構想した新しい防衛戦略と見ることができる。

こうした安田の戦略性については、同じ時期に出版された別の叢伝『成功秘訣富豪の面影』〔桑谷定逸著、実業之日本社、明治三五年出版〕に、きわめてシニカルな指摘がある。著者・桑谷定逸は、三菱の岩崎弥之助については「文明的紳士にして東洋的豪傑にはあらざるなり(45)」と述べるが、安田には辛辣である。少々長くなるが引用しておこう(46)。

人は彼を目するに品行方正なる模範的紳士を以てす、然り、単に足を柳巷花街の地に入れざるの一事を以て品行方正と謂ひ得べくむば彼れ亦謹厳なるゼントルマンの好標本たるべし、唯奈何せむ「品行方正」の要素としては単に此の一事を以て足れりとせざるなり〔中略〕彼の平生を以て之を見る、彼が折花攀柳の不徳を鳴らして大に社会を警戒せしは、彼が天資の端厳なるより出でたる自然の声にはあらざりき、真実世道人心の頽廃を憂へて之を済度せむとの赤誠より出でたる天使の声にもあらざりき、彼は其の営業上の必要より已むを得ずして之を声言せしなり、而して其の之を声言するや恰も時期の宜しきを得たるものありしが故に、社会は忽ち彼を謳歌して以て一世の好紳士なりと持囃せり、即ち彼が其の部下を戒めて花柳の巷に出入する莫からしめたるは、時恰も銀行会社員等の不正事件続々暴露して世人も其の弊に堪へず、夫の繁絃急竹一擲千金的の東洋豪傑風亦漸く社会より排斥せられむとするの際なりき、此時に当りて彼が之を声言したるは、一は其の自衛上より出で、一は時運の潮流に逆らはむことを恐れたるより出でしなり、……。

「品行方正なる模範的紳士」としての安田の世評に、著者・桑谷は疑義をはさんでいる。「折花攀柳の不徳」にたいする安田の戒めは「営業上の必要より已むを得ずして」おこなった発言にすぎないと、桑谷は切って捨てる。安田が「勤倹」を道徳的な信念としてどれだけ内面化していたのかは確言しがたい問題であり、桑谷のように、「勤倹」のアピールを「営業上の必要」によると割り切るのは極端な解釈であるかもしれない。しかし、タイムリーで集中的なアピールの仕方を考えれば、安田が「富豪」批判の思潮にことのほか敏感であり、また「自衛」術に腐心していたと考えるのが自然であろう。また、「恰も時期の宜しきを得たるものありしが故に、社会は忽ち彼を謳歌して以て一世の好紳士なりと持囃せり」という桑谷の見解は、鋭い指摘だといえよう。「勤倹」のアピールをきっかけにして、先の『実業家偉人傳』のように安田を賛美し、また彼を「模範的紳士」として偶像化する動きが生じたことは、安田にとっては好ましい結果であったはずである。

また、こうした「自衛」術は、社交サークルへの安田の関わり方からも観察できる。前章で述べたとおり、当時、和敬会という華族や実業家をメンバーとする茶事同好会があり、同会は数寄者茶事の最高峰と評された。そして安田は同会の中心メンバーであった。別荘に会員を招いて新年宴会を催したこともあった。明治三三年一月に定められたこの会の規約は、安田による「勤倹」のコンセプトに合致している。この規約は、ハイカルチャーにたいするその後の彼の関与の方向性を決定づけたのではないだろうか。規約の一部を掲げておこう(47)。

一、和敬静寂の本旨を守るべき事。
一、器は新古を選ばず結構を好むべからざる事。
一、食は淡薄を主として厚味を備ふべからざる事。
珠光曰茶は遊に非ず芸にあらず又放坐に非ず一味清浄法也。
〔中略〕
宗鬬居士曰器を愛して風情を好むは形容をのみ楽しむ数寄者也。
〔中略〕
又曰見せものに仕候へば実より虚になり申候右様のしなく〳〵候故真実も道理も失ひ申につき茶道は諸道の悪魔になり又奢の根本にも罷成申候。
右先師の遺訓を遵守し相互に和平礼を正く懈怠の邪念を退け斯道の清閑雅趣を楽しみ交友の信を存せむことを約すと云。

和敬会は、三井八郎次郎・東久世通禧・松浦詮・久松勝成らを会員とする格式の高い茶事の会であった。茶事のなかの質朴清閑の要素と安田自身が想い描く「勤倹」のコンセプトとのあいだに内的な調和が見いだせるということを、彼はこの時期に発見したのではないだろうか。

また当時、偕楽会という著名実業家を中心メンバーとする社交の会があったが、この会での彼の活動からも、「勤倹」をアピールしようとする彼の姿勢をうかがうことができる。安田は明治九年から大正期にかけて、同会に参加していた。そして偕楽会では、明治三七年に「勤倹」的態度を同会のコンセプトとして打ち出す記念誌が、安田を中心に編纂されている。記念誌は『偕楽帖』と題され、会員の写真と筆跡が集められた。当時の会員には三井高保・中村清蔵・近藤廉平・園田孝吉・益田孝・大倉喜八郎・加藤正義・渋沢栄一・馬越恭平・高橋是清・浅野総一郎たちがいる。安田は『偕楽帖』に次のような序文を書いている(48)。

友人相見へ談笑するは楽之に如くものなし、況んや其志を同ふするもの相会し、談笑の間に見聞を交換し、兼々積日の勤労を慰する吾が偕楽会の如き、蓋し其最なるものか。
斯会や実業有志の集る所、党を作らず、派を立てず、和気靄々能く胸襟を披いて、款晤す、其談ずるや、主として、経済実業に係り復た政治に及ばず、其楽むや、豪奢を衒はず、貧素を旨とし、清遊を期す、畢竟其本分を逸せざる為なり、真に之を後進に伝へて妨げず、又老人に示して、不可なしといふべし、宜なり、明治九年以来今日に至る、二十有余年、曾て衰ふる事なし、尚長へに、隆盛ならんとす。〔中略〕
明治三十七年晩秋　勤倹堂　安田善次郎識

『全傳』には、安田が『偕楽帖』を会員に分配したことが記されている[49]。この冊子をどれほどの人が目にしたのか、また偕楽会の会員たちがそこに記された安田の思想にどれほど共鳴したのかは、いまとなってはわからない。しかし、序文の「其楽むや、豪奢を衒はず、貧素を旨とし、清遊を期す」という文言には、彼が推奨する「勤倹」的態度が強く反映している。ここからは、機会を捉えて「勤倹」的態度を言説化しようとする安田の強い意志が伝わってくる。ただし、安田はその後、華やかな社交の舞台から遠ざかっていったわけではない。『全傳』に戻って、明治三〇年代半ば以降の彼の主な社交活動を簡単に振り返っておこう[50]。明治三五年一月六日には、和敬会の会員を別荘に招待して新年宴会を催している。招待されたのは、東久世伯、松浦伯、石黒男などの面々である。余興に平家琵琶の演奏家を招いている。そして翌日には、松浦伯の新年宴会に出席。また三月は茶事への出席が多い。馬越恭平や三井家の茶事に招かれ、益田孝の大師会にも列席している。さらに一一月には、自身の誕辰祝賀会を盛大に催し、西洋音楽・太神楽・曲芸などの余興を組み込んだ園遊会を開いている。その他、この年は松浦伯・東久世伯・伊藤子など、華族の茶事への出席も多い。

翌三六年、安田は前年と同じく、安田銀行の行員一同を集めて「勤倹貯蓄」についての訓話をおこなっている。ただし社交の華々しさに変わりはない。三月に石黒男の茶事、東久世伯の茶事、そして三井別荘における千宗室の茶事にそれぞれ列席している。また、定期的に別荘で茶事と謡曲の会を開いている。誕辰祝賀会も継続しており、川上音二郎一座の演劇で親族知友をもてなしている。その他、細川侯爵家に招かれて饗応を受けたり、大隈伯の園遊会に出席したりするなど、交際は多岐にわたっている。明治三七年もほぼ同様の活動が見られる。同年は、石黒男爵や益田孝の茶事への出席、別荘における和敬会茶事の催し、その他、細川侯爵や清浦男爵などを招いての宴会などが『全傳』から確認できる。翌年以降、そして大正期にかけても、華族が催す茶事や宴会への列席、別荘での茶会の開催などが『全傳』には記されており、華やかな交際が続いていたことがわかる。

このような華々しい社交活動と並行しながら、安田は自分が信奉する「勤倹」的態度を行員たちに吹聴していたのである。社交の外面的な華やかさと「勤倹」的態度のアピールとの微妙なバランスのなかに、安田はいた。おそらく安田自身、明治三〇年代以降、「勤倹」的態度をつねに外部にたいして印象づける必要性を自覚していたのであろう。第Ⅲ部でふたたび触れるが、明治末から大正期にかけて、安田は自己の「勤倹」思想や「勤倹」実践法をまとめた書籍を公表していった。『富の活動』『克己実話』などの口述書および著書である。華美に流れる世の風潮を憂い、青年に修養・克己・奮起を勧めるという筋書で、それらは首尾一貫している。華々しい社交活動が続くかぎり、たえず〝質朴ぶり〟や〝勤倹ぶり〟をアピールしているといった様子であるが、おそらくは、メディアを活用したこのような「勤倹」言説の生産が、「富豪」批判の圧力を回避するために安田がたどりついた戦略だったのだろう。

おわりに

このように安田は、明治一〇年代の前半から徐々に社交活動の範囲を広げ、明治二〇年代以降は華族との交流を深めて、茶会を中心とする華々しい社交文化のただなかにあった。安田のこうした活動はその後も続いたが、明治三〇年代半ば以降、彼はみずからが信奉する「勤倹」的態度を積極的にアピールし始めた。この変化からは、裕福で豪奢な実業家たちへの批判的思潮に、安田が敏感に反応した様子をうかがい知ることができる。

先に述べたように、明治維新以降の金銭的な成功者たちは、上昇した社会的地位に〝ふさわしい〟文化をどこに求めるかという課題に直面した。そしてのちには、社交文化の隆盛とともに高まってきた社会的な圧力やルサンチマンをいかにかわすかという別の課題がもちあがったのだといえよう。安田はこれらの課題の存在を的確に見極め、それらにたいしてきわめて繊細かつスピーディに対応した実業家であったといえよう。[51]前章で見たように、実業家たちの文化的な動向からは、こうした圧力をかわす〝清貧ぶり〟〝勤倹ぶり〟の戦略といったものが観察できる。安田の足跡からは、そうした実業家たちの戦略の凝縮された姿を見いだすことができる。

「勤倹」の装いによってリッチな「富豪」イメージの払拭をめざす一方で、権威ある茶会を催し、またそれに関わることで〝金持ち文化〟としての威信を保つ——。そうした微妙なバランスのなかに、実業家たちの文化は成立していたのである。

（1）矢野文雄『安田善次郎傳』（安田保善社、大正一四年、四六三 - 四六四頁）。以下の註では『善次郎傳』と略記。
（2）前掲書、および『安田善次郎全傳 第一巻』（私家版）（伝記編纂所、昭和二年）参照。以下の註では『全傳』と略記。
（3）徳川期における三井家の茶事については、清水実「三井家と茶の湯」千宗室監修・谷端昭夫編『茶道学大系 第二巻 茶道の歴史』（淡交社、一九九九年）が参考になる。
（4）『全傳』の編集過程については、「安田保善社とその関係事業史」編修委員会『安田保善社とその関係事業史』（同編修委員会発行、一九七四年、五二八頁）参照。なお、『全傳』の原本はもはや安田家に存在しないという。由井常彦編『日本財閥経営史 安田財閥』（日本経済新聞社、一九八六年、八八頁）参照。
（5）井上馨侯傳記編纂会編『世外井上公傳 第三巻』（原書房、一九六八年、一一九 - 一二〇頁）。
（6）以下、多田好問編『岩倉公實記 下巻』（原書房、一九六八年、六二六 - 七頁）。能楽師・梅若実の日記（明治一二年七月八日）には次の記載がある。「八日 晴。夕少し雨。岩倉殿ニ而アメリカ前統梁グランド馳走ノ能有之。十一時揃ニテ罷出ル。舞台麻上下。

御始リ午後三時。五時三十分ニ済……」。梅若実日記刊行会編『梅若実日記 第三巻』〔八木書店、二〇〇二年、二七二頁〕。

(7)『善次郎傳』〔二三八頁〕。

(8)『全傳 第二巻』〔二四四－五頁〕。

(9)『全傳 第二巻』〔二四五頁〕。

(10)『全傳 第二巻』〔二四六頁〕。

(11)日記の記載は次のとおり。「曇リ後晴ル。金剛方ニテ華族能有之。唐橋様鶴亀被遊ニ付万三郎 近右衛門 金之丞四人出勤。午後一時より大川端安田善次郎方ニ能有之。東京府知事御出。……三百疋ツ、望月麻上下百疋ツ、増ス。シテハ壱円也。弁当料百疋ツ、革料三百匹……」。前掲『梅若実日記』〔三〇六頁〕。

(12)『善次郎傳』〔二四四頁〕、および『全傳 第二巻』〔二六四頁〕。

(13)高橋義雄『近世道具移動史』〔慶文堂書店、昭和四年、六八頁〕。

(14)『全傳 第二巻』〔二三七頁〕。

(15)『全傳 第二巻』〔二三八－二四〇頁〕。

(16)『善次郎傳』〔二四三頁〕。

(17)安田善次郎『松翁茶会記 巻之上』〔安田善次郎、昭和二年、一頁〕。

(18)前掲『近世道具移動史』〔七二頁〕。

(19)先の章で述べたように、熊倉功夫は初期の『松翁茶会記』の記載から、「茶会が主要な社交の場に、いまだ成長する以前の状況」を見いだしている。前掲『近代茶道史の研究』〔二三八頁〕。

(20)『全傳 第二巻』〔二六二頁〕。

(21)以下、『全傳 第二巻』〔二六五－二六七頁〕を参照。

(22)以下、『全傳 第二巻』〔二六八－二七一頁〕を参照。

(23)『善次郎傳』〔二九三頁〕。

(24)この点については高橋義雄も指摘している。前掲『近世道具移動史』〔八二－八三頁〕参照。

(25)『全傳 第二巻』〔二六三－二六四頁〕。

(26)『全傳 第二巻』〔二六四頁〕。

(27)『善次郎傳』〔二四四頁〕。

(28)『全傳 第二巻』〔三五七頁〕。

(29)『全傳 第二巻』〔三六五頁〕。

(30)『全傳 第二巻』(二七三頁)。
(31)『全傳 第二巻』(二七四頁)。
(32)『全傳 第二巻』(四一八頁)。
(33)『全傳 第三巻』(四二四－五頁)。
(34)『全傳 第三巻』(四二八－九頁)。
(35)『全傳 第三巻』(四四〇頁)。
(36)『善次郎傳』(三一〇頁)。
(37)『全傳 第三巻』(四四〇－一頁)、『善次郎傳』(三二二頁)。
(38)『善次郎傳』(三三一－二頁)。
(39)『全傳 第三巻』(五七四頁)。
(40)『全傳 第三巻』(五五三－四頁)。
(41)以上の安田の馬術については、『全傳 第三巻』(五七五頁・五八八－九頁)、『全傳 第四巻』(六四九頁・六五一頁・六五三－四頁)参照。
(42)『全傳 第五巻』(八四九頁)。また、第三銀行は明治九年に安田が設立した銀行であり、安田は同銀行の大株主であったが、安田のほかにも株主がいた。安田学園松翁研究会編『松翁安田善次郎伝』(安田学園、一九五八年、一〇〇－一〇六頁)参照。
(43)『中外商業新報』明治三五年一月九日。以下の引用も同じ記事による。
(44)『実業家偉人傳』(一二二－三頁)。
(45)『成功秘訣富豪の面影』(四八頁)。
(46)前掲書(一〇七－一〇八頁)。
(47)以下、『安田善次郎傳』(四九九－五〇一頁)参照。
(48)偕楽会については、前掲書(四九五－四九七頁)に詳しい記載がある。
(49)『全傳 第六巻』(一一〇五頁)。
(50)以下の記述は『全傳 第五巻』『全傳 第六巻』を主に参照。
(51)ただし、彼の対応がどの程度効果的であったのかは、別の問題である。安田は大正一〇年九月二八日、大磯の別荘で面会を求めた朝日平吾という人物によって刺殺された。安田に寄付の要求を拒否されたことが殺害動機とされる。当日の『大阪毎日新聞』は安田の死を「自らが築き上げた富の上にバッタリたおれたのは、悼ましいながらも一種の宿命と諦める外はない」と論評している。安田の「防衛」術の限界をうかがい知ることができよう。

第Ⅲ部 「道徳的実業家」の偶像化プロセス

第七章　「実業界」という表象
――経済ジャーナリズムとエリート実業家

実業分野の成功者たちは、明治維新以降、社会的地位の階梯をいわば早足で駆けあがってきた。彼らのなかから叙爵者がでたことは、そうした上昇のスピードを象徴しているであろう。また、彼らの多くが明治一〇年代以降、公的な役職をしばしば拝命したことからも、その一端をうかがい知ることができる。たとえば、森村市左衛門は明治一五年に日本銀行の監事に任命されているし[1]、大倉喜八郎は明治一〇年代から二〇年代にかけて、東京養育院委員、日本赤十字社幹事、第三回内国勧業博覧会審査員など、多くの役職を拝命している[2]。また、安田善次郎は東京府会議員、日本銀行理事など、明治一〇年代以降、さまざまな役職についた[3]。彼らは実業分野のトップランナーであったが、同時に、自分の事業に必ずしも利益をもたらすとは限らない役職をしばしば拝命した。いってみれば、彼らは新時代をリードすべきエリートとして、徐々に権威づけられていったのである。

また、第Ⅱ部で述べたように、彼らの多くは華族と姻戚関係を結ぶことで、高まりゆくみずからの地位に〝ふさわしい〟門閥を積極的に築いていった。そして同時に、ハイカルチャーの在り処を模索し、それを積極的に享受することで、エリート実業家ならば携わるべき「正統文化」を形成していった。総じて彼らは、自己が占めつつあるエリート的なポジションに釣りあう威信を身に纏おうとしたといえよう。

しかしながら、彼らが占めつつあったポジションは、つねにある種の〝不安定さ〟を孕むものであったはずである。

すでに述べたように、新聞や雑誌はしばしば、彼らを金銭的にダーティな存在として語り、また彼らの成功を「僥倖」として批判的に捉えた。彼らがいかに門閥や「正統文化」を介して威信を引き寄せようとも、成功のいきさつや手段は、道徳的に適切なものとして容易に正当化されるものではなかったのである。彼らは明治国家の成功者であったが、その成功が金銭的なものであるという理由で、不当なプロセスにより地位上昇を図った者として評価されることが多かった。彼らが現在の地位や威信を掌握した過程や、それらを保持する資格をもつかどうかについては、メディアのなかで根強い疑念が存在したといえよう。こうした疑念は、近代日本の実業エリートが保有するエリート的な特質の弱さや脆さを象徴しているであろう。

おそらく、メディアによるこうした批判的な評価や解釈が緩和されるには、彼らが活動している実業という職域そのものの地位が、まず上昇しなければならないはずである。またそれとともに、彼ら自身が卓抜している点や実業界での稀少性——いわば実業界でのエリート性——が道徳的に正当化されねばならないはずである。それでは、実業家たちはそうした問題にたいして、どのような動きをみせたのであろうか。また、彼らの成功が道徳的に正当化されていく契機といったものは、実際に存在したのであろうか。第Ⅲ部で考えるのは、これらの点である。

実は、明治期・大正期のメディアのすべてが、実業という職域や実業家の所業にたいして批判や揶揄一辺倒であったわけではない。批判や揶揄とは逆の内容を伝えるメディアも存在した。それらは、実業の価値を喧伝し、その地位を向上させようとするものである。とりわけ経済雑誌を中心とする経済ジャーナリズムは、実業という職域の存在を、近代日本を牽引する中核的な世界として伝えた。また同時に、著名な実業家が活動する場を、一種のエリート世界——「実業界」「財界」——として伝えた。経済ジャーナリズムは、実業という職域の成立期において、実業世界の社会的認知や市民権の主張、あるいは実業勢力の結集に重要な役割を果たした。それはいってみれば、言説空間において「実業界」や「財界」を仮想的に構築し、実業という職域の地位向上に貢献したのである。

こうしたメディアの営みに、実業家たちはどのように関わったのであろうか。この第七章では、経済雑誌に注目し、それがいかに実業の地位向上に貢献したのかを追跡してみる。そして、経済ジャーナリズムと実業家たちとが、どのような関わりやつながりをもったのかを考えてみたい。

また、明治三〇年代以降には、著名な実業家たちの実業分野での所業や事績を道徳的に正当化しようとする雑誌も現れた。そこでは、彼らにいわば道徳性をそなえた人物として偶像化され、また彼らの実業エリートとしての資質が喧伝された。さらに、明治末から大正前期にかけては、実業家たちの著述や口述による自伝的な成功書が数多く出版され、それらは彼らの事績を徹底的に正当化した。

彼らを批判し揶揄する記事が新聞や雑誌にあふれた時代に、一体なぜ、このような逆の動きが、同じ言論世界で生じたのであろうか。彼らの事績を正当化し、また彼らを偶像化していくこうしたプロセスには、おそらく、いくつかの要素がはたらいている。新興エリート層に何らかの意味を付与しようとするメディアの動きや、ダーティ・イメージからの離脱を画策する実業家たちの動きなどである。実業家たちを偶像化していこうとするこのような動きについては、第八章と第九章で考察することにしよう。

さて、本章では、経済雑誌が実業という職域の地位向上にどのように関わったのかを主に考えていく。考察のターゲットについて一言しておこう。ここでは三つの経済雑誌をとりあげてみたい。『東京経済雑誌』『東洋経済新報』『実業之日本』である。三誌をとりあげるのは、これらが明治期を代表する経済雑誌であり、また、それぞれ比較的長いあいだ継続した雑誌だからである。さらに、それぞれが経済や実業の専門誌という一面をもちながらも、必ずしも限定的な関心に応える業界誌というものではなかったということもある。[4] これらの三誌は、いわば一般読者に向かって、実業家たちの活動の場を、近代日本に実在するエリート世界として呈示したのである。

またこれらは、それぞれが異なる論壇的なポジションから、「実業界」や「財界」といったものを言論世界のなかで仮想的に構築していった。そして、創刊時にそれぞれの雑誌が実業世界のなかに認めた意義は、その時代に「実業界」や「財界」がどのように表象されたのかを照らし出している。以下では、創刊の古いものから（『東京経済雑誌』『東洋経済新報』『実業之日本』の順に）、それぞれの創刊の経緯や狙い、実業世界にたいするスタンス、実業家との関わりなどを検討していく。そのなかで、三誌がどのように実業の地位向上に関わったのかに接近したい。

エリート層の結集と再生産——『東京経済雑誌』の場合

まず初めに『東京経済雑誌』の創刊事情を見てみよう。同誌は、明治一二年一月二九日に創刊された。『銀行雑誌』〔明治一〇年創刊〕と『銀行集会理財新報』〔明治一一年創刊〕というふたつの雑誌が合併して、同誌は誕生した。創刊者は田口卯吉〔一八五五―一九〇五年〕である。

田口は、数年にわたり大蔵省に官吏として勤務した経験をもつ少壮の経済学者であった。ただし明治初期の経済アカデミズムのなかでは、すでに経済学の第一人者として認められる存在だった。田口はスミスやリカードの古典経済学を踏襲した人物であり、『東京経済雑誌』でもそうした自由主義経済を下敷きにした主張が強く打ち出されている。また創刊当初は、銀行団体「択善会」の中心メンバーであった渋沢栄一による援助があった。長幸男によれば、創刊の一年後、田口はジャーナリズムの自律性を保つため、金銭的な援助を断ったという。[5]この援助打ち切りの背後には、実は田口のジャーナリストとしての信条以外の事情があったのだが、この点はあとで述べることにしよう。

まず、田口が『東京経済雑誌』〔以下、『東経誌』〕を刊行したきっかけについて述べておこう。田口は、経済大国イギリスの権威ある経済雑誌『エコノミスト the Economist』を、『東経誌』の雛形にしていた。創刊号で、彼は創刊の動機について次のように語っている。[6]

> 余輩嘗テ英国ノ銀行学士シャンド氏ト交親ス一日エコノミスト新聞ノ其卓上ニアルヲ観氏ニ語テ曰ク日本亦タ此ノ如キ新聞ナカルベカラズ」ト氏笑テ曰ク余恐ラクハ日本ノ富未ダ之ヲ発スル能ハザルナリ」ト嗚呼氏ノ此語ヤ固ヨリ座間ノ一笑話ニ出ヅルト雖モ其余ニ於ケルヤ宛モ鐵針ノ胸竅ヲ刺スガ如キヲ覚エタリ乃チ氏ニ約スルニ余必ズ此一種ノ雑誌ヲ日本ニ興シテ氏ニ示スベキヲ以テセリ……

シャンド氏はいわゆるお雇い外国人であり、横浜東洋銀行に勤務したのち、紙幣寮など、政府の金融部局に招聘された人物である。[7]経済的に未熟な日本には、いまだ『エコノミスト』のような雑誌が成立しうる経済的基盤はないという英国人・シャンドの指摘に、田口は発奮したというわけである。

田口のこうした創刊動機については、有山輝雄が興味深い見解を示している。有山はそこに、明治前期におけるジャーナリズム生成の典型例を見ている。「経済雑誌の有無は、国の国力の程度、開化・未開の象徴」だったのであり、「旺盛な経済活動」という「下部構造」がない段階で「経済ジャーナリズムが成立したということは、そのジャーナリズム活動を考えるうえで、もっとも重要なポイントである」。さらに、「そうした逆立した構造こそ、ジャーナリズム活動のエネルギーを作りだしていたと見ることができる」[8]。有山の指摘のように、この時期のジャーナリズムが、特定の階級的利害や依拠する階層的な基盤がない立場で、報道活動や評論活動をおこなっていかなければならなかった点は重要である。有山は、明治二〇年代の徳富蘇峰がありもしない「中等社会」を基盤とする「輿論」を「代表」しようとし、そのためにみずから「中等社会」の「率先者」たらねばならなかったことを引きあいに出している。徳富蘇峰のように、田口はみずからが「日本経済」を代表して経済雑誌を主宰するために、いまだ充分には成立していない「日本経済」を実体として形成する旗振り役を務めなければならなかったというわけである。[9]

ここから思い出されるのは、すでに述べた交詢社という社交クラブのことである。『東経誌』が創刊された時代は、交詢社が本格的に活動を始めた時代でもある。また、『東経誌』の創刊と交詢社の活動には共通点がある。すなわち、ひとつのメディアを立ち上げる営みが、同時に、そのメディアが依拠する階層的基盤を創造していく営みでもあるという点である。第一章で述べたように、交詢社は相互啓蒙的な社交クラブであり、[10]会員たちが実利的な知識を交換しあうために機関紙『交詢雑誌』を創刊した。そして、こうした活動の背景には、近代日本の経済社会を先導するエリート層を創出していくという福沢諭吉の意図があった。福沢が空想していたエリート層のイメージはいわゆる中間層（「中等以上ノ人物」）であったが、[11]当時、中間層を輩出するような階層構造がすでに成立していたとはいえない。交詢社の設立と『交詢雑誌』の刊行には、エリート層が職域を超えた社会層として実体化してほしいという福沢たちの願望や、そうした社会層を作為的に創出する試みを見てとることができる。

『東経誌』にも同様の構図を見いだすことができる。その始動には、社会を先導するエリート層を模索しようとする動きが含まれていた。同誌の成立にとって、銀行業界の啓蒙親睦団体である「択善会」との関係は興味深い。既存研究でしばしば指摘されているように、『東経誌』は「択善会」から資金的な援助を受けていた。[12] 同誌は、田口の啓蒙ジャーナリズムと業界啓蒙サークルの親睦活動とが協働するところから生まれたのである。そこには、交詢社の活動に見られるような、エリート層を戦略的に形成していこうという動きを観察することができる。

では、「択善会」とはどのようなサークルだったのか。この会は、渋沢栄一が主唱者となって明治一〇年七月に結成された。七月二日に採択された「択善会章程」の第一条では、その目的と理念が次のように記されている。[13]

此会同ノ本旨ハ、相互ニ親睦シテ業務ノ旺盛幸福ヲ図ルニ帰ス、因テ要スル所ノ談論ハ、現時本業ノ景況及世上商沽ノ状態ヨリ、海外各銀行営業ノ事情及貿易ノ形勢、（エキシチエンジ）為替ノ高低等ニ迄ルマテ凡ソ商務ノ実際ニ就テ、各自ノ持論見解ヲ述ヘ、以テ我カ営業ヲ補益スルニ止リ、其学範法律上ノ論説ニ奔ルコトヲ禁ス

この会が「親睦」や「談論」による銀行業務の啓蒙を趣旨とするサークルであることがわかる。明治一二年四月に「章程」は改正されたが、趣旨に大きな変化はない。引用にある「本業ノ景況……」などの話題について「互ニ知識ヲ研究スル」ことが必要である点が、そこでは明言されている。また次のようなくだりもある。「故ニ此会同ヲ名ツケテ択善ト曰フ蓋善キ者ヲ択テ之ニ従フカ為メノ意ヲ表スルナリ」。[14] 強力なリーダーシップで業界利益の向上を図るのではなく、むしろ業界の衆知を募り、業務環境の向上を図るといった相互啓蒙団体としての特色が強かったのである。このことは、この会のメンバーシップに排他性がほとんどなかったことからもいえる。「章程」では、国立銀行に限らず、広く銀行業を営む者であれば基本的に加入が許され、それぞれの頭取支配人かその代理人が会場に参列できると規定している。さらに、改正後の「章程」では、次のように会同での議論のあり方をも規定しており、そこからは、組織内の序列を排除しようという意図をうかがうことができる。[15]

第十条

此会同ハ演説議事談論ノ三科ヲ設ク……

談論ハ主ナク客ナク互ニ胸懐ヲ叙述シ且各其席ニ在テ応答スルヲ得ル……

「択善会」は啓蒙と親睦をめざすサークルであった。そしておそらく、こうした内向きの狙いに加えて、外部に向かって銀行業界の存在感を示すことも、このサークルの中心的な狙いであった。ただし、先の交詢社もそうだが、発会当初の「択善会」には、政治色はほとんどなかった。「択善会」は、銀行家たちの共通利害を代表する政治的な党派をめざしたわけではないし、また、中央政府をターゲットとするプレッシャーグループをめざしたわけでもない。むしろ、銀行業界のさまざまな基準を示すことができるエリート集団の存在を業界の内外に示し、また、それをきっかけに内外の業務環境を整備することで、いわば近代的な業界を新たに創出しようとしていたものと思われる。

そうしたエリート集団が、その存在感を示すためには、やはり、エリート層の結集とその再生産が必要になるであろう。「択善会」が、啓蒙ジャーナリズムへの志向とその経験をもつ田口と提携したのもそのためである。一般読者をもターゲットとする経済雑誌は、結集と再生産を実現するメディアである。『東経誌』にエリート集団「択善会」の会録や会員の言葉を掲載することにより、親睦団体の理念と同業者結集の呼びかけを全国に向けて発信することができる。他方で、国内および国外の銀行業の現状や経済学説などを記事にして業界知の啓蒙を進めることで、同業エリートの再生産と非エリートの選別が果たされる。『東経誌』は一般読者を対象とする雑誌でありながら、純粋な大衆雑誌とは異なって、あくまでも経済の専門誌であった。同誌はエリートの結集と非エリートの排除という作業を、いわば同時におこなったのである。

渋沢は、みずからの発案によって創刊された『銀行集会理財新報』の拡大をめざしていた。他方で田口は、大蔵省で『銀行雑誌』を編集した経験をもつ。この両者が提携し、両誌合併の体裁で『東経誌』は創刊されたのである。『銀行集会理財新報』は「択善会」第十八回会合〔明治一一年一二月一六日〕で渋沢が新雑誌刊行の発議をした模様を、次のように記録している[16]。

……田口卯吉ナル者ヲ紹介シテ臨場セシメ而シテ衆ニ告テ曰ク小子近ゴロ理財新報ノ体裁ヲ再変シテ較々其規模ヲ大ニ

シ以テ効用ヲ弘メント欲スルノ考案アルニ際シ田口氏アッテ我ガ理財新報ノ材料及大蔵省刊行銀行雑誌ノ材料ヲ一併シテ又自カラ訳述スル経済ノ論説ヲ加ヘ一種ノ雑報ヲ就造シ其費用ハ同氏ノ力及バザルニ因テ我ガ同盟ヨリ二ケ年間毎月百円ヲ損資シ……

『東経誌』の刊行資金は、「択善会」に加入している各銀行が分担して拠出している。こうして『東経誌』は「択善会」の一種の機関誌として出発したのである。

こうした創刊時の状況は、おそらくこの時代のメディアと実業世界の関係を象徴しているであろう。『東経誌』は「択善会」の「親睦」や「論壇」の模様を、いわばエリート集団の言動や動向として時々刻々、細部にわたって伝えた。しかし、そうした集団がすでに社会的・制度的に権威づけられた集団として存在していたわけではない。渋沢を含む「択善会」の中心メンバーも、ようやく公職を拝命しつつあった時代である。『東経誌』は、実業家たちがエリート集団として結集し、そのプレゼンスを示そうとする動きと連動しながら成立した。いうならば同誌は、「実業界」を言説世界でまずは仮想的に構築することにより、それを職業領域として実体化させるプロセスの一翼を担ったのである。

実は『東経誌』と「択善会」のこうした関係は、同誌が刊行されて二年もたたないうちに終わりを迎えた。資金援助は途絶え、同誌は独立自営の道を進まざるをえなくなった。この点は、当時の『東経誌』の特徴的なポジションを象徴している。同誌は、一方で仮想的なエリート集団の結集、他方では銀行業という個別業界の利益向上という異なる関心のあいだの微妙な均衡の上に成立していた。そして母体となる「択善会」が、活動のウェイトを実業家たちの親睦から権益の主張へと移して党派的になるにおよんで、この均衡が破れたと考えられる。

事の次第は以下のとおりである。「択善会」は、政談を含む政治的活動を活動規定から除外していた。ただし、改正前の「章程」では、「官府」への「合同稟請」の手続き（そして、改正後の「章程」では「官府」への「上申」の手続き）が定められており、もともと業界への利益誘導のために政府に働きかける活動自体を禁じていたわけではない。そこで明治一三年四月以降は、「択善会」での議論が発端となって、渋沢を含む有志が紙幣整理を政府に建議しようとした。また田口も『東経誌』二に同調する論説を載せた。そして、こうした一連の動きを、当時参議であった大隈重信は自らの腹案に叛くものと受け取った。「択善会」内部の大隈派の数名が『東経誌』に圧力をかけたとも伝えられる。[17] こうした対立関係のなかで、「択善会」は新会の設立を約束して発展的に解消したのである。

この結果、『東経誌』への資金援助は途絶えた。「択善会」のある会員は、最後の集会となった第三十三次会で、「新会ハ極メテ節約ナルヘキヲ以テ経済雑誌約束ノ如キハ無論廃止センコトヲ冀望ス」という意見を述べている。[18]「択善会」を解散して新会を発足させる際には、会の意向を外向きに公表するような経済雑誌とは協働すべきでないという意見である。その後、銀行を含む他の業界団体との連携はなく、『東経誌』は、田口自身の経済思想が反映する啓蒙的な言論雑誌の趣きを強めていくことになったのである。

エリート集団の論説空間――『東洋経済新報』の場合

その後の経済雑誌をめぐる状況はどうであったのか。何誌か新たに刊行されたが、それぞれが短命に終わっている。明治二八年一一月一五日に『東洋経済新報』が創刊されるまで、明治期を代表する経済雑誌は、いわば『東経誌』一誌であった。『東洋経済新報』〔以下、『新報』〕が創刊されたとき、田口は次のような歓迎記事を書いている。[19]

……獨り大聲疾呼するも四面響応するものなく、勇気自ら沮喪し、惰心自ら生ずるに至る、……然るに此度東洋経済新報の新に起りたるは実に余輩をして大に精神を鼓せざるを得ざらしむるもの也……

『東経誌』は自力刊行の道を進み、誌面のウェイトを田口の評論活動に移していったが、そのライヴァル誌として『新報』は登場した。主宰者の町田忠治〔一八六三―一九四六年〕は、のちに創刊の動機を振り返り、「財政経済の専門雑誌を発行するの必要を痛感し、ロンドン、エコノミスト及びスタチストの二雑誌を折衷せる体裁を以て、之を試み」たと述べている。[20] 田口も影響を受けた『エコノミスト』は、イギリス下院議員ジェームズ・ウィルソンが編集長となって一八四三年九月二日に創刊された週刊誌で、現在でも世界的に権威ある経済雑誌として知られている。第二次世界大戦以前での発行部数は数千部から一万部強であり、現在のように大衆的な性格はなく、政界や経済界の指導層が中心的な読者であったという。[21] また、『スタチスト The Statist』は、経済学者トーマス・ロイドらが一八七八年三月二日に創刊した経済人と実業家のための週刊誌で、金融・貿易・工業などについての総合的な経済雑誌であった。

イギリスの経済雑誌のようなものが我が国にも必要であるという動機は、十数年前に『東経誌』が創刊されたときに田口が述べたものと同じである。しかしニュアンスはやや異なる。当時と比べて産業基盤の整備が進み、経済雑誌への関心と需要は格段に向上していた。また、明治二七年七月に始まり、翌年終結した日清戦争とその直後に訪れた好況も、この期の経済ジャーナリズムのあり方を考えるうえでは重要な要素である。経済ジャーナリズムと日清戦争後のナショナリズム——あるいは大国意識——とは無関係ではない。海軍の拡張論、下関条約による軍費賠償金と遼東半島還付報償金の使途に関する議論、物資に乏しい日本が将来どの産業にウェイトを置くかという経済政策に関する議論——。これらが中心的なアジェンダとなり、さまざまなメディアで議論が巻きおこった時期である。

そうした時期に『新報』は創刊された。経済政策のなかでも、外国貿易伸張策については、日清戦争前から多くの雑誌で議論されていた。そしてこの問題にたいする『新報』の立場は、同誌の論壇的ポジションを象徴している。

田口の『東経誌』は、マンチェスター・スクールの諸説をふまえた自由貿易主義を標榜していた。一方の町田は、日本と東洋の経済事情を第一等に考えるという、世界経済のなかでのローカリズムを標榜して、自由貿易主義と保護貿易主義の両者にたいして是々非々の立場に立とうとした。町田はこの立場を「コンディショナル・プロテクショニズム」と呼んだ。[22] この立場については、『新報』の名付けのエピソードからもうかがい知れる。[23]

> 唯従来の経済雑誌が餘り東洋の経済事情などに重きを置かずにあつたやうに思ひますから、此東洋経済新報と云ふ東洋の名前を入れましたのも深い意味ではありませぬが、矢張り欧米の経済雑誌其儘の翻訳見たやうなもので、現はす訳にい

かぬ。日本は日本の経済的立場を有つて居ると云ふ一つの見識も立てなくちやならず、将来日本の産業の発展は矢張り支那を初めとして、東洋各国に対する製品の販路を作ると云ふ様な考が主で東洋経済新報と云ふ名前を付けたのであります。

『新報』の英語名は「オリエンタル・エコノミスト」であった。この英語名は、「東洋各国」との経済的関係を第一義に考えようとする同誌の立場を表現したものである。すなわち、自由貿易主義に偏することなく、「東洋各国」のなかに占める日本という地域性に注目し、それを尊重しようという立場である。創刊号の巻頭を飾る町田の社説〈東洋経済新報発行の趣旨〉のなかには、この立場についての一層詳しい説明がある。(24) 少し紹介しておこう。

そこではまず、次の諸点が語られる。「日清戦争は我国の品格を高め」たこと、国の地位が高まれば内外に関する要務が多くなること、したがってそれに費やす国費も多くなること、そして戦後財政策の講論が必要になること、などである。続けて町田は、この雑誌の効能を二点述べる。

ひとつは、政府の「監督者」「忠告者」「苦諫者」となって、国家の実業政策を正しく導くことである。事業には、個人に任せられないものと、任すべきものとがある。個人に任すべきものに「政府自ら手を下すときは、企業の気風を沮喪する」。逆に、「国家の権内に収むへきものを放って個人の競争に任する」ときは、「経済社会の紊乱」が生じる。そこで本誌を、政府の経済政策に望ましい指針を提供する言論機関としたいというわけである。

効能のもう一方は、「実業家の親切なる忠告者」「着実なる訓戒者」「高識にして迂遠ならさる先導者」の役割を果たす点である。「西洋諸国の学説実験」をただちに東洋でおこなうのは不可能だが、一国の経済を実業家たちに任せておくことにも問題がある。町田はいう。「顧みるに我滔々たる実業者流概ね自然の大法を措きて問はず、徒らに眼中の錙銖を争ふを是れ事とし、自ら謂らく我れに経験なるものあり学理顧みるを要せず」。経験のみを頼りにした生業やそこから生まれる営利競争が、実業家たちの現状である。そこから抜け出すためにも、「学理と実際とを調和する」機関が必要である。すなわち、個人としての実業家の成熟を促す本誌のような雑誌が必要だというわけである。

こうした町田の位置どりは、歴史主義に対する実証主義の立場として読み替えることもできる。『新報』は毎号、貿易月表を附録で掲載した。こうした統計記事の掲載は、空理空論を廃して事実にあたる実証主義――あるいは東洋のなかの日本という地域性に立ちかえるローカリズム――のひとつの形態である。のちに町田は、統計を重視する本誌に「大衆的面白味と云ふものは一つもなかつた」と、率直に振り返っている[25]。こうした町田の反大衆啓蒙的な路線は、当時のライバル誌『東経誌』の誌面内容を強く意識したものである。町田は次のように語る[26]。

……明治十二年から始まつて居た東京経済雑誌は、其頃は経済上の意見よりも、趣味とか歴史の方に重きを置いてゐた。当時田口翁はあの雑誌に於て多く史実を論評し、経済雑誌といふよりは寧ろ趣味雑誌の傾向を備へてゐた……。従て東洋経済新報は未だ経済知識の低かつた当時の一般読者から歓迎を受けるに至らなかつたが、経済界の識者は其価値を認めてくれた。

大衆受けしなかったかもしれないが、こうした実証主義により、ほかにもいくつかの編集上の新機軸が生まれた。創刊号から掲載された〈訪問録〉や、明治三六年一〇月二五日号から始まった〈放資事項〉(のちに〈放資〉と改称)がその例であろう。前者は、官民両陣営を代表する人物へのインタヴュー記事であり、後者は、会社の事業内容や経営振りを伝える会社評論である。経済界各方面の意見や各企業の内情を公に示すことにより、『新報』は、社説や論説などといった記者記事がときに含む個性的な語り口や独善的な見解を排除していったのである。

それでは、『新報』の創刊に実業家たちはどのように関与していたのだろうか。町田は東京帝國大学法科選科を卒業し、法制局を経て明治二一年に明野新聞に入った。その後、郵便報知新聞の記者となって、明治二六年五月、欧米視察に出発し、アメリカに二ヵ月、イギリスに八ヵ月滞在した。『エコノミスト』などの雑誌に社会的な意義を見たのは、このときである。町田は日清戦争勃発直前の明治二七年に帰国し、翌年に『新報』を創刊した。発行を支援した人物には渋沢栄一・近藤廉平・朝吹英二らがおり、これらの人々は「日本経済会」(明治一八年設立)という経済に関する研究機関の会員であった。町田は創刊時の状況を次のように回想している[27]。

……一介の貧乏生が此雑誌を発行するに就ては、実に少からぬ苦心を費した。友人中には、従来の経験上、経済を専門とする雑誌の如きは到底見込なきものだと云つて、切に忠告してくれた者もある。また帰朝後第一着手の仕事として、雑誌の如きに失敗させるは面白からずと、諫止してくれた者もある。……而して余の挙に賛して、直接間接に援助の労を吝まれなかつたのは、澁澤子爵、故近藤男爵、豊川良平、朝吹英二、山本達雄氏等、いづれも明治十八年頃に創立された日本経済会員の主なる人々であつた。……社会もまたかゝる雑誌の出現を待望せる折柄とて、創刊当時に於て、既に三千以上の確実なる読者を得たのである。……

『新報』の刊行に有力実業家の資金的援助があったことを、のちに町田は認めている。彼はまた、当時、大隈重信の財政顧問の立場にあった朝吹英二が創刊資金の仲介をしてくれたことも明かしている。しかし具体的に誰から援助を仰いだのかについては、あえて語ろうとはしない。その事情を町田は次のように述べている。(28)

創刊以来、此雑誌が何等かの機関に使はれるとか、誰かゞ此雑誌を利用する為に使つたと云ふやうなことは断じてありませぬ。眞に貧書生の私を憐んで義侠のある人が金を五千円、お前が勝手にそれでやつて行けと云ふので任されたのであります。

「義侠のある人」は日銀総裁・川田小一郎であるという説もあり、また、日銀営業局長・山本達雄であるという説もある。(29)両者はともに三菱の出身である。町田は『新報』がなにかの御用雑誌であったことはないというが、同誌が人材調達を含めた運営面で、日本銀行と三菱財閥の人脈によるサポートを受けていたのは確実である。創刊一年を経過して、町田は早々と日銀副支配役に転身してしまうが、町田に次ぐ主宰者への就任に難色を示す天野為之を最終的に口説いたのは、川田の後任である三菱の岩崎弥之助であった。天野は次のように当時を振り返っている。(30)

其頃丁度町田君が東洋経済新報を退かれて日本銀行に這入られる事になつたが、是非私に代つて経済新報をやつて貰ひたいと云ふ話がありました。甚だ迷惑に思つて、随分方々逃廻つて、大抵碁を打つ所に行つて隠れて居つた。……或る時大隈老侯の所へ遊びに行くと云ふと、又其問題が出て、是非後をやつて呉れと云ふ話であり、偶々その席へその時分の日本銀行の総裁であつた岩崎弥之助さんが居て、金が足りなければ、どうかするからやれと云ふ話であつた。丁度其時分に私が私の弟を外交官と云ひますか、書記官と云ひますか、其方の役人にして貰ひたいと云ふことを大隈さんに頼んで置いた所でありまして、あの方は俺の方でやるから、其代りやれと脅迫されたやうなことで、それで據所なく引受けたのであります。

「援助の労を吝まれなかつた」人々がいたという「日本経済会」は、放任主義経済に不信を抱く経済人や経済学者たちの団体であった。マンチェスター・スクールの諸学説の受け売りに飽きたらず、ナショナル・エコノミーを中心に据えたローカリズムを標榜する点は、町田の方向性と大きく重なる。この団体には、近藤廉平など、三菱財閥に縁のある人物が多い。そして、銀行業界の親睦団体としてスタートした先の「択善会」とは異なり、この団体は、経済や実業の範疇を超えた政治的な活動が顕著である。また、三菱と深いつながりがあった大隈重信が松隈内閣を成立させるときに、きわめて大きな役割を果たしたといわれている。

このように、政府と三菱に縁のある半官的な人脈が、『新報』の隠れたスポンサーとして背後に控えていた。このことは、「実業界」や「財界」と呼びうるような民間の実業エリートの世界が、日清戦後の時代には、まだ政府に対抗できる政治力やそうした力を発揮できる集団としての凝集性をそなえていなかったことを示している。実業エリートたちは、半官的な人脈によって後押しされているこの雑誌メディアに、いわば相乗りしたのである。

では、実業エリートにとって、この雑誌はどのようなメディアだったのか。これについては、『新報』の編集のあり方から間接的にうかがい知ることができる。

当時、経済の公的局面を本格的に論じていた経済雑誌といえば、自由貿易主義の『東経誌』しかなかった。町田の『新報』は、いってみれば、それまでのイデオロジカルな経済論議に、ニュートラルな実証主義の楔を打ち込んだ。すなわち、自由貿易主義にも保護貿易主義にも偏しない経済政策の言論的土俵を、同誌は提供したのである。そして、官民の垣根を越えたさまざまな人物がその土俵にあがり、かなり自由に経済談義を展開した。『新報』の記事は無署名が基本であるが、記者以外の官僚や有力実業家らによる論評や談話の類には、もちろん署名がある。同誌は、政府の機関誌でもなく特定の経済団体の機関誌でもない、経済の一般誌として登場し、そこには官僚や民間実業家たちの意見が、官民の差別や序列なしに掲載されたのである。それは、いわば官僚や実業エリートが混在する独特の仮想的なエリート集団を、言説世界のなかに構築したのである。ナショナリズムの高揚を背景に成立した『新報』は、一面において保護主義的意見を主張しうる言論の場となったので、政府サイドの論陣は、みずからの経済政策を正当化する機会を得た。他方で実業家たちは、官民まみえた論説空間に参画することで、みずからの営利志向や業界的な党派色を薄めるチャンスを得た。そして同時に、彼らは官的な威信を纏うチャンスをも得たのだといえよう。

このように『新報』という雑誌には、実業エリートの権威づけを促す一面があった。それは、おそらく同誌が、政府や一部の経済勢力の機関誌とはならなかったためであろう。『新報』は、商工大臣・銀行頭取・企業経営者らによる経済の現況に関する一般的な論説やインタヴュー記事を、中立的な体裁で掲載した。したがって、私企業やその他の経済諸団体は、誌面のなかでは業界や私企業の個別権益を擁護するプレッシャーグループとして表象されることはなかったし、また、それらが御用商人的な営利的集団として表象されることもなかったのである。

これらのことは、逆にいえば、実業エリートたちの集団が日清戦後の権力構造において、政治的な力を発揮する集団として成熟していなかったことを暗に示している。大正一三年に『新報』の主幹となった石橋湛山も、町田たちとの座談会で、この頃の「財界」の存否を次にように語っている。[31]

町田　日清戦争の頃は、財界はさうえらい関係は無かつたでせう
石橋　財界と云ふものが無かつたのかも知れない…。それが日露戦争の時には財界に反対しては何も出来なかつた。謂はゞ日露戦争の時が日本財界の全盛期だと言へませう。……

実は、『新報』が登場するまえに、自分たちの意見を経済政策へと反映させることを目的とする同業実業家の私的な団体が、すでにいくつか結成されている。[32]明治二二年頃に結成された経済団体「経新倶楽部」（渋沢栄一・益田孝・大倉喜八郎らが幹事）、実業家から衆院選の候補者を出そうと明治二五年に結成された「東京実業者相談会」（渋沢・益田・大倉らが発起人総代）などである。しかしそれらの活動は、建議書の提出や候補者の擁立などというふうに、商業界や特定業種の個別利益を擁護し、伸張していこうという利益団体としての動きに限られていた。

経済諸団体がパブリックな団体として大きな政治的圧力をもつにいたったのは、『新報』の出現以降であると考えても誤りではなかろう。明治三〇年代前半に発足した「有楽会」は、ときどきの政策課題を調査研究し、折にふれて官僚たちを招き、会員の意思を政策に反映させようとした。日清戦後、中小銀行の乱立と破綻に対処するために大蔵省は銀行条例改正を起草したが、そのとき「有楽会」は、銀行自然淘汰説・反監督主義で対抗し、法案提出の見送りに大きな力を発揮した。また、豊川良平や高橋是清らが結成した「鰻會」も、社交団体や金融界の連絡機関としての特色が強かったとはいえ、財政に関する政府の意向を質して建白をおこなう主体として活動した。『新報』は、そうした団体が政府の対抗勢力として積極的に活動するまえの、官民同舟の時代に出現したのである。そして同誌は、経済団体の党派性があまり反映されない経済雑誌として歩みを進めた。同誌の内容が実業という領域に纏わりつく私益中心のイメージを中和し緩和するものであったのは、それが創刊された時代と深く関わっていたのである。

実業の啓蒙と賛美 ――『実業之日本』の場合

最後に、実業分野の代表的な啓蒙雑誌『実業之日本』〔明治三〇年六月一〇日創刊〕について述べよう。『新報』創刊の数年後に出た同誌は、「実業界」や「財界」がいわば道徳的な影響力をもつ一大勢力として認知されていくプロセスに、大きく寄与した。この雑誌は実業世界を、著名なエリート実業家たちが活躍する場として描いた。

『実業之日本』は一般的な経済雑誌であったが、それは同時に、実業をこころざす若年層を対象にした教育雑誌をめざしていた。同誌を創刊した大日本実業学会は、もともと義務教育修了者を対象とする「農科」と「商科」の講義録を発行していた[33]。同会は明治二八年五月に光岡威一郎が創立し、会頭に公爵二条基弘、副会頭に元農商務省官僚で地方産業の振興運動家であった前田正名が名を連ねている。光岡は小学校教員を経験したのちに上京し、東京専門学校を卒業して、研究科で経済学を学びながら講義録を編集していた。『実業之日本』の理念や目的は、第一号巻頭に

掲げられた〈『実業之日本』の発刊に就きて稟告す〉のなかに、端的に示されている。(34)

今や実業振興の気運大に熟す、在朝為政者は鋭意に之が奨励を図り、民間先覚の士は夙夜に之が経営を怠らす、少壮有為の人亦之を以て身を立て名を成さむことを志さすもの多し、蓋し今日は実業の天下と謂ふも可なり、……茲に実際問題攻究の機関として雑誌『実業之日本』を発刊し、……本会是に於てか学術と実際両なから研究の機関を兼備へたりと謂ふべし……。

実業に関わる文献的な知識よりも、実地の問題（「実際問題」）を重点的に扱うことが述べられる。これは『新報』の方針に近い。ただし『新報』とは異なり、『実業之日本』が想定する読者は主に実業をこころざす若年層であるため、その誌面は啓蒙色がきわめて強い。創刊号を見ると、社説として〈勧業農工両銀行の運用如何〉〈銀価の下落と金貨本位制の将来〉など、一般経済誌としても通用する記事がある一方で、〈生命保険会社良否鑑別法〉〈本邦製茶法に就て〉などといった実践指南の記事が目につく。そもそも『実業之日本』は、『新報』のようにアクチュアルな経済問題や経済政策を論う論壇を形成していこうとしたわけではなかった。むしろ同誌は、実業の第一線から実業予備軍へと、実地の知識や成功の秘訣を伝授することに力を注いだのである。

こうした啓蒙志向は、創刊後ますます加速していった。〈実業問答〉〈人物評論〉という二つの新欄を設けたことは、その表れであろう。第三号〔明治三〇年八月〕の〈稟告〉では、〈実業問答〉の趣旨について、「読者相互をして博く実業上百般の疑義を質問応答せしむ、若し読者中解答すること能はざる事項は本会に於て特に之を調査し解明を与ふべし」と述べている。(35) 一見、明治一〇年代の『交詢雑誌』が設けた問答欄とよく似ているが、意図されているものはまったく異なる。すでに述べたように、『交詢雑誌』は福沢諭吉の考えが強く反映した雑誌であり、そこでは異なる職業分野をまたぐ横断的な相互啓蒙と、そうした啓蒙を介したエリートの結集に狙いがあった。(36) これにたいして『実業之日本』は、もっぱら同業種内で実業知を一方向的に伝授することを狙いとしていた。それは、実業の成功がもたらすあらゆる価値の絶対化と、実業のプロフェッショナルにたいする崇敬を、暗黙の前提としていたのである。

また、もう一方の〈人物評論〉は、経済雑誌というジャンルに人物評価や倫理的な価値判断を積極的に持ち込んだ点に特徴がある。先の〈稟告〉には、「当今の所謂実業家として名ある者を捉へ来り、彼等の真相を忌憚なく品隲すべし」とある。この新欄は著名な実業家について、彼らの来歴・業績をもとに「公明」に論評することをめざしていた。こうした新欄の趣旨に見られるとおり、『実業之日本』では、どちらかといえば経済の現況や経済政策・経済制度といったいわばパブリックな話題よりも、実業の実際やその実践者という具体的な話題のほうに記述のウェイトがある。同誌は創刊当初から、模範的な実業家や模範的な「実業」の概念を模索しようとしていたといえる。

そもそも、この雑誌のタイトルに冠された「実業」という言葉自体が、この当時、すでに倫理的な含みをもっていた。創刊時から光岡とともに『実業之日本』の編集に携わった増田義一（一八六九－一九四九年）は、当時、「実業」がどのような意味で使われていたかを次のように語っている[37]。

> 『実業之日本』創刊以前に在つては「実業」といふ文字は世間に余り多く使はれなかつた。「農工商」とか「産業」とかいふ文字を使つてゐた。実業は之等を包含して、銀行会社の仕事も総括し、更に虚業に対して実業と謂つたものである。

『実業之日本』がいまだ刊行されていなかった明治前期において、「実業」という言葉がどのような意味で使われていたのかについては、浅野俊光の研究が参考になる[38]。浅野は、産業分野の指導者を養成する伝習所の教則に「実業」という言葉を見つけだし、明治初年には、この言葉が実地実際の仕事、あるいは現業的事業における実用技術の意味ですでに使われていたことを確認している。また、明治一〇年代には、民間の職業分野（農工商）を総称する言葉として使われ始め、さらに明治二〇年代には、政府において「実業教育」制度のあり方をめぐって政策立案が盛んになったときにこの言葉が普及していったことを確かめている。また、明治二一年一〇月五日の『東雲新聞』で、中江兆民が私腹を肥やす御用商人の意味で「虚業家」という言葉を使っていることから、この時期には、「実業」には虚業との対比の意味がすでに含まれていたと指摘している。

こうした「実業」の概念史からすると、『実業之日本』は、「実業」という言葉が含む道徳的な側面——つまりは虚業の否定——を拡大してみせる雑誌であったことがわかる。そしてまた同誌は、この側面を読者に喧伝する方向へと進んでいった。同誌のコンセプトは、虚業に陥らないためのノウハウの伝授、虚業と「実業」の選別、そして〝正統な〟実業家の紹介と賞賛といった方向へと、徐々に傾いていった。のちに光岡が体調を崩して同誌の発行権と経営権が増田に移り、刊行母体は実業之日本社に改められたが、それ以降は、ますますこうした虚業との差異化路線が強く打ち出されることになった。明治三三、四年頃の同誌の様子を、増田は次のように振り返っている。[39]

本誌が実業家の成功者の経歴や事業を紹介してその名を称揚した為、感謝するの余り、わざわざ金一封を携帯して謝礼に来られた人もあつたが、予は即座にこれを辞退して自分の主義方針を告げ、快く諒解されたやうなこともあつた。

増田は独立自営を強調しているが、大隈系の人脈や経済官僚経験者である前田正名たちから、経営や編集の面で何らかの示唆や支持があったことは確実である。増田は光岡と同じく東京専門学校卒業後に研究科に進んでおり、二人は大隈の門下であった。また、前田は『実業之日本』を折にふれて宣伝したと伝えられる。[40] ただ、この雑誌の経営は、先発の経済雑誌のように、特定の実業家や経済団体、あるいは有力政治家による庇護や協力があってはじめて成立したわけではない。同誌は明治三〇年代初頭以降の実業振興の気運、それも、とりわけ三〇年代半ば以降のいわゆる成功ブームや実業ブームの追い風に乗ることで、経営を確実なものにした。たしかに創刊当初から『実業之日本』は、先行の経済雑誌によってすでに表象され具象化されていた実業エリートの世界を称揚し、それをつうじて「実業界」の地位向上に力を発揮した。ただし、『実業之日本』のこうした論壇的な位置どりは、実業アマチュアをも巻き込んだ成功ブーム・実業ブームの大きな流れにいわば便乗する動きのなかで明確になり、それとともに同誌は、明治期の代表的な実業雑誌として急成長をとげていったのである。そして、次章で詳しく述べるように、実業家たちは同誌をいわば利用して、みずからの事績や現状を道徳的に正当化し、また美化していくという動きを見せるようになった。『実業之日本』の出現は、実業家とメディアの関係が打算的なものになっていく時代を象徴している。

おわりに

この章の議論を振りかえってみよう。

明治一〇年代の初頭に創刊された『東京経済雑誌』は、銀行業界の親睦サークルとの提携のなかで誕生した。そして、当時はいまだ明確な輪郭をもたなかった実業世界を、エリート実業家たちが集まる「親睦」「談論」のサークルとして描き出したのである。しかし、エリート集団を言説世界のなかで作為的に築いていく時代は終わりを告げる。日清戦争後のナショナリズムなかで、経済の現況や拡張策について、官僚や実業家たちがメディアを通じてさまざまに議論を展開する時代になったのである。

『東洋経済新報』はそうした状況のなかで生まれた。それは日本銀行系および三菱財閥系の人脈による庇護を得ながら、日本経済の現況とそれを先導する官僚や実業家たちの言説とを、いわば実証的なリアリズムの立場から伝えようとした。『新報』の記事のなかで、彼らの存在は、官民の境界を越えたエリート集団として表象された。実業界や官界のエリートがみずからの認識にもとづいて活動し、活躍する世界が存在することを、『新報』は読者に知らせたのだといえよう。また、実業エリートが官的な威信を得る機会を同誌が提供したことも、忘れてはならない。

さらに、『新報』創刊の二年後に刊行された『実業之日本』は、実業分野の非エリートを対象とする教育・啓蒙雑誌であった。誌面構成には、実業と虚業の選別という倫理的な価値判断が含まれていた。同誌は実業の正統的なあり方を定義し、また正統的な実業の実践者を読者に示すことで、「実業界」の地位向上を推し進めたのである。ここには、正統的な実業の実践者を称揚し、偶像化していく契機も観察できる。こうした点については次章で詳述しよう。

本章では、三つの雑誌の創刊事情、編集上の特色、実業家との関わりなどについて見てきた。明治期をつうじて「実業界」や「財界」の存在が語られ、またそれらが一種のエリート世界として権威づけられていくプロセスが、それらからはうかがい知れよう。また三誌は、それぞれが各時代に独特な役割を果たした。実業勢力の結集、実業エリート世界の社会的認知、正統的な実業や正統的な実業家の定義などなどである。いずれにしても三誌は、ともにエリート実業家たちが活躍する世界を言説世界に描き出した。そのなかで著名な実業家たちは、近代日本における稀少なエリートとして表象されていったのである。なかでも『実業之日本』という雑誌は、彼らを単にエリートとして描いたのではない。同誌は、エリートとしての彼らの資質を平易に語り、それとともに彼らがエリート的地位を手に入れた経緯を正当化していったのである。『実業之日本』は、実業家たちの社会的地位の上昇にとって鍵となる雑誌である。次章ではこの雑誌に焦点を絞って、実業家たちと同誌の関係について考えることにしよう。

(1) 森村の経歴については次を参照した。若宮卯之助『森村翁言行録』(ダイヤモンド社、昭和四年)、砂川幸雄『森村市左衛門の無欲の生涯』(草思社、一九九八年)。

(2) 大倉の経歴については、鶴友会編『大倉鶴彦翁』(鶴友会、大正一三年) 巻末の年譜を参照。

(3) ここに記す安田の経歴については、矢野文雄『安田善次郎傳』(安田保善社、大正一四年) 巻末の年表を参照。

(4) 他の代表的な経済雑誌としては、『東京経済雑誌』の対抗誌であった『東海経済新報』、大正期に急成長した『ダイヤモンド』がある。前者は発行部数や継続期間の点で一般読者への影響力は三誌に比べて乏しい。有山輝雄によれば、明治一四年における『東海経済新報』の各号平均部数は『東京経済雑誌』の三分の一以下にすぎない。有山「経済ジャーナリズムとしての『東京経済雑誌』」杉原四郎・岡田和喜編『田口卯吉と東京経済雑誌』(日本経済評論社、一九九五年、三二七―三二八頁)。同誌は明治一三年八月創刊で、明治一五年一〇月には終了している。また、『ダイヤモンド』は大正二年五月の創刊であり、刊行目的を「投資家のための転ばぬ先の杖たらんとする」点に定めており、少なくとも創刊当初は業界誌としての特色が強い。石川賢吉〈本誌の主義〉『ダイヤモンド』大正二年一一月号。

(5) 長幸男〈解題『東洋経済新報』――その一〉『東洋経済新報』復刻版第一巻(龍渓書舎、一九九一年、六頁)。

(6)〈緒言〉『東京経済雑誌』第一号〔明治一二年一月二九日、一頁〕。

(7)〈我国経済雑誌の発達――既往を顧み自ら将来を警む〉『東洋経済新報』第二〇〇〇号〔昭和一六年一二月六日、五頁〕。

(8)有山、前掲書〔三一〇－一一頁〕。

(9)有山、前掲書〔三一二頁〕。

(10)初期の交詢社に関しては、『交詢社百年史』〔財団法人交詢社編集兼発行、一九八三年〕参照。

(11)『交詢雑誌』第三七号〔明治一四年二月五日、六頁〕。

(12)択善会の成立と崩壊については、田村俊夫『渋沢栄一と択善会』〔近代セールス社、一九六三年〕が詳しい。

(13)竜門社編『渋沢栄一伝記資料 第五巻』〔渋沢栄一伝記資料刊行会、一九五五年、四三二頁〕。

(14)前掲書〔六一七頁〕。

(15)前掲書〔六一八頁〕。

(16)「択善会第十八回録事」『銀行集会理財新報』第九号〔明治一二年一月〕。

(17)この経緯については、前掲『渋沢栄一伝記資料 第五巻』〔六七二頁〕、伴直之助〈東京経済雑誌の誕生事歴〉『東京経済雑誌』第一五〇〇号〔明治四二年七月二四日〕を参照。

(18)「択善会第三十三次会録事」〔明治一三年八月〕日本銀行調査局編『日本金融史資料 明治大正編 第一二巻』〔大蔵省印刷局、一九五九年、一〇二頁〕。

(19)〈東洋経済新報〉『東京経済雑誌』第八〇一号〔明治二八年一一月二三日、八三八頁〕。

(20)町田忠治〈創刊当時の思出〉『東洋経済新報』第一一七四号〔大正一四年一一月一四日、三一頁〕。

(21)次の文献を参照。*The Economist, 1843–1943, A Centenary Volume*, Oxford University Press, 1943. 東洋経済新報社百年史刊行委員会編『東洋経済新報社 百年史』〔東洋経済新報社、一九九六年、二七頁〕。

(22)〈戦後経営を語る――日清・日露・第一次大戦〉『東洋経済新報』第二〇〇〇号〔昭和一六年一二月六日、二四頁〕。

(23)〈『東洋経済新報』を語る〉『東洋経済新報』第一五〇〇号〔昭和七年五月二一日、二九頁〕。

(24)以下の記述は、町田忠治〈東洋経済新報発行の趣旨〉『東洋経済新報』第一号〔明治二八年一一月一五日、一－二頁〕による。

(25)町田忠治〈東洋経済新報創刊の思ひ出と将来に対する希望〉『東洋経済新報』第一六八一号〔昭和一〇年一一月一六日、一六頁〕。

(26)同誌〔同頁〕。

(27)前掲〈創刊当時の思出〉〔三一頁〕。

(28)前掲〈『東洋経済新報』を語る〉〔三〇頁〕。

(29)前掲『東洋経済新報社 百年史』〔一一一－一五頁〕。

(30) 前掲〈『東洋経済新報』を語る〉〔三二頁〕。
(31) 前掲〈戦後経営を語る――日清・日露・第一次大戦〉〔二六頁〕。
(32) 以下の経済諸団体に関しては、竜門社編『渋沢栄一伝記資料 第二三巻』〔渋沢栄一伝記資料刊行会、一九五八年〕を主に参照。
(33) 以下、『実業之日本』の創刊事情については、実業之日本社社史編纂委員会編『実業之日本社百年史』〔実業之日本社、一九九七年〕を参照。
(34) 〈『実業之日本』の発刊に就きて稟告す〉『実業之日本』第一号〔明治三〇年六月〕。
(35) 〈稟告〉『実業之日本』第三号〔明治三〇年八月〕。
(36) 「交詢社設立之大意」、前掲『交詢社百年史』第一編、参照。
(37) 〈発刊の辞〉『実業之日本』昭和一四年七月一日号。
(38) 浅野俊光『日本の近代化と経営理念』〔日本経済評論社、一九九一年〕第四章「日本の近代化と『実業』の思想」、および、浅野「明治期における「実業」概念の形成――「実業」・「実業家」概念の文献史的考察」『商経論集』第四三号〔早稲田大学大学院商学研究科、一九八二年〕参照。
(39) 〈予が苦心の告白〉『実業之日本』大正一四年七月一日号。
(40) 前掲『実業之日本社百年史』〔一五頁〕。

第八章　理想的実業家像の形成
――偶像化のプロセスと『実業之日本』

明治後期から大正期にかけて、自伝的な著述を公表することが、著名な実業家たちのあいだで一種のブームとなった。彼らは雑誌のコラムに記事を載せたり、自叙伝を出版したりすることをつうじて、自己の事績・処世訓・経営理念といったものを披露したのである。[1] 彼らは成功の軌跡を饒舌に語り、また、自分が依拠してきた成功の哲学を盛んに吹聴した。渋沢栄一、森村市左衛門、安田善次郎、大倉喜八郎などは、そうした著述を数多く公表した典型的なライター（あるいは口述者）であった。経営者の伝記・自伝といった現代の出版ジャンル――いわゆる〝経営者もの〟――の原型は、彼らのそうした活動とともに生み出されたといっても間違いではなかろう。

実業家たちは雑誌記事や書籍のなかで、積極的に自己の来歴や処世訓を語った。みずからの〝成功の人生〟を言説化し、また、それをテキストとして大量に生産していったのである。おそらく彼らにとって、そうした営みには独特の意義があったであろう。すでに述べてきたように、明治期には商売や貨殖にたいする封建的な蔑視が、いまだに根づよく残っていた。彼らが自己の事績を語る積極性からは、実業の職業的地位の向上を図るという狙いとともに、彼らがすでに占めているエリート的な地位を正当化しようとする意図を、容易に読み取ることができる。

ただ、テキストを生産する営みは、必ずしも実業家たちによる単独の所業ではないことを忘れてはならない。詳しくはあとで述べるが、彼らは、成功実業家たちを一種の英雄として偶像化していく近代日本の大きな趨勢のなかで、多くのテキストを生み出していったのである。

一部の実業家たちを偶像化していく社会的な趨勢は、この時代に顕著に見られる傾向である。福沢諭吉の女婿としても知られる同時代の代表的な実業家・福沢桃介は、この傾向について端的に語っている。(2)

渋沢さんは昔から今日に至る迄、一点の疚しい所もなく、終始一貫、社会国家の為に尽したかといふにそれは些か疑問である……若い時分の私行、即ち実業の上に於いて金を儲けるといふ点に於いても国家の為に尽したか、社会の為に尽したかといふにこれは疑なきを得ない。今日からいへば、随分擯斥される程の、人間業とは思はれぬ程の私行もして居る様である。詰り渋沢男も其境遇によつて立派な人になつて来たのである。……

今日の経営史学では、渋沢にはかつて積極的に株式操作（売買や貸与）をしていた時期があったことが明らかにされており(3)、この福沢の指摘はまったくの的外れであるというわけではない。ただし、福沢の意図は渋沢への中傷ではない。彼は、実業界の成功者に高潔なキャラクターを付与していこうとする偶像化の思潮を、いわばインサイダーの視点から暴露的に指摘しているのである。当時「実業の神様」ともいわれた森村市左衛門についても、福沢は、「彼の人は消極的に世間から神様にされてしまつた。……森村さん自身勿論謹厳正直なんだらうが、一面からいふと、世間が謹厳正直を森村さんに強ひたのだ」(4)と語っている。「消極的に世間から神様にされてしまつた」という言葉は、成功者を偶像化しようとする当時の思潮を端的に表現している。

こうした偶像化の動きやそのプロセスについては、その頃刊行された実業雑誌や実業家の自伝的な書物のなかで、いわば具体的に観察することができる。そこでは著名な実業家たちの言説が、模範的成功者の思想として語られる。また、雑誌のなかには、彼らを讃える論評記事を数多く掲載するものもある。彼らの言動は、そうした雑誌や書籍をつうじて、経営理念や経営態度のオーソドクシーとして伝えられたのである。

この章で検討するのは、彼らをこのように偶像化していく傾向についてである。すなわち、成功実業家の活動や事績を道徳的に正当化し、威信や威光を伴う〝正統的〟実業家として彼らを表象していった社会的なプロセスについてである。とくにここでは、そうしたプロセスに重要な役割を果たした雑誌『実業之日本』に注目したい。そして、同誌とその出版元である実業之日本社が、実業の地位向上や著名実業家の偶像化といったプロセスへと、どのように関わったのかを考えてみたい。そのなかで、こうした偶像化のプロセスを促したいくつかの要因を指摘していきたい。

具体的に考察するまえに、『実業之日本』という雑誌をとりあげる理由を簡単に述べておこう。ひとつは、同誌が、経済雑誌のなかでどの雑誌よりも実業の価値を強く読者に伝えたからである。先の章で述べたように、明治期には経済雑誌がいくつか刊行され、「実業界」のプレゼンスをさまざまな仕方で読者に伝えていた。『東京経済雑誌』や『東洋経済新報』はその代表格であった。ただ、これらの雑誌にはないユニークさを『実業之日本』はもちあわせていた。それは、実業で成功するための具体的なノウハウを重点的に掲載することで、読者と「実業界」や「財界」との距離を縮めようとした点である。『実業之日本』は、具体的な成功法を示すことをつうじて、実業で成功することの素晴らしさを読者に実感させた。とりわけ著名な実業家のプライヴェートな一面や人格的な側面に関わる記事を大量に掲載することによって、同誌は、実業での成功を、青年層の手に届く身近な目標として語ったのである。E・H・キンモンスもいうように、『実業之日本』には「ビジネス雑誌というより、映画スターの代わりに実業家を扱った娯楽雑誌」の一面があった[5]。

もうひとつの理由は、成功に憬れる若い世代への影響力が大きかった点である。竹内洋も指摘するように、『実業之日本』は『成功』という雑誌とならんで、明治日本における「代表的な成功の「教唆雑誌」であった」[6]。『実業之日本』は明治三〇年代の成功ブームを煽った代表的な雑誌である。あとで述べるように、同誌は明治三〇年代に成功を奨励するキャンペーンを始めてから、その発行部数は飛躍的に伸び、実業関連の記事を青年層へと大量に供給した。竹内は、成功に関する記事をいち早く読者に提供したことから、『実業之日本』よりもむしろ『成功』が「成功ブームに先鞭をつけた」という。しかし、両者が成功キャンペーンを始めた時期に、それほどの差はない[7]。『実業之日本』は『成功』とともに多くの読者を獲得して、出版界に不動の地位を築いたのである。

さて、『実業之日本』の創刊事情については前章ですでに述べたので、次節では、創刊以降の同誌の内容的な変化をフォローし、それをふまえて同誌による実業家たちの偶像化プロセスについて考えていきたい。

成功キャンペーンと実業賛美

『実業之日本』は、明治三〇年六月一〇日に大日本実業学会から創刊された。前章で触れたように、創刊の目的は、実業に関わる実践的な知識を読者に広く知らせることであった。同誌は机上の空論を廃する実地主義を標榜していた。また、タイトルに用いられた「実業」には、「虚業」の排除という選別のニュアンスが含まれていた[8]。ここからは、商工業の多様な営為から「実業」の名にふさわしい活動を選りすぐり、正統な実業のお墨つきを与えてそれを推奨するという狙いを読み取ることができる。実業のためのさまざまなノウハウを読者に伝授し、同時に、投機行為などの権利譲渡に依存する業務（「虚業」）を明確に排斥することで、「実業」の意味を洗練してこれを推奨する――。これが創刊当初のコンセプトであった。

第一号の発行部数は二千部とも三千部とも伝えられるが、正確な部数を知ることはできない[9]。六月三〇日には再版が発行されているので、まずまずの売れ行きであったと推察される。また、第三号には「発行部数の多きこと近来の雑誌界中絶て其比を見ざるの盛況を呈せり」という編集者による記載もある。明治三二年三月以降、発行回数が月一回から月二回に増やされたことも好調ぶりを裏づける。また、明治三三年五月に増田義一が『実業之日本』の発行権と編集権を譲り受け、発行元が実業之日本社となってからは、発行部数は著しく伸びていったという[10]。永田新之允は、当時、実業之日本社の社外記者として勤務していた人物であるが（明治三七年一月から実業之日本社に入社）、彼によれば、同誌は、印刷工場・秀英舎で三千部刷り上っても大取次店からは取りに来てくれないという、いわば駆け出しの雑誌であった。しかし、「明治三十四年の秋には二万部発行、而も品不足を大取次店から訴へられ、二万五千となり、三万となり四万となるに随ひ、今度は此方から催促するどころか、先方の六大取次店から先を争うて取りに来て、或時の如きは順番争ひのために取次店の若い店員の間に乱闘を見るが如き椿事を惹起した事もあつた」という[11]。二万部発行の真偽は不明だが、実業之日本社の刊行となって以降、発行部数はますます伸びたと見られる。

こうして『実業之日本』は、経済雑誌としてスタートし、実用的な知識を読者に伝授した。発行部数も順調だったといえる。しかし、この雑誌が著名実業家の事績や経営態度を美化するキャンペーン雑誌としての特色を深め、彼らの偶像化を進めていったのは、出版元の実業之日本社が『実業の帝国』という翻訳書を刊行した明治三五年以降である。その頃から同誌は、「実業国民」をつくる「教育訓練」をコンセプトとする教育雑誌へと傾斜していった。『実業之日本』は、経済雑誌として著名実業家による経済問題についての論説を掲載しながらも、他方では、読者の実業アスピレーションをくすぐる道徳的な教育雑誌の道を進んでいった。その経緯を次に概観しておこう。

『実業之日本』が「実業」の価値を賛美し、一部の実業家たちを偶像化し始めたきっかけは、「成功」というキャッチフレーズとの出会いであった。同誌はこの出会いによって、読者需要の鉱脈を掘り当てたのである。先に触れたように、同誌はすでに〈人物評論〉などの欄で、日本の著名な実業家たちの経歴や事績を紹介していた。しかし、記事の中心は「実業」のノウハウ（「実際問題」）に関わるものであり、実業に携わる主体については、いうならば二義的な話題であった。それが明治三〇年代半ばになって、「成功」というコンセプトを編集の中心に据えることで、同誌は、論点を「実業」を実践する主体の問題へと移していったのである。「実業」という概念を、農工商の実践の場を示すものから、一個人の自己実現に深く関わる概念へと拡大したといってもよいであろう。

同誌がこのように変化した一層直接的なきっかけは、実業之日本社がアメリカの実業家、アンドリュー・カーネギー（一八三五—一九一九年）の著書 *The Empire of Business* を翻訳・出版したことである。実業之日本社は同書を『実業の帝国』というタイトルのもとに明治三五年一一月に出版した（翻訳・小池靖一）。実業之日本社は明治三五年九月一日（第五巻第一七号）から数回にわたって、すでに同書を部分的に『実業之日本』誌上の〈致富の栞〉欄で連載していた。その連載を一冊にまとめたのである。[12] そのなかで著者のカーネギーは、実業家をめざす者のために成功の秘訣、致富への道、処世の教訓、社会における富豪の責務などを記している。『実業の帝国』はヒットした。同書の内容は、『東京日日新聞』『大阪朝日新聞』『大阪毎日新聞』『時事新報』『東京朝日新聞』など、多くの新聞がいち早く紹介した。初版は三日間で売り切れ、[13] その後、短期間で数十版を重ねたという。当時の模様を、のちに増田自身は次のように語っている。[14]

当時小池靖一氏が米国のカーネギー翁の原著『実業の帝国』を翻訳されたのを我社から出版して、本書は成功の秘訣、処世の要道を説いたのだと広告したらば非常に売れたのである

『実業の帝国』の売れ行きは、増田にとっても意外だったようである。彼の回想を見るかぎり、実業之日本社が『実業の帝国』の刊行で「成功」ブームを仕掛けたわけでも、また、同社が既存の「成功」ブームへと意図的に便乗したわけでもなさそうである。むしろ、予想以上のヒットで、同社が「成功」への関心という読者需要をたまたま発見し、実業キャンペーンへと宣伝戦略の舵を切ったと考えるのが妥当であろう。これまで〝実地主義〟を編集の中心に据えていた『実業之日本』は、これ以降、誌面の内容を大幅に修正することになった。実業で成功する人生の秘訣を伝授するという〝訓導〟のニュアンスが、誌面の各所に見られるようになったのである。

『実業の帝国』のヒットで、増田は、同社の書籍・雑誌の中心読者を実業の成功をめざす者とする方針を、明確に打ち出した。「実際予は『成功』の秘訣、是れ世人の要求する所だと悟つて、爾来成功に関する記事を掲載することとなつた。それ以来俄然として発行部数が激増した[15]」と、増田は当時を振り返っている。明治三五年一二月号には「新春の『実業之日本』大刷新!! 大拡張!!」という広告が掲載された。そこでは、「実業興隆の機運」へと向かういまの時代に、同誌が「実業界に成功せんと欲する者の為め」の「座右の宝典」になる決意であること、そして、そのために誌面を大刷新して、「一大飛躍を試みんとす」るつもりであることが述べられる[16]。そして、この決意表明をうけて、翌年から誌面は大きくさまがわりしていった。

大きな変化は、何といっても国内外の著名な実業家たちが、実業の模範的人物として大々的にとりあげられた点であろう。実業家たちの顔写真、彼らの経歴・私生活の紹介記事、そして、彼ら自身が語る経済評論や自叙伝・処世訓などが、誌上を賑わせ始めたのである。

明治三六年一月一日号の内容を紹介しておこう。巻頭の口絵写真には、鴻池善右衛門・安田善次郎・古河市兵衛・渋沢栄一・大倉喜八郎らの肖像が掲げられる【写真】。また〈附録〉では〈日本三大富豪の家庭〉というタイトルのも

と、三井・岩崎・住友の家族と邸宅が、やはり写真入りで紹介されている。さらに〈論説〉欄には、著名な実業家による論評が並べられる。〈銀行革新論〉（男爵岩崎弥之助）・〈税法改革論〉（三菱合資会社監事荘田平五郎）・〈経済界の前途〉（十五銀行頭取園田孝吉）などである。また、この号からは〈成功の栞〉という新欄が設けられた。そこでは、とくにアメリカの著名な実業家たちがとりあげられ、彼らの奮闘の経緯や成功の秘訣が数多く紹介されている。(17)

こうした記事の変化は、同誌が、同時代のヒーローの模範的な姿を豊富に見せることで読者を教育する〝訓導雑誌〟の道を歩み始めたことを示している。模範的な実業家の姿をわかりやすく具体的に語り、読者の実業アスピレーションをくすぐる雑誌である。そして同誌は、富裕な同時代の実業家たちを、処世や成功の模範者として誌面へと大量に動員していった。そのなかで同誌は、彼らの処世術や成功の秘訣を主力記事として扱い始めた。それらは、とくに進路選択に迷う若年層を読者のコアとして想定していた。『実業之日本』は経済雑誌の一面をもちながらも、教育雑誌としての特色を強めていったのである。

ただし、同誌は必ずしも若年層そのものに強い関心をもっていたわけではなかった。若年層の生活世界にたいする踏み込み方の点で、同誌は純粋な教育雑誌とは一線を画していた。このことは、雑誌『成功』と比較すれば明らかで

「関西実業界の名門 鴻池善右衛門氏」上
「実業界の五元老」下

〔『実業之日本』明治36年1月1日号〕

ある。『成功』は、『実業之日本』とならんで成功ブームを後押しした代表的な雑誌である。それは村上俊蔵という人物が自宅に設けた成功雑誌社を編集元としていた。『成功』が読者として想定していたのは、学生や店員などの、成功をめざす若年層である。[18] 同誌の記事と『実業之日本』の記事はよく似ている。『成功』の誌面には、成功者の経歴や事績に関わる記事が数多く並んでいる。たとえば明治三五年一〇月一〇日の『成功』創刊号には〈立志〉という欄が設けられ、そこには〈立志画家中村不折君〉〈文学博士根本通明翁苦学談〉〈一億五千萬円の富豪(バンダービルトの一生)〉といった、各界成功者の成功へといたる足どりを紹介する〝実録もの〟が掲載されている。同誌は『実業之日本』と同じく、成功の実話を豊富に示して読者を「成功」へと駆りたてる雑誌であった。

ただ、『成功』が青年たちに示す進路は多様であり、『実業之日本』が実業一点張りであったのとは異なる。青年たちの進路は博士でも画家でもよかった。『成功』は「成功」の価値を強調してやまないが、奨励される進路は『実業之日本』とくらべていわば拡散していたのである。同誌は多岐にわたる「成功」事例に共有される理念をクローズアップし、それを若年層の理想的な道徳思想として読者に提示したのである。

これは、『成功』が成功の結果もたらされるものよりも、成功にいたるプロセスを重視したということでもある。創刊号に掲げられた〈綱目〉のひとつに、「苦学生の同情者を以て任じ、其精神に激励を与へんを期す」という文言がある。「苦学生」の精神的な支柱になろうという趣旨である。[19] この文言は、同誌が、最終的に到達する「成功」の世界のすばらしさよりも、「成功」につながるプロセス(とくに「苦学」)に大きな関心を払っていたことを象徴している。同誌は読者を「成功」の手段である「苦学」へと誘導していった。いってみれば同誌は、技能や学歴を得ようと「苦学」する若年層の野心を刺激する雑誌であった。現に明治四〇年代には、高等文官試験、文官普通試験、中等教員検定試験などの各試験の案内や体験談を多く掲載し、プロセス中心主義的な特色を強めていったのである。[20]

ひるがえって『実業之日本』の教育雑誌としての独自性は、扱う領域を経済や実業へと著しく絞っていた点にある。先の竹内洋の表現を借りれば、『実業之日本』は、実業における「成功」というきわめて明確な目標へと読者を誘う「教唆雑誌」であった。『成功』との決定的な相違は、「成功」という概念にたいするスタンスの違いに集約される。『成功』は、多様な目標の前で踏み迷う若年層の生活世界に関心を寄せていた。そして、具体的な「成功」のイメージよりも、むしろ「成功」のための具体的な手段（「苦学」）に強い眼差しが注がれた。これにたいして『実業之日本』の関心の中心は、やはり「実業界」そのものであった。同誌は、すばらしい「成功」を手に入れられる世界として、「実業界」を理想的に描いた。そのため誌面の基調は、実業の賛美や実業から派生するあらゆる価値の絶対化によって貫かれていたのである。

「はがき便」と読者のニーズ

それでは、『実業之日本』を支えた読者需要とはどのようなものだったのだろう。すでに述べたように、同誌の実業賛美路線には大きな需要があったが、具体的に読者はこの雑誌から何を感じ、また何を満たしたのだろう。

これらを知るのは難しいが、部分的にうかがい知ることのできるテキストが、ひとつある。それは、〈はがき便〉という名称で明治三六年六月一五日号から同三九年八月一日号まで掲載された読者欄である。そこに掲載された読者の声、そして読者と記者のやりとりを見れば、同誌が掘り起こした明治三〇年代後半の読者需要のあり方に触れることができる。この節では〈はがき便〉の記事をとりあげ、読者需要のあり方を考えてみる。

〈はがき便〉は、掲載の開始にあたってとくに編集者側の意図が述べられることもなく、突然、雑誌の末尾に設けられた。そこに掲載された投書を読むと、編集元の実業之日本社が出版する書籍や雑誌を熱心に読む読者層が存在したこと、そして、彼らはそれらを日常的にさまざまな仕方で活用していたことがわかる。

いくつか例を示そう。ある読者（「大和國楽々生」）は「雑誌の到着を遅しと待受け一同晩餐の際小生は声高々と読み上げ皆に聞かするを無常の楽と致居候」と述べている。[21] 家族に記事を読み聞かせているのである。また、京都の「商店手代頭」は次のように述べる。「私の店で一週間二夜づゝ、実業之日本を講釈して聴かせますことに致せし以来果然店員の様子が変り言ひ合さねど銘々に皆行先に光明を望んで進むかの様に諸事悉く活発に丁寧に勇気に富んだ働作を致す様になりました」。店員の教科書として同誌を利用しているのである。[22] さらに、横浜の商店主も「弊商店は多年貴社実業之日本を購読し来りし所、此頃日曜日の夜一二時間許店員全体の茶話会を開き実業之日本社の成功品性等に就き各自思ひ〳〵に談話を為し候が感化頗る良好なり」と述べている。[23] 同社の雑誌や書籍を教科書にして、店員たちの間で談話の時間を設けているのだという。これらの投稿記事からは、実業之日本社の雑誌・書籍が家庭での音読、商店での講釈や談話というふうに、さまざまに活用されていたことがわかる。

また、他の投稿からは、同誌が必ずしも家庭や商店ばかりでなく、教育機関でも読まれていたことがわかる。たとえば「名古屋商業学校生徒」は、「我商業学校にては最も適当なる読物として極めて高評なり此後も尚有益なる記事掲載を望む」と述べており、商業学校の生徒のあいだにも同誌が浸透していたことがわかる。[24] 教育機関への普及は、東京高等工業学校長・手島精一が同誌「十周年紀念号」に寄せた記事からもうかがえる。次に掲げておこう。[25]

私は『実業之日本』が、能く此時代の要求に投じて居ることを認めて居る……。時には極端なる事例が掲げられて居ることがあるが、大体から言へば、今の中等社会に向つて、健全なる思想を鼓吹するに勉めて居るのは十分認るむ所である。……地方の学校を巡回する時、其図書閲覧室に於て同じく『実業之日本』の繙かれ居るのを見ること度々である。私は此雑誌が幾何の感化を社会に与へて居るかを明劃に言ふこと能はざれども、其青年間に愛読せらるゝ範囲の広くして、随つて将来の中等社会を健全にするに於て、其効力少なからざることと思ふのである。

『実業之日本』の読者の学歴を特定することは難しいが、〈はがき便〉の投稿者に商業学校の生徒が多々見られる点からも、実業関係の中等教育機関に在学する者が多かったことがわかる。先の投稿の丁稚・商店店員らといったいわゆる学校出ではない若年層とともに、手島がいう、将来の「中等社会」の担い手である学生が、同誌を愛読していたといってもよいのではないか。ある商店主（「日本橋区長谷川町ＩＭ商店」）は次のようにいう。「余の商店に一丁稚あり年漸く十五僅に小学校を卒業せしばかりなるも頗る篤実勤勉にして夜十時に店より下れば必ず三十分づゝ『実業之日本』を読むを日課とす思ふにカー子ギーも少年の時は必ず此の如くなりしならん」。[26] 他方で、ある学生（「神戸熱血生」）は次のようにいう。「諸君、新年の読物として挙ぐべきものは恋愛小説にあらず乾燥無味の政法書にあらず、趣味ある裡より将来の成功に達すべき品性の光輝。成功十傑。青年立志訓の如きは其主たるものなべし、而して余の常に愛読措く能はざる者を『実業の帝国』『処世教訓』とす、余は両者を五六回熟読して益々其味の深邃なるを覚ゆ」[27]。すなわち、成功を夢見る下積みの店員、そして、書籍学問に飽き足らない学生といった異なる生活世界を背景とする者たちが、実業之日本社の雑誌・書籍の愛読者であったことが、これらの投稿からはうかがうことができる。

では、読者は『実業之日本』や同社の書籍から何を読み取り、また何を感じたのであろうか。

学生にとっては、ややもすれば煩悶や堕落を招く机上の知識にかわり、実用的な知識へとひたすら読者を誘う同社の姿勢が魅力的であったようである。ある学生（「小石川○◎学校三年生」）は「僕の学校では修身にまだ忠孝の事ばかり言つて居る『実業の帝國』の様な書物を修身の教科書にする様に論じて貰ひたい」と言い、学校で習う忠孝の道徳を謗る[28]。また、おそらく学生であろう別の読者（「神戸森本鐵藏」）は「『青年立志訓』誠に面白く読了したり、一々成功の実例を捕へ来りて世の青年を訓戒せらる、著者の意は碌々たる浮薄な文学者の企て及ばざる所、小生は該書の愛読者と共に著者の功と其労とを多くするものなり」と、文学者を貶す[29]。別の読者（「広島ノソ生」）も同様に小説を貶す。「今や小説は青年蕩心の本源として其の弊害最も夥し、會々其弊害を知て之を除ける新聞雑誌も忽ち節を屈し世潮に媚ぶ、此間毅然として志操を変ぜず一頁も贅語を載せざるもの実に貴誌あるのみ」[30]。「忠孝」や「浮薄な文学者」、青年を「蕩心」へと誘う「小説」、あるいは先の「乾燥無味の政法書」などを批判の標的にする点で、〈はがき便〉に寄稿する読者のコアは、成功へと通じる習慣や道徳を至上のものと捉えていたようである。

それでは、学生以外の若年層は何を求めたのか。実は、商店に勤める者からの投稿がそのまま活字になることは少なかった。彼らの便りには身の上相談の類が多かったようである。そして、それらは明治三八年九月一日号から、同じ〈はがき便〉の別枠で一括してとりあげられるようになった。この号から〈はがき便〉は「読者の領分」と「記者の意見」の二本立てになり、前者では従来どおりの投稿記事、後者では身の上相談がとりあげられた。ただし後者は、読者が記者に宛てた私信（相談や質問）にたいする記者の返答記事である。私信には自己の境遇や進路に関する個人的な相談が多かったようだが、私信そのものは掲載されていない。いくつか見てみよう。

〈「本郷苦学生」に告ぐ〉（明治三八年九月号）の投稿者は、困窮のなか苦学し、のちに実業世界での成功をめざしてい

る者である。記者はこの投稿者にたいして、苦学を思いとどまるようにアドバイスしている。(31)

君の苦境は誠に同情に堪へず君の今勤む処は決して長く居るべきの地にあらざるべし、然れども今少し忍び難き場合を忍ばれよ。而して其間に何か芸を身に附けられよ。たとへば手紙を能く書くとか、算盤を弾くと云ふ如き芸が一通出来たらば其を資格として商家に入らるゝ方得策ならん。苦学は賞すべきも、苦学の中に歳取りて、而かも学問は何程も出来ず、中途半端の人間となるはよろしからず。……

また、同じ号の〈静岡県の「ZT生」に告ぐ〉でも、貧困のなかで苦学して成功を願う投稿者にたいして、記者は、「商売」を主、「学問」を従にして生活を組み立てることを勧める。(32)

学問も必要なれど足下の年齢と境遇より云へば、商家の丁稚となり専心一意業務を覚え込むことを主とし、傍ら暇あれば簡易商業学講義録など勉学するも可ならん、夜学校に通はしめらるゝ、約束にて商家に使はるゝ、事出来れば幸ならん……

このようなアドバイスは多々見られる。同年一二月号の〈埼玉YA生に告ぐ〉も同様である。そこでは、「……現今の呉服店に於て一生懸命に勤勉し、忍耐と勉強とを以て主人の信用を得呉服商人となるに若かず之より苦学するは労して効なく自から苦むに終るべし……」と記される。投稿者が商館に入るために呉服店での仕事のかたわら苦学するのを思いとどまらせようとしているのである。(33)

おそらく相談者の多くは、実業系の中等教育機関やさらにその上の高等商業学校へと入り、行く末は商館経営者になろうと考える下積み従業員であろう。しかし彼らの野心は現実的ではなかった。それらの学校に入るには難関の試験を突破しなければならなかったし、また、たとえ合格して卒業にこぎつけたとしても、当時の失業率の高さを考えれば、卒業生が必ずしも学卒社員として入社できる保障はなかったといわざるをえない。(34)「人材過多」そして「教育過度」が、社会問題としてクローズアップされていたのである。したがって、記者による〝苦学回避〟の勧めは、若年層を取り巻く当時の状況を踏まえた現実的なアドバイスだったといえる。

記者のこうした返答は、『実業之日本』がメディアとして占めた社会的なポジションを端的に示しているであろう。

同誌にとって「人材過多」や「教育過度」といった若年層をめぐる当時の状況は、追い風になっていたに違いない。同誌は、書籍学問とは対照的な実業世界に焦点を絞って「成功」の価値を吹聴した。そうすることで、学歴を経由するものとは異なる「成功」の可能性を読者に印象づけた。学校制度に必ずしも依存しない上昇の経路を若年層に示し、彼らの一部を中核的な読者層へと誘導したのである。『成功』などの他の雑誌とは異なり、『実業之日本』には入試案内や入試指南に関する記事が少ないが、このことも、記者たちの応対（〝苦学回避〟）と符合している。『実業之日本』という雑誌は、当時の若年層の心的世界において、彼らの教育熱を実業世界へと振り向ける働きをしていたのだといえる。竹内洋の表現を借りていえば、学歴に代わる選択肢へと若年層を誘導する「代替」の機能である[35]。とくに〈はがき便〉で読者の相談に応える記者たちの態度は明快であった。記者たちは、「小僧」などの下積み生活を送る者、苦学しようとする者、そして煩悶する者をそれぞれ癒しながら、彼らの野心を実業での「成功」へと振り向けるように誘導したのである。

「成功」と「品性」のバランス

『実業之日本』は「成功」というキャッチフレーズを前面に出して、若年層の野心に応えた[36]。同誌は、成功実業家のエピソードや商売成功のノウハウを紹介することをつうじて、実業で成功するすばらしさを読者に伝えた。しかし「成功」キャンペーンを始めて間もないうちに、同誌は実業を取り巻く道徳的な問題に直面したようである。私益追求の態度やその結果としての蓄財を、道徳的にいかに正当化すべきかという根本的な問題である。この頃の同誌には、こうした問題に関わる記事が多く掲載されている。このことは、この問題が実業を賛美する同誌のポリシーにとって、きわめて重要な問題であったことを物語っている。この節では、同誌がどのようにしてこうした問題を解決しようとしたのかについて考えておこう。

「成功」路線を歩み始めてしばらくのあいだ、『実業之日本』は、実業という生業にどのような価値が見いだせるのかについて模索していたようである。先にも述べたように、当時、一般に使われていた「実業」という言葉には、「虚業」排斥という道徳的なニュアンスが含まれていた。創刊当時の『実業之日本』がこの言葉を雑誌のタイトルに使ったのも、「虚業」を排斥し「実業」のあるべき姿を読者に提示するという狙いがあったからである。しかし、おそらく「虚業」との違いを強調するだけでは、「実業」に積極的な価値を見いだし、それを讃美するには不充分であったのだろう。同誌は「実業」の独自な価値についてさまざまに考え始めた。模索の初期に幾度か主張されたのが、教養主義との比較にもとづく「実業」の独自性である。記事をいくつか見てみよう。明治三六年六月一日号の社説〈実業と成功〉では、次のように述べられる[37]。

世間猶実業を目して卑賤の職業となし、少くとも科学、文学等に従事する者に比して一般に卑賤の地位に立つ者となし、吾人が我国民に向て実業に成功せんことを勧奨するを以て国民を卑俗の邪径に誘導するものと曲論する者なきにあらず。

このように、生業としての実業が過小評価されている現状が語られる。また、ここからは、「科学、文学等」とは異なる実業の価値を伝えようとする同誌の意気込みを読み取ることもできる。さらに、明治三六年九月一五日号の社説〈成功の真意を論じて世の謬見を排す〉では、実業と学問の対比が、一層、明瞭に語られる。

徒らに難解の言議を弄して凡衆を五里霧中に彷徨せしめ、若くは時世を嘲罵して自ら快を一時に取らんよりは、寧ろ低きよりも高きに進み、実際より理想に近からしむに若かず。

「科学、文学等」の学問は、「凡衆」を惑わせる。そのような高踏的な啓蒙のスタンスよりも、「低きよりも高きに」進もうとする実業のような実地主義が、庶民の啓蒙にとっては相応しいのだという主張である[38]。これらの記事から伝わってくるのは、「科学、文学等」とは対照的な、いわば〝下からの〟通俗的な啓蒙主義である。正統的な啓蒙主義にたいするアンチ・テーゼの主張であるといってもよかろう。その意味では、実業分野のアピールとしては、「虚業」

にたいする批判をベースにしてきたこれまでの仕方と、それほどの違いはない。こうした通俗的な啓蒙主義は、新しい時代における「実業」の積極的価値を開陳する真新しさに欠けていたといえる。そして実際、これらの主張はその後、同誌で積極的に展開されることがなかった。[39]

しかしこうした模索ののちに、『実業之日本』の基本的なポリシーは一応の完成をみることになった。実業之日本社は、新たに「品性」という概念を、「成功」と並ぶ同誌のもう一方の綱目として掲げたのである。この点について記者の一人・永田新之允は、当時を振り返って次のように語っている。[40]

単なる経済問題を取扱ふことの外に、此の経済的発展の衝に当る未来の中堅階級たるべき青年の実業的訓練といふ事に着眼せねばならぬ時代であつた。是を以て商工農の問題の外に「実業国民の創建及び教育訓練」を目的として、「成功」及び「品性」の二大綱目を一翼として新にスタートを切つたのであつた。……成功には品性が心臓である。品性なき人の成功は縦し富むといへども成功でない、砂上に建てられたる楼閣に過ぎない。即ち成功と品性は両翼にして而も一体なりとの理念の下に高唱したのであつた。

『実業之日本』が初めて「品性」の積極的な価値を主張したのは、明治三六年七月一五日号の社説〈実業家と品性の修養〉においてである。そこでは「品性の修養なき実業家は……到底二十世紀に於ける実業帝国の国民と称するの資格なきを知らざるべからず」と宣言されている。さらに、次の諸点が述べられる。「実業」への職業的な蔑視を払拭するためには「品性」が重要である点、また、実業家の地位や責任が重くなった今日、「品性修養」の問題が識者の考慮するところとなった点、そして、「好品性」を表現した訓言・事績・言行を記した書を翻読する習慣が大切である点などである。[41] これらの点に加えて、さらに「唯今日我国には実業家の品性修養に資するの良書に乏し。故に余輩は又先覚者に向て続々此種の著作を勧奨せざるを得ざるなり」とも述べられる。日本版カーネギーの発掘、そして「品性」をコンセプトの中核に据えた日本版『実業の帝國』の出版が重要であるというのである。「実業」と「品性」をリンクするこうしたアイデアは、明治三六年一〇月一日号に〈品性の光〉という新欄が登場することによって、一層、具体的になった。そして本格的な「品性」キャンペーンがスタートした。

『実業之日本』の「品性」論は、ある種の道徳的な慣習——それも文明国の実業家たちが身体化していると同誌が考えるもの——を念頭に置いている。ここでイメージされているものは、P・ブルデューが使う「ハビトゥス」の概念に近いであろう。つまり職業と一体化した立居振舞いや道徳的な性向といったものである。同じ一〇月一日号の社説〈文明国を距ること猶遠し〉を見れば、このことはよくわかる。[42] 社説によれば、一国の「文明」や「富強」は、個々の国民の「品性」を反映しており、「品性」の向上ぬきにそれらの向上はない。最も偉大な「品性」の持ち主は「英人」であり、その「品性」を「紳士的気風《ゼントルマンシップ》」という。「此気風はすべての階級すべての職業に滋潤して自から国民の品性《ナショナルキャラクター》を作れり」。それは、自尊、権利の主張や尊重、体面、礼節、正々堂々、勇敢、服従の徳義、公共自治などを内容とする。英国の富強は「紳士的品性の表現」である。我が国民は猛省すべし——こうした論旨である。一〇月一五日号でも「紳士」がとりあげられる。ここではアメリカの実業家・ワナメーカーの「品性」とワナメーカー商店の気風が紹介されている。そして、同商店が「『紳士』の品格」を備えるべく、店員に「紳士教育」をおこなっており、同商店は一種の「品性学校」となっていることが述べられる。[43]『実業之日本』は「紳士」のイメージを、「品性」をそなえた理想的な実業家像として具体的に語ったのである。

こうして『実業之日本』は、生業としての実業の道徳的な拠りどころに「品性」という概念を据えた。それでは、実業を介した営利追求や蓄財はどのように正当化されたのであろうか。同誌に現れる「品性」関連の記事は、いってみれば、金儲けを正当化しようとする努力を推進力にして書かれている。主要な「品性」論を紹介しておこう。〈品性の光〉欄では、一一月一日号で初めて本格的な「品性」論が展開された。記者・白露生による〈実業家の品性〉である。[44] 白露生によると、「品性」ある実業家ならば、最終目的を「私欲」の実現には置かない。むしろ社会に寄与する実業に置くのだという。そもそも実業とは、社会の幸福を増進することに他ならない。「品性」の良好な実業家は「自家の福運を客とし、社会の幸福を主」とするのである。

また一一月一五日号には、同じ白露生が〈品性と金銭〉という論考を載せている。そこでは金銭と「品性」とが、やや対比的に語られる。彼によれば、「金銭は実業家最初の目的」であり、必要かつ貴重なものである。しかし、金銭よりもやはり「品性」が、価値序列においては上位にくるのだという。[45]

品性は金銭よりも更に必要にして且更に貴重なるを知らざるべからず。令名ある実業家は皆金銭の貴重なるを知ると同時に、又品性の更に貴重なるを知りたる人なり。

こうした白露生の叙述は『実業之日本』の「品性」論の典型を示している。そこでは、金銭的価値と「品性」、そして私益と公益がそれぞれ対立するものではないことが力説される。そして、それらは連続し調和するものであることを、同誌の記者たちは多様なロジックで説明してみせた。〈品性の光〉欄が設けられたあと、実業之日本社は岳淵生（永田新之允のペンネーム）による著書『品性の光輝』を刊行した。そこでは、「品性」ある人物の事例がいくつも語られる。そして同社はその一部を『実業之日本』一二月一五日号に〈品性の人〉として転載した。同社は、出版する雑誌と書籍をフルに活用して「品性」キャンペーンを図ったのである。

著名実業家の動員

「成功」と「品性」を編集方針の両輪に据えて以降、『実業之日本』は、日本の実業家についての論評記事や彼ら自身の著述・口述を数多く掲載した。実業キャンペーンを進めるには、「品性」をそなえた実業家たちの姿を読者に伝えることは効果的であった。同誌は〝日本版カーネギー〟の発掘を実践したのである。そして、教訓的なエピソードをもつ実業家がしばしば記事の素材になり、また、自己の経歴や事績を道徳的に語りうる実業家が、常連のライターとして誌上へと動員されていった。

それでは、『実業之日本』の記者たちは、どのように実業家たちへとアプローチしたのだろうか。記者たちの回顧談を読めば、実業家たちと同誌の仲立ちには、社長・増田義一の個人的なコネクションが力を発揮したことがわかる。

増田は明治二八年一〇月、高田早苗の推薦で読売新聞社に入社し、経済部の主任記者として活動した。その頃から、増田は渋沢・岩崎・安田・大倉・森村といった「当時の財界諸名士と相識り、各方面からその人物才幹の秀抜さを認められた」のだという。[46] 増田が著名な実業家たちと豊かな人脈を築いていたことは、メディアへの露出を極端に嫌う岩崎弥之助との関係に象徴されている。この点については、かつて実業之日本社の理事や『実業之日本』編輯長を勤めた藤原喜一が、次のように回想している。[47]

岩崎弥之助男など、滅多に新聞記者にはあはなかつたが、増田社長には、よろこんで面会し、その後もズッと懇親をつゞけた。増田社長が後年実業之日本社を経営してこれに成功したのも、かうした対人的信用があづかつてその多きに居たことはいふまでもありますまい。

増田自身の回想によれば、岩崎と出会ったのは、岩崎が日本銀行総裁に就任した明治二九年一一月であるという。それ以後、増田は『実業之日本』の取材のために、書斎風景の撮影やインタビューを幾度も申し入れ、岩崎はそのつど快諾したという。また、カーネギーの訳書の第二弾『富の福音』の序文を書いてもらうよう、増田は岩崎に再三懇願し、岩崎は増田の熱意に折れてそれを承諾したというエピソードもある。そして同誌に掲載された三菱関連の記事は、弥之助の情報提供に多くを負っていたという。[48]

また、実業之日本社がときおりおこなったイベントには、多くの実業家たちが出席した。芝公園の紅葉館で開かれた『実業之日本』創業十周年の記念園遊会（明治四〇年五月一二日）は、その典型である。六百余名の来客があり、大隈重信の演説、渋沢栄一の祝詞などのほか、狂言、喜劇「当世ハイカラ」の上演、剣舞、紅葉踊などの出し物があった。模擬店として、ビヤホール・汁粉屋・団子屋・寿司屋・天麩羅屋なども出て、立食パーティーののち、主客の万歳三唱で散会したという。『萬朝報』はその模様を伝えて次のように評している。[49]

成功を鼓吹せる『実業の日本』大に成功して雑誌界の一明星と為る。所謂成功の鼓吹に就ては世上多少の異論なきにあらざるも、成功せること『実業の日本』の如きは、其の鼓吹せる所に背かずと言ふべし

この園遊会の盛況ぶりは、増田人脈の広さを示すとともに、「成功」キャンペーンのために模範的実業家を必要と

する実業之日本社とその候補者たちとのあいだに形成されつつあった共犯的な関係を象徴している。[50] 実業家たちにとって、実業之日本社との関わりは、自己の事績や経営姿勢を擁護するメディアに近づくことを意味していたといえよう。

明治四〇年六月の同誌「十周年紀念号」には、この園遊会の模様とともに、出席者の氏名、各界の「名士」からの寄稿や書簡などが掲載されている。この号は、同誌にたいする実業家たちの絶賛の言葉で満ちている。たとえば、日本石油株式会社の社長・内藤久寛は「一面には実業家の奮闘したり成功したりして居る事跡を世間に紹介し、一面には勉強しろ陰日向なく働けと云ふ、読者は之を読めば如何して感奮せずに居られよう」と述べ、同誌のことを「一人の先生を置く様である」と賞賛している。[51] また、三井物産会社の益田孝も書簡を寄せ、自分は同誌を愛読しており、周囲の青年にも薦めていると述べる。さらに「思ふに実業界に於ては貴誌に負ふ所甚だ大なる」と記して、実業界の地位向上にたいする同誌の貢献を率直に述べている。[52] 当時、日本郵船会社の社長であった近藤廉平も、書簡のなかで次のように述べている。

……本誌収録する所の諸家の論説及内外実業界巨傑の伝記逸話等は皆世の聞かんと欲する所、殊に毎号所掲の成功談の如きは青年少壮の砥励にして立志成業の上に裨益する所多大なるべきを信ず。

実業家関連の記事が『実業之日本』の秀逸な部分であることを近藤は指摘している。[53] 著名な実業家であれば同誌の趣旨に賛同し、また絶賛するのが当然であるという構図が、明治四〇年代にはすでに形成されていたことが、彼らの言葉からはうかがえよう。

『実業之日本』は、模範的な実業家という想定で、何人かの著名な実業家の論考を積極的に掲載した。そして実業家たちのほうも、「成功」と「品性」を中核とする同誌の編集方針に賛同し、全面的に協力した。安田善次郎はその典型であろう。先の「十周年紀念号」で安田は独自の論考〈先づ買人の心となれ〉を寄稿している。肖像写真も掲げられている【写真】。そこで安田が語っているのは、独立して商売を始めた頃に実践した顧客本位の商売と勤勉生活に

先づ買人《かひて》の心となれ

▲買人には一番善い物を賣れ

安田善次郎

私は十九歳の時郷里富山縣を出て、僅に一兩の旅費を懐にして江戸に着き小間物屋の丁稚に住込んでから、今日に至るまで丁度五十年になります。最初は小間物屋に四年、尋で海苔屋兩替屋に二年奉

「先づ買人の心となれ」
〔『実業之日本』明治40年6月：十周年紀念号〕

ついてであり、また、彼自身が『実業之日本』をいかに愛読しているかについてである。(54)

私は今日多忙の身で、読書する暇もありません、……又新聞と雖も毎朝中外商業新報を読むに止め、他の新聞は見ない位であります、併し『実業之日本』は常に大なる興味を以て大概毎号通読して居ります、又私の店の若い者にも読むやうに勧めて居ります。これは『実業之日本』が勤勉といふこと、倹素といふこと、忠実といふこと親切といふこと、総て人が上に対し下に臨んで尽すべき心得を、極めて叮嚀親切に、手を代へ品を換へ、読む人の心になつて反覆説明してあるからで、私の五十年来の主義方針と一致し、誠に御同感に堪へぬからであります。……私は他人に対して最良の手段を尽くす精神に依り、自他共に利する今日の位置に進むことを得ました、恐らく『実業之日本』が一雑誌の力を以てして、四方に貢献せらるゝ範囲の日に広大となるのは、決して理由無きことで無いと信じます。……

顧客本位、自他を利する精神、勤勉を中心とする経営・処世などの「主義方針」が、『実業之日本』の考えと一致していることを、安田は力説している。この記事が掲載されたのち、安田による論考と安田をとりあげた論評がたびたび同誌に登場した。おそらく安田ほど、同誌の編集方針と自己の処世法のあいだの一致を明言する者はいないであろう。ただ、同誌の編集方針に共鳴し誌面へと積極的に参画した点では、森村市左衛門・渋沢栄一・大倉喜八郎といった他の著名な実業家たちも同様である。彼らも同誌の典型的なライターであった。左に掲げたように、明治四〇年代は、彼ら自身の論考や彼らについて論じた記事が数多く掲載された。『実業之日本』は、実業キャンペーンを進めるために、彼らを道徳的なキャラクターとして誌面にしばしば登場させた。

『実業之日本』に見られる森村市左衛門・安田善次郎・大倉喜八郎・渋沢栄一の関連記事（明治三五～四四年）

（*は、記者など本人以外の者による記事。その他は本人によるもの。口述も含む。「近世逸話」欄などに記される短いコラム記事は省略した。）

森村市左衛門

「対外貿易拡張策」「郵便貯金割増制度を論ず」〔三五年〕／「経済財政上より観たる日露戦争」〔三六年〕／「戦時経済策」「日露の勝敗と財界」「品格の人」「戦後に於ける我国民の覚悟」「各人は如何に処すべき」「国運の消長と婦人」「実用的青年」〔三七年〕／「新年劈頭に於ける第一の希望」「海外雄飛の最好時期」「戦時商家発展の方策」「実業界に入る前後の決心」〔三八年〕／「余が実験せる独立自営」「独立自営の典型（森村市左衛門氏）*」「予が米国視察中最も感じたる十五ヶ条」「余は如何にして失敗に処したる乎」「新事業の勃興は大に歓迎すべし」「教育の大目的は学者を作るにあるか」「余の養生法」〔三九年〕／「新事業の解散大に不可」「余が三十年間の奮闘実感」「何事も精神です」「森村組は如何なる組織に依て結合するか」「余は如何にして事業の退歩を防ぐか」「商人間に於ける賄賂授受の弊風と我森村組」「余は何故彼人を川崎家の養子に推薦せしか」「森村市左衛門氏の日常生活*」「諸戸清六の猛烈なる意志の鍛錬」「諸戸清六子孫への遺言状」〔四〇年〕／「余の友人大倉孫兵衛氏の禁煙断行」「余の最も尊敬する友人」「職工と労苦を共にせる八十歳のチニー翁」「辛抱に依りて運命を開拓したる余が親友の実験」「機転の才は如何にして養成すべきか」「我子の為に縮緬の帯を締めざりし森村翁*」「余は如何に我子明六開作の育て方に苦心したるか」「余が三たび失敗より奮起したる当時の元気」「余が奮闘中に弟と長男とを失ひたる当時の感想」〔四一年〕／「主人たる者は先づ如何なる事を修養すべきか」「網をすけ、網をすけ」「余の感心せる日本女子商業学校卒業生」「余は森村組の事業を何人に譲るか」「森村組が内外の同情に浴するを得たるは何故なるか」「珍しき心懸の中学青年あり」「地方より尋ね来りし青年に告げたる余の一言」「公の漸進主義」「余の知人に如斯克己の人傑あり」〔四二年〕／「麻の如き富士紡績を改革したる工場経営の模範人物」「昨年の不況に際し我森村組の大決戦」「富豪の子にも如斯感心すべき相続者あり」〔四三年〕／「森村組が初めて利益を挙げし最初の新年」「余の見たる藤田伝三郎氏附久原房之助氏の奮闘人格」「強記名士の記憶法実験（大倉喜八郎氏と森村市左衛門氏）*」「森村市左衛門氏と其幕僚*」「米国の国民精神を建立したる人道の偉人リンコン」「大隈伯の大常識は進んで百難と奮闘せる賜なり」〔四四年〕

安田善次郎

「安田善次郎の性格*」〔三六年〕／「商傑月旦*」〔三七年〕／「先づ買人の心となれ」「余は如何にして富を積みたるか」「余の見たる人物（安田善次郎、朝吹英二、五代友厚）*」「安田善次郎氏の日常生活*」〔四〇年〕／「実業界を退隠するに当りて心事を告白す」「退隠に当て全国の青年に告げたき一条」「安田翁の躬行実践訓」「安田善次郎氏に与ふる書*」「余には七十年間一片の苦悶なし」「余が五十年間克己心の源泉は茲に在り」〔四二年〕／「余が自作『明治成功録』に選入したる三十四名士」「余が創業を輔けたる四人の内助者」〔四三年〕／「余は如斯事業と人とに対して放資を断行す」「忘れ難き飛騨山中の一軒屋と大和多武峰住職に楽書を戒められたる事」〔四四年〕

大倉喜八郎

「我国民の二大特色」「商傑月旦*」〔三七年〕／「余が実験せる独立自営」「余は如何にして失敗に処したる乎」「余の養生法」〔三九年〕／「余の実験せる楽天生活」〔四〇年〕／「船の烟を見て大倉氏は如何なる商機を察したるか*」「臨機応変の才は如何にして養成するか」「漁船にて大海を横絶せる余が九死一生の冒険」「余は自己の趣味に就て福沢先生と如何なる談話を為したるか」〔四一年〕／「新渡戸博士に対する名士の意見」「大倉喜八郎氏処世の一秘訣」「余は何故廿万円の商業学校を韓国に起せしか」「四十年来知遇を受けたる伊藤公の面影」〔四二年〕／「今年は七十四海浪」「余が如斯態度に出でし結果日清共同事業は立ろに成れり」「惰民を作くる慈善主義に反対して教育事業を興せる余の精神」〔四三年〕／「強記名士の記憶法実験〔大倉喜八郎氏と森村市左衛門氏〕*」「七十五歳の余が劇務に疲労せざる秘訣」「大御心に感じて百万円を寄附せし余が平生の所信」「大倉喜八郎氏と其幕僚*」〔四四年〕

渋沢栄一

「実業的日本の建設者渋沢栄一男*」〔三五年〕／「経済界の前途」「経済界の真相及之か前途」「成功の錦嚢」〔三六年〕／「商傑月旦*」〔三七年〕／「戦捷帝国の実業青年に告ぐ」「戦後経営難きにあらず」〔三八年〕／「今後の財政経済策」〔三九年〕／「新事業勃興に対する余の観察」「渋沢男爵の日常生活*」「余の最も感激したる父の一言」〔四〇年〕／「四十一年の経済界」「渋沢男と故西村翁との間に於ける武士道*」「余の感じたる井上侯の親切」「渋沢男は如何にして忙裡に心機を転換するか*」「余は事業的勇者の典型として何人を推薦するか」〔四一年〕／「余の友人中無学にして大成功を遂げたる三人傑」「天下の糸平今猶生存せば如何なる事を為すべきか」「新渡戸博士に対する名士の意見」「余は如何にして常識を修養するか」「余は今後如何なる事業に主力を注かんとするか」「我社会は渋沢男爵の勇退に対し何物を報ゆべきか*」「渋沢男が初めて世に出でし当時の大元気*」「渋沢男爵夢物語*」〔四二年〕／「渡米実業団に対する米国人の歓迎は如斯なりき」「余が訪米中日本にも応用したしと思ひしこと」「貯蓄奨励には斯の如き必要の事あり」〔四三年〕／「近来我国発達の遅鈍なるは如斯き青年社会病の蔓延に因る」「強記名士の記憶法実験〔渋沢男と益田孝氏〕*」「余が明治二年始めて合本事業を経営せる実験」「大常識家として余の崇拝する大偉人」〔四四年〕

実業キャンペーンを中心とする同誌のプロジェクトに関わることは、実業家たちにとってどのような意味があったのだろうか。このプロジェクトには、実業の基本である営利追求の姿勢を正当化する作業という一面があった。実業家たちは実業の価値を吹聴するプロジェクトに同調することで、自分たちが従事する職業分野の地位向上に一役買ったのだといえよう。しかしそればかりではない。自己の経営哲学や処世訓を同誌に公表することで、彼らは自分自身の経歴や事績を正当化する機会を得たのである。別のいいかたをすれば、『実業之日本』は著名な実業家を「成功」の模範者として紹介し、彼らの言葉を掲載することをつうじて、実業がもたらす価値の絶対化を進めるとともに、彼らを道徳的人物や実業界の英雄として仕立てあげていったのである。

こうして『実業之日本』は、実業家たちと彼らの言説を誌上で頻繁にとりあげることによって、彼らと独特な共犯関係を築いていった。実業家たちは、自己の事績や経営態度を正当化できる言説空間を得たといえよう。では、実業家たちを紹介する記事のなかでは、彼らはどのように語られたのであろうか。

「成功」路線以降、同誌にはさまざまな欄が設けられ、著名な実業家の周辺記事が掲載された。これらの多くは、実業家のプライベートな部分を読者に垣間みせるゴシップ的なものであった。キンモンスがすでに指摘しているように、これらは「映画スターの代わりに実業家を扱った」記事であり、「特集記事には実業家の笑顔だとか金持ちの家庭、なかには実業家の母といったものまであった」[55]。これらは、理想的な実業家像に卑近さと〝人間味〟を加えることで、模範的成功者にたいする読者の共感を生み出したといえよう。

たとえば、明治四〇年一月一日号の〈百花欄〉には〈余の愛読書〉という記事があり、そこでは、実業家を対象とする同誌の愛読書アンケートの回答が掲載されている。渋沢栄一は「一、論語　一、古文真寶　一、百家説林」と答え、安田善次郎は「私は少年の時は四書五経及び随筆物を愛読致候も、近来多忙の為め読書の暇も無之、併し随筆物の外『実業之日本』は常に自分も読み、亦家の者、店の者にも熟読する様勧め居り候」と答えている[56]。

また、明治四二年一月一日号から数回にわたって掲載された記事に〈余は平生何を最も嗜好するか〉がある【写真】。これは、実業家たちの趣味とそれを始めた動機、その趣味によってもたらされる実益を同誌が実業家たちに質問し、数十名から寄せられた回答を記事にしたものである。たとえば大倉喜八郎は書画・骨董、狂歌、一中節などを挙げ、

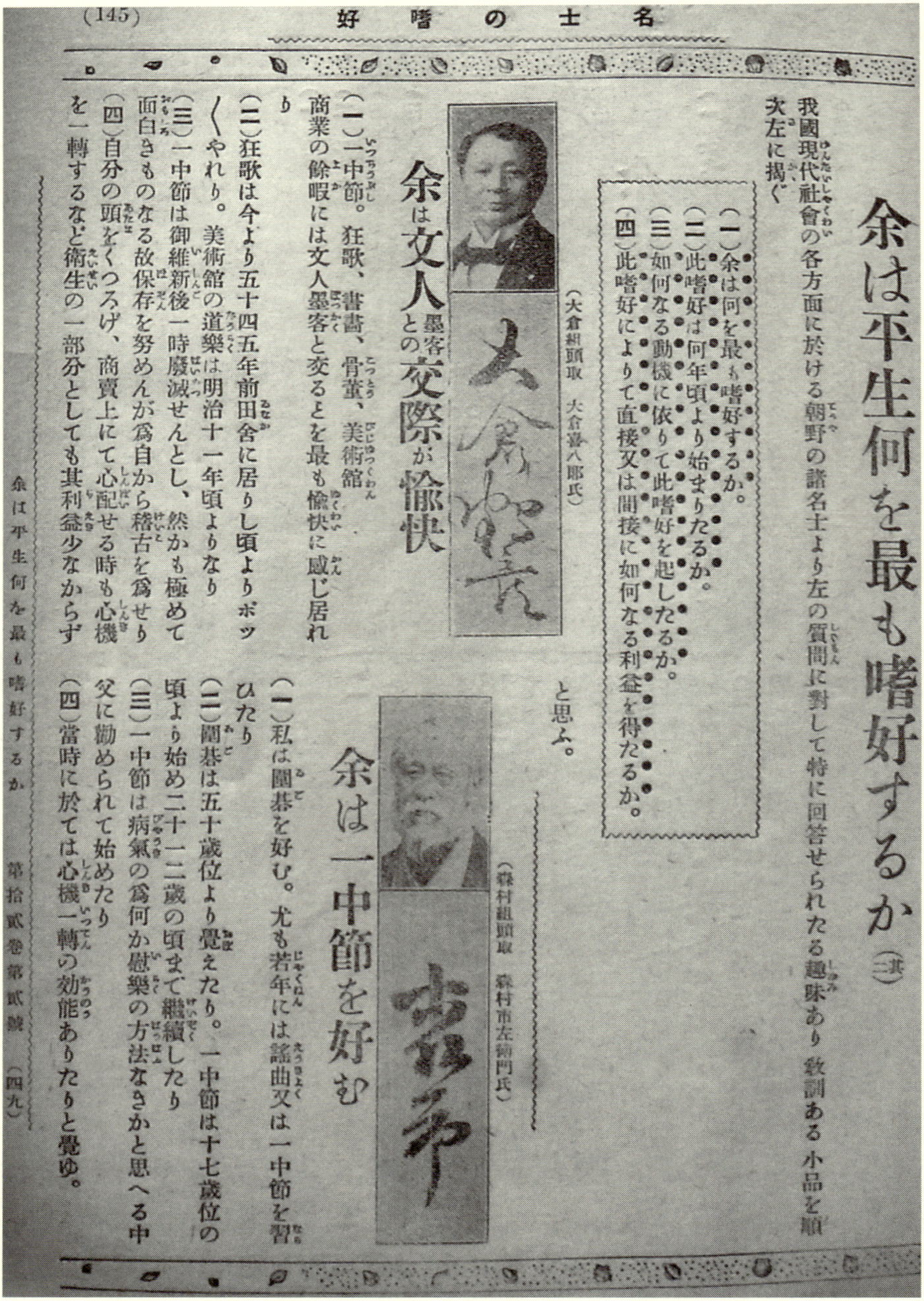

(145)　名士の嗜好

余は平生何を最も嗜好するか（其二）

我國現代社會《げんだいしやくわい》の各方面に於ける朝野《てうや》の諸名士より左の質問《しつもん》に對して特に回答せられたる趣味《しゆみ》あり敎訓ある小品を順次左に掲ぐ

(一)余は何を最《も》嗜好するか。
(二)此嗜好は何年頃より始まりたるか。
(三)如何なる動機に依りて此嗜好を起したるか。
(四)此嗜好によりて直接又は間接に如何なる利益を得たるか。

と思ふ。

余は文人墨客との交際が愉快

（大倉組頭取　大倉喜八郎氏）

(一)一中節《いつちうぶし》。狂歌、書畫、骨董《こつとう》、美術館《びじゆつくわん》商業の餘暇《よか》には文人墨客《ぼつかく》と交るとを最も愉快《ゆくわい》に感《かん》じ居れり
(二)狂歌は今より五十四五年前田舍《ゐなか》に居りし頃よりポツ〳〵やれり。美術館の道樂《だうらく》は明治十一年頃よりなり
(三)一中節は御維新《いしん》後一時廢滅《はいめつ》せんとし、然かも極めて面白《おもしろ》きものなる故保存《ほぞん》を努めんが爲自から稽古《けいこ》を爲せり
(四)自分の頭《あたま》をくつろげ、商賣上にて心配《しんぱい》せる時も心機《しんき》を一轉するなど衛生《えいせい》の一部分としても其利益《りえき》少なからず

余は一中節を好む

（森村組頭取　森村市左衞門氏）

(一)私は圍碁《ゐご》を好む。尤も若年《じやくねん》には謠曲《えうきよく》又は一中節を習《なら》ひたり
(二)圍碁《ゐご》は五十歳位より覺《おぼ》えたり。一中節は十七歳位の頃より始め二十一二歳の頃まで繼續《けいぞく》したり
(三)一中節は病氣《びやうき》の爲何か慰樂《いらく》の方法《はうほふ》なきかと思へる中父に勸められて始めたり
(四)當時に於ては心機《しんき》一轉《いつてん》の効能《かうのう》ありたりと覺ゆ。

余は平生何を最も嗜好するか　第拾貳卷第貳號　(四九)

「余は平生何を最も嗜好するか」（『實業之日本』明治42年1月15日号）

「自分の頭をくつろげ、商売上にて心配せる時も心機を一転するなど衛生の一部分としても其利益少なからずと思ふ」と、趣味の効用を述べている。(57)

さらに、明治四〇年七月一日号から七回にわたって連載された〈名士の平生〉は、実業家の多忙な「日常生活」を描いている。掲載された実業家は、安田善次郎・浅野総一郎・渋沢栄一・森村市左衛門らである。たとえば初回に掲載された〈安田善次郎氏の日常生活〉では、「安田善次郎氏の致富と健康との原因」が彼の日常生活にあるとし、それを「単調で頗る秩序的」な生活であると評する。(58)五時の起床、庭の手入れ、「中外商業新報」の閲読、『実業之日本』の愛読、書類の細密な調査、社員と同じ弁当の昼食などなど。そして、食事の好き嫌いのなさ、囲碁・点茶・旅行の趣味など、プライヴェートな側面も紹介される。さらに、飲酒好きだが自在に禁酒できる「意思の力」が、翁の成功を生んだのではないかという推測で記事は結ばれる。

著名実業家のプライヴェートを伝える記事は、とくに明治四〇年代以降、多くなる。同誌はこれらの記事によって、読者の覗き見的な関心を満足させたであろう。そして、おそらくこれらの記事は、実業家たちの日常的な姿を読者に伝えることで、読者が成功のノウハウを学習していく効果を高めたといえよう。〈名士の平生〉に代表される記事は、成功のマニュアルが欲しい読者の便宜に応えたものといえる。過密スケジュールを規則正しくこなしていく浅野総一郎の毎日、多忙のなかでも人との面会を欠かさない渋沢栄一の社交家としての日々、尊大さが微塵もない、華美を避けた森村市左衛門の「簡易主義」の生活など、世評からは知ることができない実業家の一面を描くことで、これらの記事は、成功に到達するための生活態度や習慣のモデルを読者に供給したのである。(59)『実業之日本』はこうした点に力を注いだが、それは、成功のマニュアルは実地にあるとする同誌の通俗的な啓蒙主義や反学問・反学歴の路線に合致しているからであろう。成功実業家の私生活に関する瑣末かつ詳細な描写は、書物代わりの教材として効果的であった。彼らの日常は読者が意識し、また模倣すべき生活の雛形として語られた。そして、そのことにより、同誌は実業家たちを、読者の注目の的である「スター」として一層、偶像化していったのだといえよう。(60)

富豪批判の思潮と共犯関係

これまで検討してきたように、著名な実業家たちが『実業之日本』の誌面に動員されたのは、実業之日本社と実業家たちとのあいだに独特な共犯関係が成立していたからである。同誌は模範的な実業家を必要としていたし、他方で実業家たちは、同誌をつうじて自己の事績を正当化する機会を得た。両者の思惑が一致したところに、同誌の特徴的な誌面が成立したのである。最後に、両者の関係の特色についてすこし述べておこう。

同誌の編集者と実業家たちの関係は、それぞれの目論見や予断にもとづくものであったといえる。編集者側には、明らかに編集上の作為があった。増田は実業界のダークサイドをあえて誌面からはずし、実業家への徹底的な賛美を意図的におこなったのである。こうした一種の情報操作が、道徳的実業家の偶像をつくりあげていくプロセスを支えていたし、また、これによって実業家とのあいだにいわば良好な共犯関係が築かれていった。こうした増田の方針は、いってみれば実業家の一面のみを誇張する〝半面主義〟あるいは〝ダークサイド隠蔽主義〟である。この点を、当時、同誌の編集に携わっていた藤原喜一は回想のなかで明確に語っている。(61)

「実業之日本」は実業道徳を説き、実業青年を指導することに一時その主たる目標を置いてゐました。私の時代は大体これを以て終始し、経済人の訓話や、伝記や、人物論などを掲げましたが、増田社長は、いつも明るい方面だけを見よ、長所美点を世に紹介せよ、短所欠点は書くな、悪口はいふな、どこまでも正しく公平であれといはれました。私どもも無論その指示の下に筆を執りました。「実業之日本」が世間に信用のあつたのは全くそのためだと思ひます。

「明るい方面だけを見よ、長所美点を世に紹介せよ、短所欠点は書くな、悪口はいふな」は、明治三〇年代から大正期にかけての同誌の編集方針であった。増田はしばしば記者たちに「足で書け」と言い、多忙な実業家へのインタヴューを勧めたという。(62)「長所美点」の紹介を前提とする取材から、共犯的な信頼関係は生まれた。

しかし、この関係は大正期に一時的に揺らいだ。「富豪」への批判的思潮が強まるこの時代に、『実業之日本』も、著名な実業家にたいする批判的な記事をいくつか掲載したのである。一例を示そう。

大正四年一月一日号から数回掲載された〈日本富豪の解剖〉（谿堂生）に、実業家の日常生活に関する情報を多分に盛り込んでおり、結果的には、経営の内情や私生活上のスキャンダルを暴露する内容となっている。著者・谿堂生とは、実業界の消息通である「某名士」という想定であるが、この記事は実のところ、三井幹部の波多野承五郎と記者・藤原喜一の合作であるという。[63]記事は三菱一家、三井の子弟、安田、大倉ら、代表的な実業家たちの蓄財方針を次々に論評していく。[64]たとえば、大倉喜八郎の特徴は放任的な態度にあり、それは若旦那・喜七郎の洋行や彼の散財に何ら口出ししなかったことに象徴されるという。記事は、喜八郎が息子に今日まで認めなかった二点として、「巴里の名女優と両々手を携へて帰朝すること」、そして「飛行機に乗って航空を試みること」を挙げる。そして、その理由を「巴里の女優を携へて帰れば、喜八郎年来の宿望たる授爵の栄典に障碍を来さんことを恐れてである、飛行機航空は墜落して息子の死せんことを怖れてである」と述べ、大倉の思慮を暴露する。[65]また、安田善次郎についての論評はきわめて批判的である。そこでは、「富の散逸を恐怖して、所謂倹約を行ふが如き」態度、つまり欲望を封じ込めるような態度を使用人たちに彼が強いる点を挙げ、そうした彼の生き方に疑問を呈している。[66]

谿堂生は、富豪の子弟には批判的でありつつ同情的でもあり、彼らが親から「巨萬の富」と同時に各種の「悪因縁」と「悪係累」、そして「嫉妬怨恨」を譲り受けた不幸を語る。遺産を引き継いだ藤田平太郎が北浜事件を処理しきれずに「神経衰弱」を起こしたのち「自由意思」をもって隠遁したこと、また、岩崎久弥が朝夕身近にいるのは番頭手代だけで、自身は朋友の少なさを嘆いていることなどを紹介しながら、富豪の子弟に固有の「貧窮」を語る。[67]

こうした批判記事が出現した背景については、いくつかの点を挙げることができる。明治四〇年代と比べて「成功」が若年層の思想的なトレンドから後退してきたこと、実業家への賛美が富豪批判という社会的趨勢の侵食にあったこと、また、実業界の主役が代替わりの時期を迎え、自助努力によらない二世の時代になったことなどである。実業家のダークサイドをあえて隠す編集者側の必然性が、徐々に薄れてきたのである。

また、大正四年七月一日号から掲載が始まった「実業和尚」の筆名による〈実業和尚一喝録〉という記事は、同誌における実業家批判記事の典型である。「実業和尚」は実は元三井幹部の高橋義雄であったことが、のちに明らかになっている。[68]「実業和尚」は数回にわたって著名実業家を論難した。同誌の記者・藤原は「渋沢栄一に三十棒を喰わす、大倉喜八郎に一本参るなど」「散々に悪態をついてあばれまはつた」と当時を振りかえっている。[69]渋沢の「八方美人」、「金の為に一生働く忠僕」としての安田、「男爵に成りたい」大倉というふうに、毎回、著名な実業家を散々に貶した。批判された実業家の反応について、藤原は次のように語る。[70]

……このことは全く当時の編輯者の責任でありますが、世間ではさうは思ひません。増田が承知の上でやらせたものだ、平素の交情を無視した不都合なやり方だとカン〳〵に怒つて了ひました。……この記事のあとの余波がつぎつぎと捲き起つて、仕事をする上にも少なからぬ困惑な事態に直面しました。渋沢子爵も面をそむけた。大倉鶴彦翁も甚だ機嫌が悪く、安田松翁も苦い顔をしました。

「平素の交情を無視した不都合なやり方」に、同誌と協力関係にあった実業家たちは憤慨したのだという。彼らが同誌に便乗して取材に応える利益・不利益の目算が狂ったとでもいえよう。両者の共犯関係が、すべての利害を共にするわけではない交誼や交情といった不安定な基盤に立っていたことがうかがい知れる。

また、「実業和尚」の正体が高橋義雄であったことも重要であろう。先の谿堂生が波多野と藤原であることといい、これらの批判記事は、いわば実業界の内部から発信されたのであった。このことは、両者の共犯関係のもうひとつの特徴を示している。著名な実業家たちは、ともにライターとして同誌の実業キャンペーンに与したが、実業家間では毀誉褒貶がありえた。『実業之日本』というメディアをつうじて、実業家たちはそれぞれが自己の成功哲学や人生訓の正当性を主張できたが、実業家たちのあいだで相互の道徳的な共鳴や連帯が醸成されたわけではなかった。実業家たちは、各自の思惑のなかで同誌に参画するという、いわば冷めた共犯関係のなかにいたといえよう。

しかし、こうした一時期もあったが、『実業之日本』はその後も実業家たちと比較的良好な関係を維持することができた。批判の対象になった大倉も、その後いくつかの論考を寄稿している。[71]また、実業之日本社の創業二十周年祝賀会〔大正六年一一月一七日〕には、やはり批判された渋沢が祝辞を述べ、実業之日本社のこれまでの功労と成金時代における同社の道徳的・教育的な立場にたいして敬意を表している。[72]『実業之日本』は従来どおり模範的実業家を賛美する路線を堅持し、著名実業家の機関誌とでもいえる雑誌になっていった。

おわりに

著名な実業家たちは『実業之日本』の方針や方向性に沿った意見を誌面に載せることで、自己の経営態度や事績の道徳性をアピールできた。そして同誌は、彼らに関する記事や彼ら自身の言説を掲載するなかで、実業という生業の地位上昇を図り、道徳的な実業家の偶像を築いていった。そのプロセスで、正統実業家の根拠は「品性」を中核とする道徳性にあるという認識がもたらされたのだといえる。

そして、こうした両者の共犯関係の背後には、もうひとつの共犯関係があることを忘れてはならない。同誌と読者との共犯関係である。『実業之日本』は読者の需要によって部数を増やし、実業家たちが自己の事績を正当化するチャンスを準備した。読者の需要がなければ同誌と実業家たちとの共犯関係も成立しなかった。読者の需要に応えて、学歴によらない上昇移動や実業の世界での発奮へと彼らを誘導する模範的人物が、誌面に動員されたのである。幕末・明治前期における彼らの成功は、当然、教育制度や学歴資格、あるいは企業組織の選抜制度に依存したものではなかったから、「人材過多」や「教育過度」が社会問題となった時代の成功者の理想像になりえたのである。学歴資格のかわりにクローズアップされたのは、彼らの人格、日常生活のなかの多様で瑣末な習慣、奮闘的な態度などであり、また、それらが成功へと至る不可欠の要素として語られた。こうした読者の需要がなければ、これほどまでに実業家たちの人生訓・成功哲学やプライベートな側面が注視されることもなかったであろう。

（1）この期間に著名実業家の著述・口述によって出版された成功書や自叙伝の一部を以下に掲げておこう。大倉喜八郎『致富の鍵』〔明治四四年〕・『努力』〔大正五年〕、安田善次郎『克己実話』〔明治四五年〕・『意志の力』〔大正五年〕・『勤倹と貨殖』〔大正七年〕、森村市左衛門『独立自営』〔明治四五年〕・『奮闘主義』〔大正五年〕・『怠るな働け』〔大正七年〕、渋沢栄一『至誠と努力』〔大正四年〕・『論語と算盤』〔大正五年〕など。

（2）福沢桃介『無遠慮に申上候』〔実業之世界社、大正元年、二四四－二四五頁〕。

（3）島田昌和「渋沢栄一の明治二〇年代株式保有動向にみる企業者活動」『経営論集』第四巻第一号〔文京女子大学、一九九四年〕参照。

（4）福沢桃介『富の成功』〔東亜堂書房、明治四四年、七四頁〕。

（5）E・H・キンモンス『立身出世の社会史』広田照幸他訳〔玉川大学出版部、一九九五年、一五六頁〕。

（6）竹内洋『日本人の出世観』〔学文社、一九七八年、一二一頁〕。

（7）前掲書〔一二一－一二二頁〕。『成功』の創刊は明治三五年、『実業之日本』が〈成功の栞〉という欄を設けて成功キャンペーンを始めたのは明治三六年である。

（8）〈発刊の辞〉『実業之日本』第一〇〇〇号〔昭和一四年七月一日〕。

（9）実業之日本社社史編纂委員会編『実業之日本社百年史』〔実業之日本社、一九九七年、一五頁〕。また、以下の発行部数についての言及も、同書を主に参考にした。

（10）増田義一が『実業之日本』の発行権と編集権を譲り受けると、増田は雑誌の発行母体を実業之日本社として独立させた。増田の社長時代は昭和二一年まで続いた。前掲『実業之日本社百年史』〔一八－二〇頁〕。

（11）永田新之允「増田君と五十年の回顧」梅山紀編纂『増田義一追懐録』〔実業之日本社、昭和二五年、四七二頁〕。

（12）〈致富の栞〉欄に掲載されたときのタイトルを以下に示しておこう。第一七号〈如何にして富を作る可きか（其一）米国 カー子ーギー述〉、第一八号〈同（其二）〉、第一九号〈富及其使用法 米国 カー子ーギー述〉、第二〇号〈同（二）〉、第二一号〈同（三）〉、第二二号〈義務としての節倹 米国 カー子ーギー述〉。

（13）前掲『実業之日本社百年史』〔二七頁〕。

（14）増田義一「予が苦心の告白」『実業之日本』大正一四年七月一日号〔六頁〕。

（15）同号〔同頁〕。

（16）『実業之日本』明治三五年一二月一五日号〔八四頁〕。

(17)たとえば、〈カーネギーの相続者シユワツブ氏成功談〉（牛後道人）、〈東西富豪成功の秘訣〉〈実業家の成功（僥倖と成功）〉〈如何にして世に処すべきか〉（克堂）といった記事がこの欄に掲載された。明治三七年からは「成功」と名称を変更している。

(18)『成功』の創刊事情や記事内容に関しては、雨田英一「近代日本の青年と「成功」・学歴」『学習院大学文学部研究年報』第三五輯（一九八八年）に詳しい。

(19)この〈綱目〉について村上は『成功』第一巻第五号の記事〈成功は何を教へんとて世に出でしや〉で詳しく説明している。同号（二四－二七頁）。

(20)教育ジャーナリズム史研究会編『教育関係雑誌目次集成 第Ⅲ期・人間形成と教育編 第三三巻』（日本図書センター、一九九二年、三八頁）参照。

(21)『実業之日本』明治三六年八月一日号（八三頁）。

(22)同誌、明治三六年七月一五日号（九三頁）。

(23)同誌、明治三七年一二月一日号（八五頁）。

(24)同誌、明治三七年一一月一日号（八六頁）。

(25)手島精一「中等社会の指導者」、同誌「十周年紀念号」明治四〇年六月一日（七六－八頁）。

(26)同誌、明治三七年一一月一日号（八六頁）。

(27)同誌、明治三七年一月一日号（一〇七頁）。

(28)同誌、明治三六年六月一五日号（八六頁）。

(29)同誌、明治三七年一月一日号（一〇七頁）。

(30)同誌、明治三八年八月一五日号（八一頁）。

(31)同誌、明治三八年九月一日号（八一頁）。

(32)同号（同頁）。

(33)同誌、明治三八年一二月一日号（七九頁）。

(34)高等商業学校の競争率の高さについては、唐澤富太郎『学生の歴史』（創文社、一九五五年、二〇二頁）参照。失業率の高さについては、松成義衛他『日本のサラリーマン』（青木書店、一九五七年、三九頁）参照。

(35)「代替」の概念については、竹内洋『選抜社会』（リクルート出版、一九八八年、一六六頁）に依拠している。

(36)明治三六年五月一二日に、同誌は初めて臨時増刊号（「成功大観」）を発行し、「成功」に関わる多様な論評を掲載した。この増刊号は、二ケ月で三版を重ねるほどの大反響であった。また、実業之日本社はこの頃、『成功錦嚢』『成功座右銘』など、「成功」を冠した書を次々に出版しており、それぞれが短期間で版を重ねている。前掲『実業之日本社百年史』（二九頁）参照。

(37)『実業之日本』明治三六年六月一日号〔一頁〕。
(38)同誌、明治三六年九月一五日号〔一頁〕。
(39)この通俗主義は明治四〇年六月一日発行の「十周年紀念号」に掲載された〈『実業之日本』は十年間に何を為したるか〉でも、「吾人は飽くまでも卑近ならんことを欲す。通俗ならんことを欲す」として、創刊後十年間の方針のひとつに数えられている。
(40)前掲『増田義一追懐録』〔四八一－二頁〕。
(41)『実業之日本』明治三六年七月一五日号〔一－二頁〕。
(42)同誌、明治三六年一〇月一日号〔一頁〕。
(43)同誌、明治三六年一〇月一五日号〔六二頁〕。
(44)同誌、明治三六年一一月一日号〔六九－七二頁〕。
(45)同誌、明治三六年一一月一五日号〔六四頁〕。
(46)前掲『実業之日本社百年史』〔二六頁〕。
(47)藤原喜一「増田社長の思ひ出」前掲『増田義一追懐録』〔四九四頁〕。
(48)これらについては、増田義一〈噫、岩崎弥之助男〉『実業之日本』明治四一年五月一日号〔五四－五五頁〕参照。
(49)『萬朝報』明治四〇年五月一四日。
(50)「共犯」の概念に関しては次の論考を参考にした。P・ブルデュー／L・ボルタンスキー「教育システムと経済」森重雄訳『現代思想』一九八五年一一月号。
(51)『実業之日本』「十周年紀念号」明治四〇年六月一日〔八一頁〕。
(52)同号〔八六頁〕。
(53)同号〔同頁〕。
(54)同号〔六四頁〕。
(55)E・H・キンモンス、前掲書〔一五六頁〕。
(56)『実業之日本』明治四〇年一月一日号〔八四頁〕。
(57)同誌、明治四二年一月一五日号〔四九頁〕。
(58)同誌、明治四〇年七月一日号〔七二－四頁〕。
(59)同誌、明治四〇年七月一五日号〔六八－七〇頁〕、同年八月一日号〔七四－八頁〕、同年八月一五日号〔七四－七頁〕。
(60)こうした偶像形成のなかでも、とりわけ岩崎に関するものは顕著であった。とくに弥之助が明治四一年に亡くなる前後の『実業之日本』には、岩崎崇拝の記事が誌上を賑わした。明治四〇年に短期間続いた〈先輩の感化〉という欄では、〈余の感激したる故岩崎弥太郎氏の訓戒〉〔九月一日号〕、〈故岩崎弥太郎氏の薫陶〉〔九月一五日号〕など、兄・弥太郎の「士魂商才」ぶりや「武士魂」を賞賛する記事をたてつづけに掲載している。弥之助は明治四一年三月二五日に亡くなり、『実業之日本』は五月一日号で追懐記事を掲載した。増田本人による〈噫、岩崎弥之助男〉、岳淵生による〈故岩崎弥之助氏〉を掲げ、弥之助の事業や品性人格を賞賛した。

(61) 前掲「増田社長の思ひ出」『増田義一追懐録』〔四八六－七頁〕。
(62) 同書〔四九〇頁〕。
(63) 前掲『実業之日本社百年史』〔七二頁〕。
(64) 『実業之日本』大正四年一月一日号〔五一－五三頁〕。
(65) 同号〔五四頁〕。
(66) 同誌、大正四年一月一五日号〔三〇頁〕。
(67) 同誌、大正四年一月一日号〔五四－五五頁〕。
(68) 前掲『実業之日本百年史』〔七二頁〕。
(69) 前掲『増田義一追懐録』〔四八七頁〕。
(70) 同書〔四八八－九頁〕。
(71) たとえば、大倉喜八郎〈成金を戒む〉『実業之日本』大正六年九月一五日号。
(72) 前掲『実業之日本社百年史』〔八二頁〕。

第九章　実業家の言説空間——財閥創始者世代の自伝的テキスト

前章で述べてきたように、明治三〇年代に『実業之日本』や『成功』といった雑誌は、「成功」することの素晴らしさ、そして「成功」がもつ独自の価値を、広く若年層に向かって喧伝した。なかでも『実業之日本』は、明治期実業家の成功譚や彼らが語る道徳的・教育的な言説を数多く掲載した。そのなかで同誌は、模範的な実業家の〝偶像〟をつくりあげていったのである。

では、実業家たちが実際に語った自己の事績や人生訓とは、一体どのようなものだったのか。また、彼らの言説には、どのような特徴が認められるのだろうか。明治後期から大正期にかけて、何人かの著名な実業家たちが自叙伝や成功書を数多く刊行している。彼らはそのなかで、自己の経歴、成功の秘訣、人生哲学などを著述および口述のかたちで披露している。明治三〇年代半ばの成功ブームにやや遅れて、実業家本人が自己の事績や処世訓について語る〝自叙伝ブーム〟が到来したのである。この章では、彼らの自叙伝や成功書について考察する。そして、彼らが生み出した自伝的なテキストが、どのようなロジックや形式で読者へと語られたのか、さらに、それらがどのような社会的背景から生み出されたのかを考えてみたい。

実業家たちが公表した自叙伝や成功書はこれまで、明治期経営者の起業精神や彼らの経営のエートスを知るために、たびたび参照されてきた。序論でも触れたように、そうした作業から、多くの研究成果が蓄積されてきた。しかし、この章で試みようとしていることは、彼らのテキストから起業・経営のエートスを抽出していくという作業ではない。むしろここでは、実業家たちのテキストを自己呈示の媒体として捉えて、彼らがそうしたテキストをいわば量産していったという事実の社会的な意味について問い直してみたい。

その際、彼らが書き残したテキストが何を伝えるものなのか、そして、それらのテキストから何を知ることができるのかを一考しておく必要があろう。実業家の自伝的なテキストの多くは、実業家本人や彼らの口述を編集する者たちが多分に公表を意識するなかでつくられている。そのため、多様な〝事実隠蔽〟の可能性があると同時に、意図的な——あるいは無意図的な——〝誇張〟や〝粉飾〟がなされている可能性がある。また、それらには、過去の経験の再構成というフィクシャスなライフストーリーとしての性格があるという点も無視できない。この章では、実業家たちが披露した処世訓などの道徳的メッセージに含まれる「タテマエ」やライフストーリーとしての〝虚構性〟や〝構成的な特質〟にこそ、一種の歴史的なリアリティが隠されていると考える。彼らが披露した禁欲的な経営哲学・人生哲学には、語られた時代の社会的・歴史的条件によって要請され、それらによってつくりあげられていった側面がある。ここでは、彼らが生み出したテキストを内在的に読み解くことをつうじて、それらのテキストが含んでいる〝構成的な特質〟とその歴史的・社会的脈絡に光を当ててみたい。

実は、実業家たちのテキストに含まれる〝構成的な特質〟に焦点をあてた研究は、本格的なものがほとんどない。[1]そのなかで、研究対象こそ異なるが、竹内洋による「立身出世雑誌」や「立身出世読本」についての考察は参考になる。竹内が検討したのは主に明治期の成功読本・成功雑誌（とくに『成功』）・修養読本などであり、ことさら実業家たちのテキストについて論じているわけではない。しかし、そうした読本や雑誌の〝構成的な特質〟が独特な歴史的脈絡を生み出している点が、考察のなかでは示唆されている。竹内は、成功読本や諸雑誌が搬送するイデオロギーやメッセージが、若年層の立身出世アスピレーションを加熱したり冷却したりする社会的な機能に着目している。[2]指摘されているのは次のような諸点である。明治三〇年代半ばの成功読本の刊行数の増加からは、若年層を成功へと煽る「成功ブーム」の存在が読み取れること。また、「成功ブーム」の先駆けとなった雑誌『成功』は、創刊当初においては若年層の成功アスピレーションを加熱したが、上昇移動市場の逼迫という現実のもとに雑誌自体が徐々に衰退に向かったこと。そして、「成功ブーム」ののちに、成功読本にかわって修養読本が数多く刊行され、若年層の肥大化したアスピレーションを「冷却」ないし「縮小」するイデオロギー（とりわけ「克己や勤勉などによる人格の完成」を説く修養主義）を提供したこと、などなどである。実業家が物したテキストに注目しているわけではないが、竹内の論点は、実業家の思想を搬送するテキストも成功読本や修養読本と同等の社会的機能を果たしていた可能性に気づかせてくれる。すなわち、著者のオリジナルな思想や出版元の狙いといった個別的な要素に還元されない、テキストの社会的機能である。

さらに、この問題は別の角度から考えることもできる。すなわち、実業家たちのテキストは、竹内が分析した立身出世読本と同じように、加熱や冷却などといった社会的機能を果たすべく、いわば〝社会的に〟量産を要請されたのではないかという点である。さらにまた、そうした社会的機能を果たすような形式へと、彼らの語りは〝社会的に〟アレンジされたのではないかという点である。この章が問題にしようとしているのは、まさにこれらの点である。竹内が主にテキストの機能に注目したのにたいして、本章では、実業家たちのテキストが、時代の要請や読者の需要に応えるものとして構成されていった点に注目してみたい。実業家がメッセージとして発した経営思想や実業精神の内容が、読者などの諸集団や社会状況とのあいだの相対的な関係や力学によって決定されていった点に、とくに注目したいのである。そうすることで、実業家たちのテキストから彼らの経営思想を抽出するという従来の思想史的なアプローチがもたらす知見とは異なるものを、得ることができるのではないかと思う。

以下では、明治期実業界の中心的な人物であり、明治期財閥の創始者世代でもあった四人の実業家のテキストを、主にとりあげてみたい。大倉喜八郎（一八三七－一九二八年）・安田善次郎（一八三八－一九二一年）・森村市左衛門（一八三九－一九一九年）・渋沢栄一（一八四〇－一九三一年）の各テキストである。彼らには自叙伝や成功書などの著作がきわめて多い。彼らは明治期・大正期の実業界を代表する著名人物であったが、同時に、〝正統〟で理想的な実業家像を大衆に向かって語る実業家集団のスポークスマンでもあった。また、著書・口述書の刊行をつうじて〝正統〟な実業家であるための規準を示し、〝正統〟な実業家の定義をおこなっていた点で、彼らはいってみれば、実業界における正統・異端の選別者でもあった。したがって、彼らが残したテキストは、たしかに財閥創始者世代の実業家グループに共有されていた経営の精神やエートスを知るための有益なサンプルではあるが、他面、明治期・大正期において模範的実業家をこころざす者たちの〝正統的教説〟だったのである。左に彼らの主な著作物を掲げておこう。

大倉喜八郎――『致富の鍵』（述）〔菊池暁汀編、丸山舎、一九一一年〕・『努力』（述）〔井上泰岳編、実業之日本社、一九一六年〕

安田善次郎――『富の活動』（述）〔菊池暁汀編、大学館、一九一一年〕・『克己実話』〔立石駒吉編、二松堂、一九一二年〕・『富之礎』〔昭文堂、一九一一年〕・『意志の力』〔実業之日本社、一九一六年〕・『出世の礎』〔尚栄堂、一九一七年〕・『使ふ人使はれる人』〔泰山房、一九一八年〕・『勤倹と貨殖』〔東盛堂、一九一八年〕・『金の世の中』〔野中正編、東亜堂、一九一九年〕

森村市左衛門――『少年実業訓』〔博文館、一九一一年〕・『積富の実験』（述）〔菊池暁汀編、大学館、一九一一年〕・『独立自営』（述）〔井上泰岳編、実業之日本社、一九一二年〕・『自助』〔栄文館書店、一九一五年〕・『奮闘主義』〔実業之日本社、一九一六年〕・『怠るな働け』（述）〔菊池暁汀編、東亜堂、一九一八年〕・『心の修養　勤倹訓話』〔東盛堂、一九一九年〕・『森村翁言行録』〔若宮卯之助著、ダイヤモンド社、一九二九年〕

渋沢栄一――『実業訓』〔成功雑誌社、一九一〇年〕・『実業要訓』（述）〔浦田治平編、日吉丸書房、一九一一年〕・『青淵百話』〔同文館、一九一二年〕・『渋沢男爵実業講演』（述）〔井口正之編、帝国図書出版、一九一三年〕・『至誠と努力』（述）〔修養団本部編、栄文館書房、一九一五年〕・『実業家処世訓』（述）〔井上泰岳編、博文館、一九一六年〕・『論語と算盤』（述）〔梶山彬編、東亜堂、一九一六年〕・『処世論語』〔弘学館書店、一九一七年〕・『世渡りの修養』〔東盛堂、一九一八年〕・『処世訓』〔野中春洋編、東亜堂、一九一九年〕・『処世の道　脩養訓話』〔日進堂、一九二二年〕・『青淵回顧録』（述）〔小貫修一郎編、青淵回顧録刊行会、一九二七年〕

〔注〕主に国立国会図書館蔵書から代表的なものをピックアップした。責任表記に口述や述とある場合は（述）と記した。

次節では、彼らの自伝的テキストをもとに、彼らに共有されている〝立志の動機〟や〝成功の秘訣〟を、まずは抽出してみる。その作業のなかで、彼らのテキストは懐古や教訓や提言などが入り混じったきわめて多面的なものであって、そこには相互に矛盾する多様な内容が含まれている点を確認したい。そして、それらから首尾一貫した経営思想や経営のエートスを読み取ることには限界があるという点も、あわせて確認したい。さらに、続く節では、彼らの言説の内容が彼ら自身の思惑や思想を反映しつつも、広く当時の社会的状況などの要素にもとづいて構成されている点について指摘したい。

自伝的テキストの非一貫性

先にも触れたように、これまで実業家たちの自伝的テキストは、近代日本の起業精神や経営のエートスを突きとめるためにしばしば引用されてきた。そして、その過程で、たびたび次のような見解が示されてきた。すなわち、一般的にいって明治期実業家たちの起業動機は、経済的個人主義や私益追求の態度というよりも、むしろ国家や同族などにたいする献身意識に由来するものだという見解である。[3] また、そうした見解を前提として、彼らの利他的な起業動機やそれにもとづく経営のエートスの起源を、儒教倫理などの伝統思想にまでさかのぼろうとする試みも行なわれてきた。

あとで述べるように、渋沢や大倉たちのテキストからは、たしかに国益中心主義や公益中心主義の思想を認めることができる。彼らは、私益を国益・公益に調和させることや、国益・公益を営利活動の最終目的として位置づけることを、経営の心がけとしてしばしば力説している。しかし考えてみれば、彼らが自己の経営哲学をこのように語ったのは、およそ実業の世界へと彼らが踏み出してから数十年を経た時代、つまり彼らがすでに功成り名を遂げたのちの時代においてである。したがって、彼らのテキストに国益・公益重視の思想が見られるからといって、ただちにそれを若き時代の立志の動機や起業の動機に直結するものと見なすわけにはいかない。さらに彼らのテキストを通読すれば、相互に矛盾するような、一貫性の欠けた多様な言説に満ちていることがわかる。彼らの思想を国益・公益重視の一点張りで捉えることには、おのずと限界がある。以下では、彼らの自伝的テキストで必ずといってよいほど語られる〝立志の動機〟と〝成功の秘訣〟について検討し、これらのことを確認したい。

立志の動機

【表９ａ】は、四人の封建的な出自や幼時の教育環境、そして〝立志の動機〟〝成功の秘訣〟を、それぞれの自叙伝や成功書をもとに簡単にまとめたものである。実業に携わるまえの状況はそれぞれ個性的であるが、〝立志の動機〟および〝成功の秘訣〟で語られるエピソードには、いくつかの共通点がある。

〝立志の動機〟でしばしば語られるのは、「身分体験による野心の過熱」とでも呼べそうなエピソードである。すなわち、幼少期に武士身分と遭遇するという印象的な体験をもち、それをきっかけにして実業へのこころざしや金銭的なアスピレーションが覚醒したというエピソードである。

大倉喜八郎と安田善次郎が語るエピソードは、その典型である。大倉喜八郎の封建的出自は、帯刀を許される裕福な名主であった。大倉は、いってみれば経済面でも教育面でも恵まれた境遇にあり、幼い頃から王陽明派の学者の私塾で四書五経などに親しんでいたという。他方、安田善次郎の父は、最下級士分に列せられた半農生活者であり、安田自身、「教育といえば寺子屋」程度で、父は善次郎に幼少の頃から農業の手伝いをさせたという。(4) このように両者の幼少時の境遇は対照的である。ところが、それぞれが語る〝立志の動機〟はよく似ている。大倉喜八郎は、学友の父が武士と路上で出会い、そのとき平伏を怠ったために、家業の一時停止を命令されるという事件を印象深く記している。そして、その事件が、実業をこころざした直接の原因であると述べている。他方、安田善次郎も、これとよく似たエピソードを語っている。安田は、実父が家老格の武士と路上で出会い、雪道に座って平伏している姿を目撃したことを、立志の動機のひとつに数えている。「御武士は足駄はそのまゝで威張つて行き過ぎる。私は少年の身ながらも甚だ情なく思ふた」と、安田は述べている。(5) このように大倉と安田は、武士身分にたいして敵意が掻き立てられた話を、立志のエピソードとして語っている。

特徴的なのは、彼らがこれらのエピソードを、金銭そのものの価値を強く実感させた事件として捉えている点である。あるいは、資金力を基準とするものが社会的序列として最も正当であるということを認識した事件といってもよい。大倉は学友の父の事件を、武士によって商売が妨害された事例として語っている。彼はこの事件をつうじて、商売の「大切」さを深く認識したのだという。また、安田は先の体験から、一家の総領として生まれたものの、「五百石取りの家老格」とは対照的な「小禄者の後取り」にすぎない自分の境遇を「残念でならぬ」と感じたという。さらに安田は、もうひとつのエピソードを語っている。貸与金をもってきた豪商の手代を、商人身分であるにもかかわら

	大倉喜八郎	安田善次郎	森村市左衛門	渋沢栄一
生没年	1837-1928	1838-1921	1839-1919	1840-1931
出自	名主	最下級士分	袋物商	豪農
幼時の教養	幼時より四書五経・習字・珠算	寺子屋	手習い	漢学・儒学・武術
おもな活動分野	軍需品等の貿易業・土木建設業など	銀行や損保会社を中心とする金融業など	貿易業・洋食器生産など	銀行・損保会社・製紙会社などの設立
信奉・信仰の対象	『西国立志編』の愛読	太閤崇拝・神社への参拝	仏教からキリスト教への回心	『論語』『中庸』
立志の動機	武士に土下座を強要された知人の話に発奮	町人に金を借りる藩主側の低姿勢を見て	震災にあい，貧困にあえぐ家の再興	御用金を差し出したときの代官の横柄な態度
成功の秘訣 成功の哲学	活働主義・精力主義（その他，分限を守る，国家を利するなど）	克己貯金（克己制欲と勤倹貯蓄の融合）	奮闘主義（天は必ず報いるという信念）	義利合一主義（武士的精神による私利追求の抑制）

表９ａ　立志の動機・成功の秘訣など

ず藩主が城下まで手厚く出迎えたという、一六歳の頃の見聞である[6]。先の事件とこの見聞から、安田は「金の力」の「偉大」さを認識するとともに、「金さへあれば天下は我が物だ」という印象を強くもったのだという[7]。

同じようなエピソードは、渋沢栄一が語る〝立志の動機〟のなかにも確認できる。渋沢栄一は裕福な豪農の出身である。実父や儒学者から早期教育を受けたということから推察すれば、彼の境遇は大倉喜八郎と似て、経済・教育の両面において比較的恵まれていたのだといえよう[8]。彼は、一七歳のときに父の代理で代官と面会したときの体験を語っている。その折、彼は御用金の差し出しを迫られて、代理であるという理由で即答を拒否すると、代官は人格を否定するまでに彼を嘲弄したのだという。この事件が立志の契機になったのだと渋沢はいう[9]。渋沢は、その代官や彼のような存在を許す体制への憤りを同時に記しているが、このエピソードで語られるのは、身分秩序にたいする批判ばかりではない。むしろ渋沢はこのエピソードを、金銭に関わる〝作法〟を深く考えさせられた事件として語っている。渋沢は事件の顛末を物語るなかで、「当然の年貢を取りながら返済もせぬ金員を、用金とか何とか名を付けて取り立てて、その上、人を軽蔑嘲弄して、貸したものでも取返すように、命示するという道理」に嘆息している[10]。ここで渋沢が中心的なテーマとして想定しているのは、見返りのない金銭の授与への疑問であり、さらに、金銭を与える側と与えられる側の理想的な関係についてである。

森村市左衛門の〝立志の動機〟についても付言しておこう。森村には、三者に通じるようなエピソードはない。祖父の放蕩や震災で多額の借金を負い、困窮する商人の家に生まれた彼は、教育環境においても恵まれず、勉学は手習い程度であったという。森村は、没落した家の立て直しと家業の再興を、第一の立志動機として挙げている。のちに借金を皆済した際に、「我独りの愉快」に「数年の辛苦」を忘れたという感慨を、森村は記している(11)。先の三者と同様のエピソードは認められない。彼の〝立志の動機〟は、身分秩序への批判といった社会的な意味をもつものではなく、自助や自己鍛錬へと志向していくいわば私的な動機である。ただし、金銭に最高の価値を認めるように誘導された体験を語っている点だけは、他の三者と共通している(12)。

ここでとりあげたエピソード――身分体験による野心の過熱――について、最後にひとこと付け加えておこう。大倉たちは、武士身分との遭遇という〝不幸〟な事件に刺激されて、彼らの内部に身分秩序を超越していこうとする革新的な志向が覚醒したことを語っている。そこでは、自分を取り巻く身分的な状況が、いわば金銭的な実力主義の理想を挫くものとして捉えられている。また同時に、そうした状況を許す体制・秩序にたいして反発や違和感が表明されている。しかし、秩序の打破、秩序の超越といった姿勢や革新的な志向、あるいは現状にたいする批判的なスタンスが、彼らの人生のポリシーや政治的信念として強く打ち出されているわけではない。また、身分秩序に抗したり自由な実業活動の保障を求めたりといった革新的な主張が、テキストのなかで積極的に展開されているわけでもない。語られるエピソードの中核は、体制・秩序批判というより、むしろ彼らが社会における金銭的な序列を認知し、また、金銭的な価値に覚醒したという出来事そのものである。

大倉喜八郎などは、秩序を乗り越えていく革新的な態度とは対照的な態度、すなわち体制への迎合的な態度を連想させるエピソードを、同時に語りさえする。明治の元勲や華族と出会い、彼らと臨席したことに至福を覚えたという〝幸福〟な身分体験、あるいは「遭遇体験」である。大倉喜八郎は明治初年に武器貿易で成功し、明治五年にはヨーロッパを漫遊した。彼はなかでも、イタリアで伊藤博文から岩倉大使一行との会食を勧められたハプニングを克明に語っている。大倉はそのとき「私は商人、一行は大官のことである」と気後れを感じ、いったんは会食を辞退したという。しかし、伊藤から「構うものかこい」と言われたので卓についた。その折、随行していた書記官たちの「町人風情の者が、我々の上官と食卓を共にするとはけしからぬ」という不満が伝わってきたという。しかし同席した大官たちからは「この大倉だけは他人の力によらず、自分で儲けた金で自分で欧州三界を股にかけて歩いている」と誉められたという[13]。こうした遠い過去のエピソードを、大倉は忘れもしない体験として語っている。このエピソードは、おそらく大倉のライフヒストリーのなかで重要な位置を占めているのであろう。彼が取り組んでいた海外貿易事業の革新性が時の権力者たちに評価され承認されたことは、政商・大倉の実業家としてのアイデンティティに深く関わる出来事であったと推察される。

また安田善次郎も、これとよく似たエピソードを記している。『安田善次郎傳』に記された自筆日記によれば、あるとき安田は、旧加賀藩主・前田家が主催する鴨狩りの催しに招待されたという。そして鴨狩りの後、「酒菓の饗応」と「晩食の宴会」が続けざまにおこなわれたことを、安田は詳しく記している。安田は前田家の手厚い饗応に「未曽有の愉快」を覚えるとともに、「十分の愉快を極め」たと記している[14]。第六章で触れたように、前田家は安田にとって郷里・富山の旧藩主の宗家にあたる。安田の率直な記載からは、前田家のもてなしにたいする安田の感激と前田家への彼の懐古的な忠誠心を読み取ることができる。

大倉と安田のエピソードからは、身分超越的な志向や革新的な志向どころか、むしろ、新たに形成されようとする身分秩序への愛着や旧来の秩序への回帰志向がうかがえる。それらは、成功への足掛かりを得た彼らの内面に、ふたたび身分意識が蘇ってきたことを語るエピソードだともいえよう。おそらくこれらのエピソードは、彼らの生活態度や経営態度が必ずしも堅固な人生哲学や経営思想によって貫かれているわけではないことを示している。大倉や安田に限らず、実業家たちが書き残したテキストには、その折々に感じた多様で刹那的な個人的感慨が盛り込まれている。そして、そうした感慨は必ずしも各自が構想する思想や信念の一貫性によってコントロールされるわけではないし、また、テキストのなかでそれらが他の要素と矛盾なく整序されているわけでもない。大倉のように、一方で体制超越的で革新的なみずからの志向を語りつつも、他方では体制迎合的なエピソードを語るという二重性が、テキストのなかに認められることもありうるのである。

成功の哲学

先の大倉と安田のエピソードには、身分秩序への愛着や身分意識の再生といった要素を認めることができる。そして実は、こうした要素に通じるような内容は、〝立志の動機〟とは別の語りのなかにも認めることができる。それは彼らがしばしばテキストのなかで「成功の哲学」や「成功の秘訣」と称して語っているものであり、彼らが刊行した成功書の中心的な部分でもある。彼らはそのなかで、みずからが実践してきた成功法やそれを支える精神のあり方について雄弁に語っている。とりわけ彼らがともに推奨し、また最も重要視しているといってもよい基本的な態度が、「分相応」の経営姿勢、あるいは「分相応」の振舞いといった〝「分限」主義〟である。彼らの〝成功の哲学〟は、この思想に凝縮されているといっても過言ではなかろう。先に見たように、彼らは〝立志の動機〟でしばしば秩序を超えていく自己の革新的な姿勢を強調しているが、〝成功の哲学〟を語る際には、これとは対照的に、「分相応」の生活態度や経営態度が肝要であると熱心に説いている。ここにも、彼らのテキストが含む思想的な非一貫性を観察することができる。以下では、彼らによる具体的な〝成功の哲学〟〝成功の秘訣〟を概観しながら、そこで熱心に語られる「分相応」の経営態度や生活態度について考えてみる。

自分が実業の世界で成功した理由を最も簡潔に記しているのは、おそらく大倉喜八郎であろう。彼は自己の成功の指針を七つの項目にまとめている。「虚業」の禁止、国家を利する事業の励行、実業教育への貢献、名声・爵位を望まないこと、「分限」を守ること、「活働主義」ないし「精力主義」、そして明確な決断である(15)。それぞれ手短に記載しているだけであるが、これらは他の実業家たちが掲げる〝成功の秘訣〟を網羅している。

たとえば「虚業」の禁止は、現金決済主義を唱えていた大倉喜八郎の独自性が反映したものであるが、投機の回避ということであれば、他の実業家も自己の経営指針として掲げている。安田善次郎は「元来投機的の事は嫌い」と述べている。そして若年者に向けて、投機よりも「労力によりて富を積め」と提言するとともに、「労力」第一の独立経営を、自己の〝成功の秘訣〟として披瀝している。また森村市左衛門も同様に、投機とは「一攫千金」を求める態度であると捉えて、「奮闘主義」というモットーを具体化する要素のひとつに、投機の回避を挙げている[16]。

渋沢栄一の場合は、安田や森村とは異なり、投機を明確に否定する言葉を見つけるのは難しい。ただ、自身の若き日々を回顧しているくだりに、「実業界にあって活動して居る頃には、縷々利を以て誘われた事があった」が、それを「正しい道理の上に立って斥け」てきたのだと述べている箇所がある。明治初年以来、彼が「虚業」を回避してきたことが、ここでは仄めかされている。また、昔から変わらぬそうした態度が、自分がいま主張している商業道徳観――「義利合一主義」――に結びついているとも述べている[17]。

大倉が掲げる〝国益重視の経営態度〟もまた、他の三者に共通に見られる。大倉は、陸軍御用達の武器商人となって成功した明治初年の経験を好んで語るが、ある箇所では、その頃の事業を「自慢ではないが、多少とも直接間接に国家に対して利するところがあったのであろうと思う」と自賛している[18]。いわゆる御用商人としての活動を、国益を意識した事業として正当化している印象があるが、ここでは、国益との関わりが事業の成功にとっては重要であることが端的に示されている。また森村市左衛門もやはり、国益の重要性を強調している。森村は「自己を犠牲としても、国家将来のため、社会人類のために働くといふ覚悟は、事業をなすの秘訣であると私は断言する」と述べる。さらに彼は、商売とは最終的には利他的な行為であり、その最終目的は国益であるというナショナリスティックな自説を展開している[19]。渋沢栄一も同様である。渋沢は、国益を考えない私益の追求は事業に無理が生じやすく破綻に至ると説いている[20]。国益と私益の調和を理想とする「義利合一主義」の主張である。また安田善次郎の場合は、〝成功の秘訣〟として国益と私益の関係についてほとんど述べることはない。しかし、ある成功書のなかでは、電灯事業に自身が参画した理由を、住民の生活の向上を考えたうえでのことであると述べており、そこでは自分が私益のみを常に考えているわけではないことを強調している[21]。

このような国益重視の思想が、彼らの実際の事業経営のどの部分に、そしてまたどの程度まで反映していたのかについては、容易には判断できないだろう。ただ、ここでさしあたって確認しておきたいのは、彼らのこうした国益尊重の思想は、語られた時代の個性的な言説として解釈する必要があるという点である。彼らは示しあわせたように国家との共存共栄を〝成功の秘訣〟のひとつに数えるが、その事実のなかに、時代の混乱期に乗じた僥倖を国益尊重の外観で隠蔽しようとする態度を見て取ることもできる。明治期の実業家が公表した思想を近代日本の代表的な経営のエートスとして捉えるのが、きわめてオーソドックスな経営理念研究の方向であるとすれば、そこで捉えられたものとは異なるリアリティにおいて、彼らの思想を解釈しなおすことが可能である。すなわち、そのような思想を表出し、言説化するように彼らを導いた時代や社会の観点から、彼らの語りを捉えなおすのである。

さて、成功へと導いた経営のモットーや処世訓についても、四人には大きな共通点がある。それらは先に述べた「虚業」の排斥や国益の尊重といった具体的な項目を、いわば内面から支えた信念として位置づけられている。先に示したように、大倉喜八郎は〝成功の秘訣〟として「活働主義」や「精力主義」を挙げている。そして別の箇所では、自分が成功したのはまさに「自分の思ふ所に向つて猛進した」ため、つまり「悪戦苦闘」してきたためであると述べている。[22]また彼は「奮闘的精神」をもつことが自分の特徴であるとも述べている。これらの叙述には、目前の職務のみにアスピレーションを集中していく努力主義のエートス――見田宗介や竹内洋が言及している「金次郎主義」に相当するもの――が語られているのだといえよう。[23]

それぞれの実業家の〝成功の哲学〟は個性的であるが、大筋においてこうした努力主義は共通に認められる。安田善次郎は自身の成功を「凡ての誘惑に打ち克ち克己の生涯を続けたこと」に求めている。そして「克己制欲」と「勤倹貯蓄」を融合した「克己貯金」を成功のモットーと位置づけている。[24]ここには、「貯蓄王」や「吝嗇漢」などの悪評があった安田の独特な成功観が表れている。しかし、目前の職務へとアスピレーションを集中し、また封じ込めるという点は、大倉の「奮闘的精神」や「精力主義」と重なりあう。また森村市左衛門の場合は、「奮闘する気力」をもって「正直な労働」を天に預けておけば最終的には必ず報酬が還ってくる、という信念をもつことが肝要であると述べる。そして、彼がこれまで実践してきた生活上のモットーを「奮闘主義」と名づけている。[25]この態度も、職務への集中、あるいは職務へのアスピレーションの封じ込めの一種であると見なせよう。

渋沢栄一の有名な「士魂商才」の思想も、同様の態度であると考えてもよいのではないだろうか。彼はみずからの経営態度について、自己利益に偏した商売と対比しながら語っている。そうした商売は「不道徳、詐瞞、浮華、軽佻」の「小才子小利口」に過ぎず、これでは無理な事業に手を出して失敗しやすいのだと彼は述べる。そして、これとは逆に、商売には「正義」「廉直」といったいわば禁欲的な「武士的精神」によって私益追求を抑制する態度が重要であると説く。いわゆる「士魂商才」の思想であり、これを彼は実業家が従うべき商業道徳として提唱している[26]。私益追求への極端な偏りを武士道や儒教的な徳目によって矯正するという意味で、彼はこれを「義利合一主義」とも呼んでいる。そして、彼は過去を振り返り、これまでさほどの失敗がなかったのは、そうした立場を遵守してきたからだと語り、いまがあるのは「平素修養せる克己心の賜物である」とも述べている[27]。ここにも、先の三者に見られたアスピレーションの集中や封じ込めの態度を確認することができよう。

このように、私益追求とは対照的な〝成功の哲学〟や処世術を、彼らのテキストからは容易に見つけることができる。しかし、だからといって、ただちに禁欲的な態度やアスピレーションの封じ込めこそが明治期実業家のなかに典型的に見られる経営のエートスであると一般化するならば、おそらく実業における彼らの心的傾向の重要な部分を見逃してしまうことになろう。〝立志の動機〟の項目で見たように、「身分体験」や「遭遇体験」が彼らのテキストであれほど多く語られるのは、金銭的なアスピレーションが覚醒し、また金儲けへと〝開眼〟した体験が、実業をこころざす場面で重要な意味をもっていたことを意味している。そして金銭にたいする強い志向は、立志の状況を語る箇所とは別の箇所においても数多く見つけることができる。禁欲的な〝成功の哲学〟とは対照的な、いわば素朴な金銭欲や金力の積極的な肯定が、テキストのなかで幾度となく語られるのである。

たとえば大倉喜八郎は、「金の為めに、あらゆる困難辛苦を嘗めた人でなければ、真に金の有難味は、解らないものである」と述べて、金銭という独特な存在と彼自身の成功のあいだの結びつきの強さを強調している。さらに安田善次郎のテキストに至っては、金銭至上主義の言説で満ちているとさえいえる。「金である。金さえあれば至る所誰も優遇され、誰も優遇するのではあるまいか」といった具合である[28]。また森村市左衛門も、安田とよく似た金銭観を語るときがある。彼はある成功書のなかで、安田の「勤倹貯蓄」と同じように、貯蓄の大切さに気づくことは「大なる美徳」であると述べている。そして、「利息と共にふえて来る」にしたがい興味が湧くことに、貯蓄の楽しみがあると記している[29]。

これらの三者に比べて、渋沢栄一には、金銭への素朴な執着を示唆するような言葉を見つけることは難しい。ただし、金銭的なトラブルや過度の拝金主義などといった「金銭の禍いを恐れ」るために、かえって「金銭の価値を卑しく見る」ようなことはあってはならないと、彼は主張している。「金銭の真価」をより一層認識し、その運用を究めるべきであるというのである[30]。

このように、彼らのテキストでは、一方で目前の職務へのアスピレーションの封じ込めが成功の原因や成功の処方箋として語られるのだが、他方においては、金銭的な価値の礼讃や金銭への思い入れといったものが率直に語られる。彼らの語りは、金銭的なアスピレーションにたいして、きわめてアンビヴァレントな態度をとっているのだといえる。そしてこのことは、テキストに見える彼らの言説を首尾一貫した経営思想として一般化するのが危険であることを示している。一面的な思想史的な解釈では捉えきれない部分が、彼らのテキストには隠されているのである。思想的な一貫性の乏しいテキストを彼らがなぜつくりあげていったのかが、説明されなければならない。

さて、金銭そのものや金銭的アスピレーションにたいするこのアンビヴァレントなスタンスは、〝成功の哲学〟のなかでは独特な言説となっている。そこでは、いわば矛盾を孕む主張が展開されている。彼らはみずからの成功譚を披露しつつも、読者に金銭的成功を無条件に勧めているわけではない。興味深いことに、彼らはむしろ金銭的成功から目を逸らし、そこから撤退するかのような生活態度や経営態度を読者に勧めさえする。また、そのような撤退の態度こそが〝成功の秘訣〟であると語ることもある。そして、このような矛盾に満ちた主張は「分限」や「分相応」の経営思想――いわゆる「分限主義」――へと、しばしば収斂していく。以下に、彼らの〝成功の哲学〟の中核を占める「分限」の思想について述べておこう。

大倉喜八郎は、「貧者には貧者の分限があり、富者には富者の分限がある。それで私はこの分限に越えた事はしないので、むしろ分限よりは内輪にしてきたのである」と語る[31]。身の程をわきまえた「分相応」の経営姿勢を推奨しているのである。しかし、そもそも「分限」を守ることとは、どちらかといえば私益追求を抑制する態度ではないのか。

それは彼が述べてきた金銭欲の肯定や金銭的アスピレーションの覚醒という先のメッセージと、鋭く矛盾するのではないか。また、「分限」は現状への自足という含意をもつが、そうした「分限」を、リスク承知の営利追求を含意とするはずの企業者精神のひとつに数えることがはたして可能なのか、といった素朴な疑問も湧いてくる。安田善次郎も、「人には凡て分限と云ふものがある。分に応じた仕事を成し、之に適応した生活をさへ成して行く時は処世上何らの錯誤も生ずることはないのである」というふうに、大倉と同様の趣旨を述べる。そのうえで「人にはそれぐ〳〵欲の念はあるもので、各々階級、境遇、身分に応じて違ふものだ」とも述べている。[32] これは、立志のエピソード（「遭遇体験」）で語られた身分秩序への批判や金銭的アスピレーションの覚醒といったメッセージと鋭く対立するものであろう。

大倉や安田とは異なり、渋沢栄一と森村市左衛門は「分限」という言葉をほとんど使わず、また、「分相応」の経営姿勢を〝成功の秘訣〟として明確に語ることはない。しかし類似の表現はいくつか見つけることができる。よく知られているように、渋沢は漢籍の素養を駆使して独自の商業道徳をしばしば語っている。ある箇所では「中庸」の心懸けについて力説するなかで、銀行頭取ならば「銀行頭取ぶるな、『らしく』」すれば平和裡に事が進むといったことを述べている。[33] 自己の境遇にたいする分別や誤りのない認識が肝要であるとする姿勢は、大倉や安田の考えと共通する点であろう。また、〝成功の秘訣〟とは文脈が異なるが、彼が大正期に著した青年論では、次のような主張が見られる。「学問すれば誰でも皆偉い者になれる、という一種の迷信の為に、自己の境遇、生活状態をも顧みないで、分不相応の学問をする結果、後悔するが如きことがある」。したがって、青年は「自己の資力に応じて」「実際的技術を修むべきである」というのである。[34] 現状の資金力や能力を標準にして、新しい序列社会に適応していくことが肝要だという主張である。森村の場合も、この点は若年層を批判する箇所のなかで示唆されている。「青年」には「独立独歩せんとする堅い決心は甚だ稀」であり、「農民の子弟」は「鋤鍬を採って、父祖の業を継ぎ」、「学んだ所を以て着々と改良進歩を計って行かうといふ着実な、真面目な志」をもつべきだと彼は主張する。[35] ここにも、自己が置かれた境遇を尊重すべしという渋沢に似た考えが見られる。

また森村は、「着実にやった人」は「よし理想の境地までは達し得ないにしても」、「既に成功を意味して居るので」、

「一人の失敗者もない」とも述べている[36]。森村はいわば成功からの撤退を勧めており、そうした撤退こそが成功であるという独特な成功論が、テキストのなかで展開されている。

ここまで述べてきたように、彼らが語る〝立志の動機〟や〝成功の秘訣〟からは、共通のエピソードや共通の〝成功の哲学〟をいくつも見つけ出すことができる。ただし、それぞれの実業家のテキストのなかで語られる内容は、金銭欲や私益追求をめぐるアンビヴァレントな言説で満ちている。彼らの自伝的テキストは、内容的な整合性や思想的な一貫性がいわば欠如しており、そして、この欠如にテキストとしての独自性があるのだといってもよいであろう。それでは、彼らが築いた言説の世界は、一体なぜそのように両面価値的なもの、矛盾を孕むものとなったのか。次節では、自伝的テキストが生み出された社会的背景に目を向け、また既存の研究をも参照にしながら、この点について考えてみる。

成功譚の社会的背景

印象操作

実業家たちのテキストに思想的な一貫性が欠けているのは、経営や成功に関する彼らの〝想い〟がありのままに語られていないことに一因があるのではないだろうか。なにか別の目論見や思惑がテキストに混じり込んだり、そこに多様な粉飾が施されたりしているのではないか。

まず考えられるのは、実業家たちが自己の成功譚や〝成功の秘訣〟、あるいは〝経営の哲学〟や経営理念を書籍メディアで公表することをつうじて、ある種の利益誘導を図った可能性である。著作を介して「奮闘主義」のような禁欲的な努力主義――あるいはアスピレーションの封じ込め――を鼓吹することが、実業という生業やそれに従事する彼ら自身のイメージの上昇につながることは、容易に察しがつく。

自己の事績や経営態度を公表するように彼らを促した要因については、いくつか考えることができる。すでに見てきたように、維新以降、商人や実業家には非常にダーティなイメージがつきまとっていた。総合雑誌のなかに頻繁に現れる「僥倖児」や「奸商」といったレッテルは、富の蓄積手段の不当性を連想させるものであった。また、頻繁に使われる「富豪」という呼称は、彼らの生活の贅沢ぶりを暗に示すものであった。さらに、先に何度か触れた『二六新報』による三井攻撃に代表されるように、明治後期には、致富した実業家たちへの攻撃的ともいえる批判が高まりをみせた。福沢桃介のように、実業界の内部から批判する者さえいた。こうした批判は実業家一般に向けられたものもあるし、また個人を標的とするものもある。とりわけ傑出した資産をもつ安田や大倉は、実業界の代表的人物として捉えられることが多かっただけに、批判や攻撃のターゲットとなりやすかったのは当然だといえよう。そして、批判や攻撃が常態化した状況は、彼らが何らかの申し開きをする誘引になったといえよう。

ただし、彼らへの批判や攻撃のすべてが事実無根の中傷にすぎないとは言い切れない点が、彼らの立場を微妙なものにしている。実は、著書・口述書で語るストイックな努力主義とは相容れない行状が、彼らには少なからず見いだせるのである。経営史学のこれまでの研究は、いくつかの点を明らかにしている。

たとえば大倉喜八郎は、先に見たように国益の重視を〝成功の秘訣〟のひとつに挙げる。しかし、植民地支配へと傾斜していく明治政府の武器需要に応える見返りとして、大倉が資金調達を中心とする手厚い保護を政府に要請していた事実が明らかにされている[37]。御用商人として僥倖を得た事実は、彼の成功書のなかでは、国益への滅私的な献身として巧みに語られている。また、安田善次郎はみずからの著書のなかで、これまで自分は「制欲」と「労力」を重んじてきており、「元来投機的の事は嫌い」であると述べている。しかし、両替商の手代であった若き安田が投機事業に手を出していたことがこれまでの研究で知られている。また、当時の安田は常磐津や義太夫に懲っており、莨入れのコレクションを趣味にしていたことも知られている[38]。これらのことは、自著で彼が掲げた処世訓、「克己貯金」「勤倹貯蓄」とは好対照をなす事柄であるといえないだろうか。そして安田は、これらの若い頃のエピソードについて、自伝的なテキストのなかではほとんど記していないのである。

また島田昌和らの研究により、渋沢栄一が明治二〇年以降、頻繁に株を動かしていたことが明らかにされている。渋沢はみずから出資・設立した会社の配当利益で新たな会社の設立資金を生み出す経営戦略をとっていたのだという。[39] 先に触れたように、自著では渋沢は必ずしも投機を全否定しているわけではない。しかし、彼が強調する「平素修養せる克己心」と、この戦略的な株式の運用とのあいだには、少なからぬ隔たりを認めることができよう。

彼らの成功は維新前後の僥倖にすぎないとする批判を、おそらく彼らは、事実に反する誤解として全否定することができないだろう。自著で彼らが強調してやまない努力主義や「奮闘主義」は、世評の誤解を解こうとするエクスキューズと見るよりも、自己の経歴や事績をイメージアップさせる印象操作の言説として理解するほうが適切であろう。[40] 大倉喜八郎はある成功書のなかで、「『欲張り過ぎている』とか、詰らぬ非難」を自分に投げかける者がいるが、実業家ならば、「世人より受くる誤解を意とするなかれ」と述べる。[41] また安田善次郎も成功書のなかで、「悪口は自分を励ます訓言」であると語っている。[42] 彼らは世評への対処法を〝成功の秘訣〟のひとつに数えるほど、世評に敏感だったが、他方で、それを正面から否定しようとしたわけではなかったのである。

客観的共犯関係

彼らのテキストを一読すれば、自己の経歴や事績を努力主義や「奮闘主義」の脈絡で語ろうとする意図が強く伝わってくる。努力主義や「奮闘主義」が強調されることで、人生や経営についての彼らのありのままの〝想い〟は、いわばテキストの背後に退いている。ただ、金銭的なアスピレーションの覚醒や金銭の礼讃を内容とする主張やエピソードが、なぜ、隠蔽されることなく印象的に、そして一定の形式のなかで語られたのか、という疑問が残る。先にも述べたように、金銭についての彼らの言説は、多分にアンビヴァレンスや矛盾を含んでいる。そうした彼らのテキストは、おそらく、印象操作をつうじてイメージアップを図ろうとする彼らの意図や思惑だけで全うに解釈できるものではない。彼らのテキストの個性を、個人的な意図や思惑には還元できない要因によって解釈できないかどうかを考えてみる必要があろう。

こうしたアンビヴァレンスや矛盾は、ある種の社会的需要にたいする応答として解釈できるのではないだろうか。

ここで参考になるのは、先に触れた竹内洋による成功読本の分析である。竹内は、明治三〇年代半ばに若年層のあいだで生じた「成功ブーム」の存在を、「成功」という文字をタイトルに冠した成功読本の刊行数、雑誌『成功』の読者数の伸び、および『成功』にみる論調の変化などから確認している。ここで注目したいのは、竹内が明治三〇年代に生じた「成功ブーム」を、教育過度や人材過多が問題となっていた当時の社会的状況との関連で捉えている点である。[43]竹内は、若年層を取り巻くそうした当時の閉塞状況のなか、高校から大学へといった学校系列を上昇移動の経路とする立身出世が若年層のあいだでリアリティを失い、そのかわりに、学校系列を必ずしも必要とはしない金銭的な成功へと目標を切り替える「代替」が彼らのあいだで生じたのではないか、と推測している。

注目すべきことに、竹内の指摘に符合するような現象は、実は、「成功ブーム」が一段落したはずの明治四四年・四五年の状況においても確認することができる。そこでは実業家たちのテキストが、明治三〇年代の成功読本と似かよった役割を果たしている。実業家の自伝的テキストを成功読本の一種として捉えた場合、若年層に向けた成功読本の供給は、明治三〇年代半ばのみをピークとするわけではない。明治四四年・四五年には、大倉や安田といった著名な実業家たちの自伝的テキストが何冊も刊行されているのである。[44]そして、とりわけ明治四四年は、大学卒業の失業者――いわゆる「高等遊民」――および高校進学浪人の増加が社会問題となっていた。[45]この明治三〇年代に似た状況を踏まえたとき、次のような可能性に気づかされる。すなわち、組織内での地位を求めるものから金銭を求めるものへと若年層のアスピレーションを振り替えていく――すなわち「代替」を促進していく――イデオローグとしての役割を、少なくとも結果的に著名実業家たちが果たしていたという可能性である。

先に問題にした「遭遇体験」のエピソードは、封建秩序のヒエラルヒーで高いポジションを誇る武士身分への反発をきっかけとして、金銭的アスピレーションが覚醒し、また過熱するというものであった。このエピソードは、「高等遊民」の増加が社会問題化した明治末のタイムリーな寓話であったものと推測される。すなわち、それは、若年層に金銭そのものや蓄財の重要性を知らしめるとともに、地位から金銭へのアスピレーションの振り替え（「代替」）を推奨する寓話として、つまり、時代の要請に応えた寓話として解釈することができよう。

社会的な需要や要請にたいするテキストの反応という問題については、もうひとつ重要なことがある。ほとんどのテキストが日露戦争後に生じた株式ブームのあとに記されている点には、注意すべきである。明治三〇年代半ばの深刻な不況の反動と先の「成功ブーム」や「実業ブーム」の影響もあってか、日露戦争後には株式ブームが生じた。そして、庶民の投機熱や拝金的風潮を盛んに戒める言説が、総合雑誌などのメディアでは頻繁に登場した。これは第三章で述べたとおりである。実業家たちがそうしたメディアにいわば便乗して、庶民の過熱した金銭的アスピレーションを冷却する役割に荷担していたのは確かである。大倉喜八郎は、「世の青年が……一足飛びの成功をのみ夢みているのはとんでもない謬見である」と、投機への志向を戒めている。安田善次郎も「殊に若い事務員……は、何の考えもなしに投機をやれば大金が儲かるように思ってしまう」と述べている。さらに森村市左衛門は「濡手で粟一攫千金の空想を組み立てて居る」若年世代の「事業家」は「不真面目で、……独力で遣り遂げやうとする気風は殆どない」と批判している。(46) 彼らが冷却に加担した事実は、拝金主義がやはり社会問題となった大正前期のいわゆる〝成金時代〟において、ふたたび彼らの著述が集中的に刊行されている点からも確認できる。(47)

このように実業家たちのテキストは、一方では若年層のアスピレーションを地位から金銭へと誘導する社会的要請に応えている。そして他方では、過熱する金銭的アスピレーションを冷却するという全く別個の要請にも応えている。これらの二重の役割を、実業家のテキストは果たしているといえよう。先ほど、彼らのテキストでは、金銭礼讃の言説と金銭的アスピレーションの封じ込めといった禁欲的な〝成功の哲学〟とが同居していることを確認したが、このアンビヴァレンスは、テキストのこうした二重の役割を反映したものではなかろうか。

一層注目すべきなのは、これらの社会的要請（若年層の「代替」、および、若年層を中心に過熱した金銭的アスピレーションの冷却）があったために、投機に手を出さない模範的成功者と正統な〝成功の秘訣〟への需要が高まったという点である。大倉や安田といった著名な実業家たちが、いわば金銭的成功の正統的教説を物するライターやその伝授者として成功雑誌や成功読本へと動員されたのは、その証左であろう。実業家たちにしてみれば、都合のよい印象操作の機会が与えられたのである。

地位アスピレーションの実現を果たせない若年層は、実業家たちのテキストから「代替」ルート（金儲け）の正当性を確認することができた。他方で、社会の側からすれば、実業家たちのメッセージによって、「高等遊民」や一攫千金を目論む「僥倖児」の輩出を抑えることが、少なからず期待できた。さらに、実業家にしてみれば、維新以来のダーティなイメージを払拭する機会を得ることができたのである。若年層・社会・実業家それぞれの利害がここに一致し、その結果、実業家たちの〝成功の哲学〟はその〝正説〟の地位を徐々に獲得していったと思われる。社会を支配する正説が、正統派や異端派あるいは社会制度の共同作業によって出来あがっていくさまを、ブルデューは「客観的共犯関係」の成立という言葉を使って描くが[48]、実業家をめぐる明治後期以降の状況にも、類似の関係が存在していたといえよう。

正統性の創出

ただし、維新以来のダーティなイメージを背負った彼らが、成功の模範者というプラスのラベルを社会的にとりつけるのは、非常に難しかったはずである。先の福沢桃介や新聞・雑誌の批判に見られるとおり、財閥創始者世代の実業家たちは、威信を纏うどころか、つねに批判的思潮のなかにいたといってもよい。彼らのテキストを見るかぎり、そうした状況のなかで彼らがとった戦略は、経営の正統性を主張し続けることだったようである。

彼らがみずからの正統性を主張する際に頻繁に使う手法がある。それは、日露戦争後の株式ブームと第一次世界大戦以降の大戦景気という二つの時期に叢生した新興の実業家――いわゆる「成金」――を批判し、批判をつうじて彼らと自己との差異化を図り、異端派を創り出していくという戦略である。端的にいえば、「成金」は自己の「分限」を無視して危険な投機に走り、僥倖を求めるので、大成しない、という批判のロジックを駆使して、「分限」を守ってきた自己の正統性を演出するという手法である。すでに述べた「分限」重視の経営姿勢は、「成金」を多分に意識して打ち出されている。そして、それは彼らの差異化戦略の中核的要素となっている。

大倉喜八郎は「ありもしない金をあるように見せかけようなんて、そんな卑怯な話があろうか。……とかく人間社会は個人でも会社でも、無闇に表面ばかりよいように装おうとする傾きがある。そんな事で何が出来るものか……」

と述べ、投機事業によって致富した「成金」の分不相応な経営姿勢を手厳しく批判している。[49]同様に、安田善次郎が「分に応じた仕事」を推奨するのも、「相場師」の「謀略術数」にたいする批判を踏まえてのことである。[50]さらに、森村市左衛門が勧める堅実主義も、「成金思想」の「速成主義」との対比で語られるし、[51]先に見た渋沢栄一の「銀行頭取ぶるな」という忠告には、「成金」の虚飾に満ちた経営姿勢にたいする批判が含まれているのである。

このように彼らは、「分限」や「分相応」を重視した堅実な経営姿勢を「成金」と自己との差異化の指標に見たて、「成金」をスケープゴートにして自己の正統性を演出している。本来、金銭的な実績がものをいう実業界において、金銭作法を選別指標とする別個のヒエラルヒーが存在することを、彼らは示唆したのだといえよう。

おわりに

以上のように、財閥創始者世代の実業家たちが示すストイックな〝成功の哲学〟は、テキストが記された時代に彼ら自身が抱いていた目論見によってさまざまな粉飾を被っている。また、そこには、当時の社会的状況の要請によって作り込まれていった部分が多分に含まれているといえよう。

従来の経営のエートスに関する研究が示しているように、たしかに彼らが表明する経営哲学や経営理念といったものは、儒教の倫理などの過去の思想的遺産を多く継承している。その意味で、彼らの自著や口述書は、やはり何らかの経営思想が記されているテキストなのである。しかしながら、テキストにしばしば見られる非一貫性や矛盾、そして彼らをめぐる当時の社会的状況などは、彼らがそうした思想的遺産を、みずからの経営思想をアピールするための外面や看板として用いていた可能性が大きいことを示している。彼らの自著や口述書が含む矛盾に満ちた多様な内容は、時代に影響され、また時代によってつくられたテキストの構成的な性格を示しているのである。

そして彼らのテキストは、読者の需要がなければ、これほど多く生産されなかったに違いない。実業家たちが披露した厳格な経営思想を経営や金銭的成功の〝正説〟として字義どおりに受け取る受容者たち――典型的には金銭的成功への「代替」に従った若年層――が、テキストの生産を支えていた。言説を語る実業家たちに加えて、そうした言説の受容者たちや当時の社会的状況などが独特な共犯関係を形成していたことは、重要であろう。そうした関係の磁場が強固に構築されていくなかで、〝明治期実業家の成功の裏には、禁欲的な経営態度や生活態度が必ず存在する〟というステレオタイプ化された考えがメディアを中心に強化され、実業家たちによる〝努力主義の神話〟といったものが形成されていったのではないだろうか。先の章で考察した著名実業家たちを偶像化する雑誌メディアの動きは、そうした神話形成プロセスの中核的な動きであろう。

実業家たちのテキストは、公表された時代を反映した言説であり、また、公表された時代に拘束された言説でもある。したがって、彼らのテキストから私たちは何を知ることができるかという点には、充分に注意を払わなければならない。彼らのテキストは、必ずしも彼らの思想や所懐あるいは実感のストレートな表現ではないし、また、読者の需要に忠実に応える〝作り話〟でもない。事実としていえることは、彼らのテキストが量産されたという点である。そして、その事実の背景には、彼らの思惑、メディアの意図、多様な社会的需要など、さまざまな要素が複雑に絡みあっている。そうした錯綜とした状況は、テキストの個性的な内容へと如実に反映している。彼らのテキストに記された諸言説は、いってみれば、それらのさまざまな要素の調和をめざした妥協の産物なのである。

(1) 詳しくは本書の序論および結論を参照。実業家の自伝に記された経営理念が単なるタテマエに過ぎないのではないかという点に言及する研究者も、少数ではあるがいる。たとえば、中川敬一郎『比較経営史序説』(東京大学出版会、一九八一年、一三八－九頁)、および、間宏「日本における産業化初期の経営理念――国際比較の理論的枠組みをめぐって」経営史学会編『経営史学』第二五巻第二号〔一九九〇年〕参照。

(2) 以下の竹内の考察は、次のものを参照した。竹内洋『日本人の出世観』〔学文社、一九七八年、一〇九－一三一頁〕、および『選抜社会』〔リクルート出版、一九八八年、一七二－一八六頁〕。

(3) たとえば次の起業動機に関する概説を参照。中川敬一郎・森川英正・由井常彦編『近代日本経営史の基礎知識（増補版）――明治維新期から現代まで』〔有斐閣、一九七九年、五頁〕。また、公益思想の観点による代表的な渋沢研究としては、渋沢研究会編『公益の追求者・渋沢栄一』〔山川出版社、一九九九年〕がある。

(4) 大倉・安田の幼少時についての記載は、次を参照した。大倉喜八郎述『致富の鍵』〔丸山舎、一九一一年、二九頁〕。安田善次郎述『富の活動』〔大学館、一九一一年、四七頁〕。両者とも、以下の註における頁数は大和出版の復刻版のものである。

(5) 大倉、前掲書〔三〇－三二頁〕。安田『克己実話』〔二松堂、一九一二年、九八頁〕。

(6) 安田『富の活動』〔五一－五二頁〕。

(7) 安田『克己実話』〔九八頁・一〇〇頁〕。

(8) 渋沢栄一述『雨夜譚』〔岩波書店、一九八四年、一六－一八頁・三一－三二頁〕。

(9) このエピソードについては、次を参照した。渋沢栄一述『青淵回顧録　下』〔青淵回顧録刊行会、一九二七年、三二頁〕、および、前掲『雨夜譚』〔二五－二八頁〕。

(10) 前掲『雨夜譚』〔二七頁〕。

(11) 若宮卯之助『森村翁言行録』〔ダイヤモンド社、一九二九年、五八頁・六七頁〕参照。また、森村の〝立志動機〟については、森村市左衛門述『独立自営』〔実業之日本社、一九一二年、三五九頁〕も参照。

(12) 森村市左衛門の語りに上昇移動への野心が見られないわけでは決してない。次の記述を参照。「聞く処に依れば澁澤男爵の如き、十四歳の時、三井たらんとし越後屋たらんとする大望を起されたと云ふ。……不肖の如きも十六歳の時、天下の富豪三井家のやうなものになりたいと云ふ希望を起した」。森村市左衛門述『怠るな働け』〔東亜堂、一九一八年、一五四頁〕。

(13) 大倉『致富の鍵』〔一五八－一五九頁〕。

(14) 矢野文雄『安田善次郎傳』〔安田保善社、一九二五年、三三〇－三三二頁〕。

(15) 大倉、前掲書〔二四－二六頁〕。

(16) 安田『富の活動』〔一二四頁〕、森村『怠るな働け』〔六－七頁〕。

(17) 渋沢『青淵回顧録　下』〔三六一頁・四六四－四六六頁〕。

(18) 大倉、前掲書〔二六頁〕。

(19) 森村市左衛門翁述『永遠の光』〔（財）修養団、一九二九年、七七頁〕。

（20）渋沢、前掲書〔四六四頁〕。

（21）前掲『富の活動』〔一六八―一六九頁〕。

（22）大倉、前掲書〔二四頁・七二頁〕。

（23）「金次郎主義」の概念については、見田宗介『現代日本の心情と論理』〔筑摩書房、一九七一年、一八九頁以下〕、竹内『選抜社会』〔一八一頁〕を参照。

（24）安田『克己実話』〔八二頁〕。

（25）森村『独立自営』〔三―九頁〕。

（26）渋沢栄一述『論語と算盤』〔東亜堂、一九一六年、二三頁〕。以下の註における頁数は大和出版による復刻版のものである。

（27）渋沢『青淵回顧録 下』〔三六一頁〕。

（28）大倉、前掲書〔一三六頁〕、安田、前掲書〔七八頁〕。

（29）森村市左衛門『少年実業訓』〔博文館、一九一一年、八八―八九頁〕。

（30）渋沢、前掲書〔一一〇―四頁〕。

（31）大倉、前掲書〔二六頁〕。

（32）安田、前掲書〔三七頁・四三頁〕。

（33）渋沢、前掲書〔三九六頁〕。

（34）渋沢『論語と算盤』〔一二五―六頁〕。

（35）森村『独立自営』〔四頁〕。

（36）森村『怠るな働け』〔一一―一二頁〕。

（37）大倉財閥研究会編『大倉財閥の研究――大倉と大陸』〔近藤出版社、一九八二年、第一章〕参照。

（38）以上、由井常彦編『日本財閥経営史 安田財閥』〔日本経済新聞社、一九八六年、第一章〕参照。

（39）島田昌和「渋沢栄一の明治二〇年代株式保有動向にみる企業者活動」『経営論集』第四巻第一号〔文京女子大学、一九九四年〕、および、由井常彦・橋本寿朗編『革新の経営史』〔有斐閣、一九九五年、第一章〕参照。

（40）「印象操作」という用語は、主に次のE・ゴッフマンの著作から借用した。E. Goffman, *The Presentation of Self in Everyday Life*, Doubleday, 1959（石黒毅訳『行為と演技』〔誠信書房、一九七四年〕）, *Strategic Interaction*, University of Pennsylvania Press, 1969.

（41）大倉、前掲書〔八七―八八頁〕。

（42）安田『富の活動』〔一九〇頁〕。

（43）前掲『日本人の出世観』〔一〇六―一三三頁〕、および『選抜社会』〔一七二―一七三頁〕。

(44)大倉『致富の鍵』、安田『富之礎』・『克己実話』、森村『独立自営』など。
(45)宮坂広作『近代日本の青年期教育』〔明石書店、一九九五年、一二九－一三二頁〕参照。
(46)大倉、前掲書〔一三九頁〕。安田『富の活動』〔一二三頁〕。森村『独立自営』〔一八〇頁〕。
(47)たとえば、大倉『努力』〔大正五年〕、安田『意志の力』〔大正五年〕・同『勤倹と貨殖』〔大正七年〕、森村市左衛門『奮闘主義』〔大正五年〕・同『怠るな働け』〔大正七年〕、渋沢栄一『論語と算盤』〔大正五年〕・同『至誠と努力』〔大正四年〕など。
(48)P・ブルデュー／L・ボルタンスキー「教育システムと経済」森重雄訳『現代思想』一九八五年一一月号。
(49)大倉『致富の鍵』〔一五六頁〕。
(50)安田『克己実話』〔四四頁〕。
(51)森村『独立自営』〔一八三頁〕。

結論

近代日本の実業家

明治維新以降に成功致富した実業家たちは、身分秩序が崩壊したのちに現出した新しい状況のなかで、どのような社会的ポジションを占めていったのか。このことを本書では、さまざまなトピックをとりあげながら論じてきた。本書で指摘したかったことは、それぞれの章のなかですでに述べたとおりである。

本書で扱ってきたトピックは多岐にわたるが、各章で論じてきたことは、それぞれが関連しあっている。そこで、ここでは、これまでの議論のなかからいくつかの論点をとりあげて、考察のまとめをおこなっておきたい。また同時に、それらの論点が示唆することや、それらから推論できることを述べてみたい。そしてさらには、そうした論点を踏まえたうえで、実業家について論じるこれまでの研究にたいして、少しばかり問題提起をしておきたい。

実業エリートの可視化プロセス

〝近代日本を先導しているのは誰なのか〟〝近代日本を先導すべきエリートたちは誰であるべきなのか〟という問題は、いわば明治の前半期における社会的な問いであった。身分秩序崩壊後の時代、とくに階層構造がいまだ明確なかたちをとって現れていなかったこの時期に、これらの問いに答えるべく、社会の多方面からさまざまな〝動き〟が生じた。エリートの結集を企画したり、いまだ実体をもたないエリート層を作為的・人工的に構築したりする多様な運動が展開したのである。また、納税額や推定資産額などの数的な指標を用いて、社会に潜在するエリート層を抽出したり特定したりする試みもなされた。

たとえば、第一章で述べた福沢諭吉らによる社交クラブ・交詢社の構想と設立は、エリートの結集を狙った〝動き〟の典型例であろう。それは、現実には成立していない「中等以上」の社会の構成メンバーを社交クラブの設立によって人工的に成立させようとする試みであった。またそれは、華族という「上流社会」に次ぐ階層としての〝中間層〟を、近代日本を先導する理想的なエリート集団――「天下ノ率先者」――としてイメージしようとしたものであった。これと同様の〝動き〟は、第七章で述べた『東京経済雑誌』の成立にも観察できる。同誌の創刊は、明確な実体をいまだもたなかった実業世界を、いわばビジネスエリートたちが結集する理想的世界として誌上において実現していこうとする試みであったと考えられる。

これらは、階層秩序が不明確な状況にあった明治前期の諸動向であるが、のちの時代、すなわち明治二〇年代から三〇年代にかけては、これに類する〝動き〟が別のかたちで生じた。

人名録が所得税納税額の多寡から富裕層を抽出して、それをエリート層として定義していったことは、その一例である。すでに述べたように、明治二〇年代には人名録が数多く刊行された。それらに掲載された人々は、しばしば「紳士」というエリート的なカテゴリーのもとに捉えられた。この時代の人名録は、巷間に散在しているエリートたちの氏名をリストにして明示し、公表するメディアであった。しかし、「紳士」として定義されたこの集団は、いわば納税者の集まり――あるいは高額納税者の集まり――でしかなかった。それは統計的集団にすぎず、固有の生活様式や利害を反映するような階層の実体をそなえたものではなかった。人名録の試みは、納税額という数値を用いることで統計的な信頼性を確保しながら「紳士」を可視化していこうとするものであった。この〝数値主義〟は、華族社会に次ぐ上層中間層とは何か、そして、どういう特徴をもつ階層なのかを明示する明確な指標が、社会的にイメージされていなかったことを象徴している。

第Ⅰ部のいくつかの章ですでに述べたように、富裕層をただちに「紳士」と見なしたり、新しい時代を先導するエリートと見なしたりすることにたいして、違和感を表明する向きもあった。とくに雑誌メディアでは、富裕層のなかでも、主に成功致富した実業家たちの上昇しつつある社会的地位をめぐって、ある種の違和感がしばしば表明されるようになった〔第三章〕。彼らの財力・資金力を、社会的な威信や権威の源泉と見なす風潮への違和感である。そして、このことに関しては、成功実業家の威信上昇にたいしていくつかの点から制度的な正当性が与えられたことも、大きな要因になったであろう。明治二九年以降、税制の改正によって商工業者の国税納税額は増加した。それによって彼らの公権取得が容易になった。また、実業関係者への授爵が、やはり明治二九年から始まった。このように実業家たちの威信に制度的なお墨つきが与えられるなかで、富裕な実業家たちの氏名は人名録や雑誌・新聞などのメディアに露出していったのである。しかし、そうしたお墨つきは、世評のなかでは、財力と威信のあいだの調和しがたい溝を強調する結果となったようである。総合雑誌の論調を見てもわかるとおり、富裕な実業家たちの評判はきわめてアンビヴァレントなものであった。彼らを「紳士」と呼び、また栄爵に値するエリートとして捉えることには、世評のなかで強い抵抗があったことがわかる。

第二章で考察したのは、明治三〇年代以降に生じた別の〝動き〟についてである。すなわち、番付をつくって資産家の氏名を公表しようとする試みについてである。そしてこの試みも、資産額という数値を用いて階層社会における富裕層の稀少性を表現し、また定義しようとしている。人名録と同じように番付類も〝数値主義〟のメディアであり、やはりその試みは、富裕層を、ライフスタイルなどを含む独自の階層的特徴をもった実体的な社会層としてイメージしていたわけではない。しかし番付類は、人名録にはなかった効果を生んだものと推測される。番付類の刊行は、資産額にもとづいて資産家リストやランキング表を作成し、それらを公表するというシンプルな試みであった。出来あがった番付類を見た者は、資産額の点で稀少な人々――資産エリート――の氏名を注視したはずである。番付類は、資産家への大衆的な好奇心を煽るメディアであった。

高額資産家として氏名が公表されたのは、財閥当主などを含む実業家たちと旧諸侯出身の華族が中心であった。掲載された彼らの氏名からは、彼らに共通する文化的な基盤を想像するのは難しい。多くの番付類が刊行されたこの時代には、日常的な実態がつかみにくい「富豪」の私生活を暴露し、その贅沢なライフスタイルを誇張し揶揄するという、きわめて画一的な「富豪」批判の言説が多く生み出されるようになった。おそらくこのことは、番付類の刊行と深く関わっているであろう。まとまった生活様式や価値観をもつ階層的な実体として資産家たちが社会的に認知されておらず、また、彼らの金銭的な突出のみが誇張されたということが、こうした暴露的で批判的な思潮の高まりに大いに影響しているにちがいない。

さて、人名録・番付類・雑誌などのメディアに見られるこれらの傾向は、実業家たちの存在が維新以降の新しい時代にどのように受けとめられたのかを示すものであろう。それぞれのメディアのあり方は、一方で実業家たちの高まりゆく資産的地位を映し出している。しかしながら、他方でそれらは、彼らがそうした地位とは裏腹に低い社会的威信のなかに身を置いていたことをも示している。第三章で見たように、雑誌メディアでは、実業家たちを金銭的な稀少性と威信とが混じりあい、また交差した両面価値的な存在として位置づけるものが多いのである。

実業家たちとハイカルチャーの形成

以上のことは、実業家たちに向けられた社会的な定義や解釈に関わる問題――新しい時代のなかで新興層である彼らはどのような集団として捉えられたのかという問題――である。そしてこの問題は、維新以降における実業家たち自身の動向と深く関わっている。いかなる階層、いかなる文化に自己を帰属させるべきかは、それぞれの事業経営とならぶ実業家たちの大きな関心事であった。

経営活動以外の領域に見られる彼らの動向は、社会的威信を高めようという野心に満ちていた。彼らは華族と姻戚関係を築き、また「上流社会」を象徴する文化的アイテムを探してそれを享受しようとした。彼らは、いわば貴族文化へと接近していったのである。その意味で、彼らの文化的な動向は、序論で指摘したようなM・J・ウィーナが描く上層「中流階級」の典型的なあり方を示している。しかし、園田英弘が、「中流階級」を感化するような独自の上流階級文化は近代日本においては育たなかったと指摘しているように(1)、少なくとも明治前期においては、実業家たちが模倣するはずの上流階級の文化的な核となるものは、ただちに特定できるほど明確なものではなかった。そのため、のちに彼らに固有の〝ハイカルチャー〟として定着した茶事を中心とする社交文化は、華族文化の忠実な模倣によって成立したわけではない。それは、首尾一貫した生活様式や規範をもつ実体的な階層文化によって感化されるといったタイプの模倣によって生まれたものではなかった。華族の威信を一種のブランドとして利用するという、きわめて戦略性の高い文化のあり方が、実業家たちの動向からは認めることができる。

実業家たちの文化的な動向には、彼らの社会的威信の向上につながる象徴的な財を探り、その獲得をめざすといった戦略が認められる。また、それとともに、そこには「富豪」への批判的な圧力をいかにかわすかといった思惑をも見つけ出すことができる。茶事は、そうした戦略をいわば同時に実現できる独特な文化的アイテムであったと思われる。威信の誇示、そして、質朴・勤倹の強調をつうじた驕奢な生活の隠蔽という、一見相反するふたつの傾向は、独特な数寄者文化へと具象化していったといえよう。

言説化と共犯的関係

実業家たちの戦略は、他の領域にも見られる。彼らは旺盛な著述・口述活動のなかで、質朴や勤倹といった道徳的項目の重要性をしばしば強調した。そこには、営利を追求する彼らに付与された反道徳的なレッテルを振り払おうとする意図を読み取ることができる。第八章と第九章で述べたように、彼らは明治後期から大正期にかけて、雑誌や書籍というメディアを介して、自己の事績や経営哲学を頻繁に語った。そして、それらを言説化していく文化が、ひとつの出版文化として成立した。同時に、著名な実業家たちは、模範的な経営者や模範的な成功者として偶像化されていったのである。

また、実業家たちの言説を公表する出版文化の成立や著名実業家の偶像化といったことは、次のような現象として理解することもできよう。すなわち、自己をいかに明治国家のエリートとして定義していくかという実業家自身の課題と、新興階層としての彼らをいかに意味づけ解釈していくかという社会的な問いが連動し、〝協働〟していく現象である。すでに指摘したように、明治後期以降、メディアを巻き込みながらこのような連動や〝協働〟が展開していくことになったのは、その時代に〝成功の秘訣〟や経営理念について語る彼らの言説をメディアが必要としたためであり、また、彼らの言説を必要とする社会的な背景があったためである。彼らは自己の事績を正当化する言説を多く生産していったが、この事実は、若年層やメディアの需要、あるいは広く社会からの要請といったものにもとづいていたと考えられる。すくなくとも、実業家たちが積極的に雑誌・書籍のなかで〝並べ立てた〟自己の事績と思想は、もっぱら彼らの利害のみに関わるものではなく、それらは一種の共犯的関係の賜物なのである。

この点は、実業家たちの言説や彼らの思想が記されているテキストをいかに扱うかという、とても難しい問題と深く関わっている。実業家たちが残した言説は経営イデオロギーの表明にすぎず、それはひたすらみずからの経営活動の正当性を主張するために目論まれたものであると断言することはできない。しかし他方で、彼らの言説を内面化された不変の信念を吐露したものとして、いわばナイーヴに受け取るわけにもいかない。少なくとも、「ホンネかタテマエか」といった比較的単純な論点で、〝公表された信念〟の意味を捉えようとするのは妥当とはいえない。

この点について、もう少し敷衍しておこう。経営社会学を標榜する社会学者・間宏氏はある論考のなかで、実業家のテキストを扱うことの難しさをもらしている。間氏は、経営理念や経営思想を研究することの意義について触れたあとで、そうした研究を、「タテマエ」としての経営理念や経営哲学を抽出・比較する試みとして「割り切ろうとしている」と述べている。(2) 氏の言葉は断片的だが、この問題の難しさを物語っている。実業家たちは経営理念や経営哲学を開陳することで何を語りたかったのか、また、彼らは誰に向かってそれらを語っているのか。彼らが〝信念〟を語ることの背後にある狙いや、彼らが表明する〝信念〟が自己の経営組織の内外に及ぼす効果などを、限られた歴史資料から推測していく作業がきわめて困難であることを、氏の言葉は象徴的に言い表している。

経営理念や経営思想を語る実業家たちの言説は、その信憑性をめぐって解決の難しい問題がたえず残る。一方で、〝公表された信念〟には、実業家たちが過去の事績や現在の経営活動を正当化するための印象操作の賜物という側面がある。しかしそればかりではない。彼らが模範的実業家としてメディアにいわば動員されたという時代的・社会的な脈絡を、見過ごすわけにはいかない。〝公表された信念〟や彼らの事績や思想に関する言説は、「タテマエかホンネか」といった実業家個人の動機づけの問題をはるかに超えた次元で生産されているのである。それを粉飾のないストレートな〝信念〟と見なすことはできないし、また、名誉回復や正当化を意図するプロパガンダとしての意味をことさら強調することもできないのである。

さて、ここで二点ほど、本書でとりあげたトピックがこれまでの実業家研究にどのような示唆を提供できるのか、その可能性について述べておきたい。

価値観・イデオロギーに導かれる実業家像の問題

第Ⅱ部で見てきたように、実業家たちは明治期から大正期にかけて、きわめて特徴的な文化を築いていった。彼らの文化的な動向は作為性と戦略性に満ちていた。彼らは威信の源泉となりうる文化に敏感であり、それを積極的に享受していった。また、高尚な文化にたいする彼らの関与の仕方は、「富豪」の奢侈を攻撃する当時の批判的な思潮といわば連動していた。とくに彼らが傾斜していった茶事には、質朴・清閑の外観でハイカルチャーの華美な側面とのバランスをとるという「防衛的措置」の一面を認めることができる。

注意を要するのは、先に述べたように、こうした彼らの戦略的な動向が、茶事文化などの文化的アイテムに関わる動きに限られるものではなかった点である。とくに彼らが自叙伝や成功書のなかで公表した経営理念や処世訓は、やはり「防衛的措置」の一種として読めるものが多い。若年層への影響力という点からも、メディアを介した彼らの活動やそこで語られた言説に含まれる戦略的な特質は、彼らのテキストを分析する際には充分に検討されるべきであろう。勤倹主義の経営思想や処世訓は、彼らのなかで「防衛的措置」への関心が高まるなかで頻繁に言説化され、また完成されていった思想であるといっても過言ではなかろう。彼らの言動の戦略性からは、利己的な関心にもとづく行動様式――功名の追求や既得の地位と富の保守に関わるもの――を多く見つけることができる。しかし、既存研究を見わたしても、致富後の彼らの関心やアスピレーションのあり方、そして、それらを導いた要因について分析しようとするものに出会うことはきわめて少ない。

国益主義と私的欲求

序論で少し述べたように、実業家の経営理念や彼らが準拠する価値を考察しようとする研究には、非常に分厚い蓄積がある。「日本は、経営理念の実証研究がもっとも進んでいる国である」と評価されるほど、そうした研究は多く、また、それらは実業家と企業体の経営理念についての貴重かつ膨大な知見をもたらしている。[3] また、代表的な研究では、実業家たちの明治以降の経営動向を背後から支えた意識を国益主義との関わりで捉えようとするものが多い。たとえば、明治期経営者の国益思想の源流を近世へとたどっていく藤田貞一郎の試みは、厳密な検証にもとづくきわめて本格的な経済思想研究である。また由井常彦の経営理念研究は、多くの資料的な裏づけから、高いリスクと低い利益率に耐えた明治期経営者たちの動機づけに国益志向やナショナリズムの理念を見いだしており、説得力がある。[4]

ただし、これらの研究から、ただちに明治期実業家の価値観や心的傾向の全体像を総括してしまうのは危険である。とくに、彼らは国家への献身を優先する価値観のなかにいたという見解に立つならば、実業家たちの動向の半面を見落とすことになろう。そこでとくに気になるのは、これまで多くの研究で語られてきた国益主義の実業家像が、彼らの自叙伝・伝記・成功書に記述されている内容――殊に勤倹主義や国益中心主義というモットー――に多少なりとも依拠し、またそれらを出発点にしていると思われる点である。それらに記された内容を字義どおりに解釈すれば、実業家たちはそうした価値観やイデオロギーをいわば〝信念〟として内面化しており、彼らはそれらに導かれて経営活動を推進したことになる。そして彼らの事績は、内面化された勤倹主義や国益中心主義の賜物ということになる。

それにたいして本書では、彼らの経営思想や道徳思想の大きな部分が多様な社会的・時代的脈絡によって構築されてきた側面を指摘してきた。彼らの思想を知りうるテキストにはそうした構成的な性格がある以上、価値観やイデオロギーに導かれる一面のみを拡大して実業家たちの動向を語ることには、慎重であるべきだろう。そして、彼らの事績を実態よりも美化してしまわないためにも、そうした一面に注目する根拠や資料的な証拠を再考してみることが必要だろう。たしかに、内面化された価値観やイデオロギーに導かれる存在として、一人の実業家を語ることもできよう。しかしその場合、きわめて限定された視角によって実業家の姿を語っていることを忘れるべきではない。とりわけ、実業家たちの経営思想の源流を立志以前の思想へと遡ろうとする試みには、封建期において内面化されたもののみで彼らの維新後の諸動向を語ってしまう危険がしばしば伴うのである。

一例を示しておこう。由井常彦は次のような興味深い安田善次郎像を語っている。安田善次郎は、吝嗇家・利己主義的人物として、同時代のジャーナリズムによってしばしば批判されていた。しかし彼の経営態度のベースには、実は「陰徳」の教えが見いだせるという。由井の指摘によれば、明治三〇年代以前に安田が公共事業への出資や他の実業家との共同の寄附を嫌った背景には、父による「陰徳」の教えがあったという。すなわち「徳行ないし善行は、他人の賞讃を求めるものであってはならず、あくまで無報酬、無償のものでなければならないこと」という教えであり、安田はそれを「よく覚えていた」[5]。このように由井は、内面化された「陰徳」に導かれる安田像を描く。そうした安田像は明治三〇年代以前の安田を理解するための一助となるだろうし、また、メディアによる画一的な安田イメージに異議を唱えるものとして興味深い。ただし、由井の議論の出発点が、晩年に安田が語った自伝的な言説である点を忘れてはならない。「陰徳」に導かれる安田像は、安田の一面、あるいはある時期の安田の行動を説明する要素のひとつである。もし、由井の指摘を安田の全体像として受け取るならば、安田の言説をいささか素朴に解釈することになる。第Ⅲ部で確認したように、晩年の安田の言説は、実業ブームや実業家の偶像化プロセスの只中で生み出されている。彼はいわば、そうした社会的・時代的背景のなかで動員された〝言説生産者〟だったのである。

もちろん、実業家たちについて語る場合、価値や信念に導かれた側面を軽視してよいわけではない。ただ、そうした価値や信念を盛り込んだ言説を表明するように、彼らが社会的・時代的脈絡によって導かれた点は、もっと強調されてもよいであろう。彼らが表明するものを〝真意〟と捉えるナイーヴな言説観から彼らの動向を語るならば、それはまさに、明治期から大正期にかけて、雑誌・書籍メディアや読者が共同で実業家の勤倹主義・努力主義の神話を形成していったのと、ほとんど同じ所作を繰り返すことになろう。

類型的理解の問題

もう一点、本書がとりあげたトピックが示唆するものについて述べておこう。

先に述べたように、経営史の研究では、実業家の国益思想（あるいは公益思想）に着目するものが多い。実業家の活動にとって殖産興業という国策との関わりは重要であるため、国策のなかで庇護され、また国家への奉仕の観念のなかで企業経営活動に携わる彼らの一面が拡大されるのは当然ともいえよう。封建期の国益思想にまで実業家のエートスの源泉を遡ろうとする先の藤田のアプローチは、そうした研究傾向を思想史的な方向性へと突きつめようとする試みということになろう。

私益追求よりも国家への貢献に注目する方向性は、経営史の分野のみならず、実業家たちの経営理念や起業動機を扱う研究のなかで、これまで幾度となく示されてきたものである。その典型は、実業家たちの経営態度に公益重視の姿勢を見て、それを儒教思想を中心とする封建期の思想とリンクさせる行論であろう。かつて作田啓一は「報恩の教義」に注目して、日本の近代化には集団主義的な性格をもつ達成動機が見られる点を指摘した。作田はそこで、個人の達成動機が低いにもかかわらず産業の高度な発展をみた日本を例外的事例とするD・C・マックレランドの説を引用する。そして、個人主義的で業績主義的な達成動機とは別の形式、すなわち「集団への献身」を介した達成動機が日本では強いと指摘している。(6) また鳥羽欽一郎は、作田のこの社会学的な考察に同調し、報恩の念という儒教的倫理観、祖先崇拝にもとづく同族の観念などの封建期の価値観、そして維新以降のナショナリズムなどを背景とした日本的な達成動機が存在することを強調している。(7) さらに宮本又次は、懐徳堂・咸宜園派の儒者に見られる「義にかなう利」および「義欲」の是認が、明治以降の「士魂商才」やナショナリズムにつながっていくと指摘している。(8)

これらの見解は、おそらくそれぞれが明治期実業家の経営態度の一面を語るものであろう。さらにこれらは、利潤追求を目的とするはずの経営活動が、明治期においては、実は国家への献身を志向する集団主義的な行為という意味を含んでいたという、ある種の意外性に気づかせてくれる。しかし、国家への献身や集団主義がスポットを浴びるなかで、実業家たちのもう一方の側面である野心や私的欲求のあり方については、国益志向・集団主義のネガとして研究対象から徐々に外れていった印象がある。殖産興業のイデオロギー的支柱だった国益優先のナショナリズム思想——経営ナショナリズム——を実業家たちの経営理念から見つけ出したり、企業目的と国家目的とが重なりあう部分——輸入品の防遏、産業の自立、国産品の輸出など——を指摘したりする研究がさまざまになされ、また蓄積されていった。そのなかで、金銭的成功を目論む実業家たちのアスピレーションとその行方は、ほとんど研究の中心に置かれることなく、しばしば〝経営者もの〟というノンフィクション・ジャンルで冒険的実業家の〝ロマン〟として描かれるようになったのではないか。

しかしながら、もちろん企業経営活動は、一国の工業化や産業化、あるいは経済成長に資するものであるとともに、営利追求を中心的な要素とする活動でもある。また、それをおこなう主体にとって、経営活動は富や功名を獲得する手段であったはずである。

序論で述べたように、かつてヒルシュマイヤーと由井は、実業家たちの営利追求の側面について多少言及していた。身分秩序におけるマージナルな位置が彼らのアスピレーションを生み出した、とヒルシュマイヤーと由井は主張し、ビジネス活動のスタートにおける彼らの「熾烈な営利心」や「富」にたいする「希求」について語っている[9]。彼らがそこで描く実業家像は、身分秩序崩壊の一翼を担ったいわば反秩序的な人物像、あるいは秩序超越的な人物像である。ヒルシュマイヤーたちが指摘するこのような「熾烈な営利心」や「富」への「希求」は、出奔や出郷の時期、あるいは明治初年の事業拡大期における実業家たちのメンタリティを念頭に置くものであろう。ただ、彼らの特定の時期における傾向であるとしても、そこで語られる実業家像は、これまで再三語られてきたような公益思想や国益思想によって導かれる実業家像とは好対照をなしている。つまり、論者や行論によってクローズアップされる実業家の一面やクローズアップされる時代はさまざまであり、とりあげられた論点や時代に応じて、まったく対照的な実業家像が提示されているのである。公益中心主義・国益中心主義の思想やイデオロギーを内面化した実業家像は、国家や公的なものへの貢献を第一義とするいわば親秩序的な人物像ではないのか。そうすると、ヒルシュマイヤーらが語る反秩序的な志向や秩序超越的な志向は、一人物の内面において親秩序的な部分とどのように調和していたのだろうか。そもそも、こうして語られる実業家たちの両面は、はたして調和しうるのだろうか。こうした素朴な疑問が湧いてくる。

〝国益・公益志向の実業家像と私益志向の実業家像〟あるいは〝親秩序的な実業家像と秩序超越的な実業家像〟――。諸研究で語られるこうした実業家像の二面性や分裂は、企業経営活動のインセンティヴや実業家自身のメンタリティ自体が、国益志向か私益志向かといった二律背反的な分類軸でしばしば捉えられてきたことを反映している。そうした分類では、実業家たちは公益思想や国益思想の実践者として、あるいは私益追求の野心家として、というふうに極端なイメージで捉えられてしまう。むしろ、二律背反を超えた総合的かつ俯瞰的な視点が求められるのではないか。

実は、かつて、こうした二律背反的な実業家像を克服しようとする立場が主張されたことがある。森川英正は、明治以来の実業家の著作や企業体の社史を読んで感じられる「強烈な国家意識」を根拠として、経営ナショナリズムこそが彼らの中心的な思想であると考える。その思想とは、「私利と国益の矛盾・緊張を前提としたうえで、両者を統合する人間活動を要請する思想」であり、滅私奉公を意味するものではない[10]。多くのビジネスリーダーは「社会的名声・地位に対する強烈な個人的欲求」に従って国家に貢献してきており、その結果、「国益への奉仕を競う日本独特の競争」すなわち「忠誠競争」が展開される[11]。森川はこのように、国益と私益は実業家たちの内部では矛盾しないものだという前提に立って、実業家たちの動向を、国家への奉仕をめぐって展開される競争として描こうとした。ただ、こうした「忠誠競争」の実践者として語ることができない多くの実業家（渋沢栄一・雨宮敬次郎など）を「経営ナショナリズムとしては、純度の低い、いわば亜種[12]」として分類する点などは、近代日本の実業家たちの特徴を捉えようとした氏の大胆な試みやそこでの興味深い枠組みが、やや恣意的な類型的概念に依拠していたことを示している。そして、そうした概念で実業家たちを類型的かつ一括的に理解することが、はたして実業家たちの傾向性をうまく記述するための確かな方法なのかという疑問もある。

おそらく、公益志向、私益志向、あるいはそれらの中間種といった類型的な概念で実業家の諸動向を代表させる描き方をまず見なおしてみることが、彼らを俯瞰的な視点で捉えるためには重要であろう。単一の概念で語ろうとする還元主義的な捉え方では、社会秩序が構築されつつあった流動的な社会における彼らの多様な動向を見失うおそれがある。

第I部で考察してきたように、維新以降、彼らの存在は新しい社会秩序のなかでさまざまに位置づけられ、また、さまざまに意味づけられていった。新時代のエリート層というカテゴリーで捉えられることもあったし、巨富の掌握や保有という稀少性を指標にして「富豪」として捉えられることもあった。さらに、新時代の模範的成功者として英雄視されることもあった。エリート層を定義しようとする試みや、その構成メンバーは誰かを特定しようとする試みが活発な維新以降の時代に、彼らの実名は多様なメディアによって掲示され、さまざまなカテゴリーのもとに捉えられていったのである。彼らは、メディアによるそうした定義づけのプロセスや表象化のプロセスに、いわば巻き込まれていったと考えられよう。キンモンスが実業家にたいする「映画スター」のような扱いを当時の雑誌メディアのなかで見いだしたように[13]、巨富を手に入れた代償として、彼らは自己の意思にかかわらず、特定のカテゴリーによって一括される宿命を負ったといってもよいだろう。

まさに彼らは、同時代において国益主義者や私益主義者のラベルをつねに貼られ続けてきたのである。彼らの動向をトータルに捉えようとするならば、彼らを国益主義者や私益主義者といったラベルで一括するまえに、社会的な評判やメディアへの実業家自身の眼差しを考慮しないわけにはいかないはずである。彼らの動向は、そうした定義づけのプロセスや表象化のプロセスへの反応としての意味を、多分に含んでいる。そうしたプロセス自体が彼らの動向を条件づけた点に、もっと学問的関心が向いてもよいはずである。それらを顧みることなく、彼らを国益主義者や野心家というラベルで特徴づけるのは、いささか乱暴な把握にすぎるであろう。そうした把握の仕方は、明治・大正期の総合雑誌や実業雑誌がおこなったような、実業家にたいしていわば〝月並み〟なキャラクターを付与する所作と、さほど変わらないものなのではないだろうか。そして、そこには、実業家にたいする無条件の賞賛や無条件の批判を前提とする論述や研究を導いてしまう危険があるのではないか。

実業家文化の戦略性

最後に、実業家の文化的動向や実業家文化そのものを近代日本の個性的な歴史事象としてどのように捉えるべきかという、説明や解釈の枠組みの問題について触れておこう。

模倣図式の限界

本書の関心のひとつは、社会秩序が新たに構築されつつある維新以降の状況へと、実業家たちはどのように参入していったのかという点にあった。第四章で指摘したように、「上流社会」を構成するはずの華族は、多様な文化的・

社会的出自を含む〝雑居状態〟にあった。そしてこのことは、実業家たちの対応を複雑なものにした。実業家たちは、掌握しつつある富と上昇しつつある社会的地位にふさわしい階層へと、自己を帰属させようとした。しかし、おそらく、彼らがめざした階層ヒエラルヒーの上層部分から、彼らが帰属すべき一貫した価値観や生活様式を見つけ出すことは難しかったはずである。階層文化にたいする彼らの関わり方にさまざまな模索や作為が含まれているのは、そのせいであろう。

したがって、彼らの文化的動向を特徴づけようとするならば、上層の「中流階級 middle class」が貴族社会の生活態度や価値観に感化されるといった先の模倣の図式――ウィーナが近代イギリスの実業家を語る際に用いたもの――をそのまま適用するわけにはいかないだろう。

模倣を念頭において階層文化の形成や変容を説明する理論としては、上層から下層へと流行様式はつねに滴り落ちていくというゲオルク・ジンメルの古典的な図式[14]や、「ジェントルマン」という「社会類型」の成立を、ブルジョワジーの進出に脅かされた貴族社会が自己防衛のなかで創出したとするフィリップ・アリエスの階級間力学に関する見解[15]、そして先のウィーナの説など、多々ある。そして、それらはおおよそにおいてヨーロッパ社会の〝階級構造〟を念頭に置いている。さらにいうならば、それらは社会のなかにすでに存在する「上流階級」文化の強烈な威信、そして、そうした文化に感化されてしまう他の階層の〝文化的な免疫〟の弱さを前提にしている。しかし明治期日本においては、確固とした文化的基盤をもつ模倣対象としての「上流階級」は、いわば不在であった。文化的な威信のヒエラルヒーが不明確であり、かつ、急激な社会変動によって金銭的なヒエラルヒーが全面的に再構築されていく、そして、新秩序におけるエリート層を特定しようとするさまざまな試みが並行して進んでいく――。これらの状況下にあった実業家たちの動向を説明するには、従来の模倣図式とは異なる図式が必要になってこよう。

象徴闘争と〝隠蔽文化〟

ピエール・ブルデューによる正統文化の成立に関する見解は、従来の模倣説とはいささか異なる図式を想定している。そして、明治期実業家の文化的動向の多くの部分は、ブルデューの図式で描くことができる。ブルデューによれば、近代社会における正統文化とは、さまざまな利害をもった者たちが集う象徴闘争の場なのであって、文化の内容は、彼らの社会的・階級的な位置ないし彼らの相互作用によって動員される。したがって、文化の内容はきわめて偶然的に決定される。彼は次のように記している[16]。

経済的財あるいは文化的財の所有化をめざす闘争はまたかならず、分類されかつ分類する財や慣習行動というこれらの弁別的記号の所有化を、あるいはこうした弁別的特性の分類原理の保守または転覆をめざす象徴闘争でもある。したがって生活様式空間……は、それ自体としては、正統的生活様式を相手に押しつけることを目標とする象徴闘争――その典型的な例は……「上流性」の標章の独占をめざす闘争のうちに見い出されるが――そうした象徴闘争の、ある時点における総括表にすぎない。

模倣説が上層から下層への一方向の影響を説明原理とするのにくらべて、ブルデューは相互ないし複数の影響関係を視野に入れることで、文化の戦略性に光を当てている。誰が「上流性」を独占するかは、文化的な核という幻想を争奪するゲームに参加して、いかに文化的威信をわが身に引き寄せるかにかかっている。しかしそれ以前に、そうした闘争の参加者――あるいはゲームのプレーヤー――であることを他者にたいしていかに認知させるか、という点が重要であることをブルデューは示唆する。そうしたブルデューの示唆からすれば、新参の実業家たちは、旧来の「上流階級」に接近し、そこで象徴闘争の場を共有しさえすれば、自分たちより下位にいる者との差異化が成立し、その時点ですでに、彼らは「上流性」によって彩色されることになる。そして、第Ⅱ部で確認したように、明治前期から中期にかけての彼らの文化的動向を見ると、ハイカルチャーとは何かを模索し、また、他の実業家に先んじてそれをつかもうとする点において、彼らが際立った積極性を示しているのがわかる。彼らが積極的に関わった文化の領域は、象徴闘争の場に類似しているといえよう。

ただし明治三〇年代頃から、そうした積極性にたいしては、いわばブレーキがかかり始め、彼らは、社交文化の豪奢な要素とそれを支える富の突出とを隠蔽する策へと傾斜していった。ブルデューの象徴闘争論は正統文化というものを、いってみれば積極的に奪いにいくべきもの、また独占すべきものとしてしばしば捉えているが、明治期実業家たちは、みずからが奪い独占しようとした文化を、覆い隠すべきものへと徐々に変化させていったのである。実業家たちは、自己を帰属させるべき階層文化を模索するなかで、たしかに独自のハイカルチャーを形成していったが、彼らがのちに隠蔽策に転じるほど、その正統性の基盤は軟弱なものだったといえよう。とくに明治三〇年代以降は、茶事の質朴・清閑な側面をことさら強調したり、勤倹や奮闘を奨励する経営哲学を開陳したりといった、隠蔽策に深く関わる活動が、彼らの文化の中核を占めるようになった。そして、ブルデューが語るような正統文化を争奪する動きは、いわば隠蔽戦略のなかで、質朴・清閑・勤倹・奮闘といった題目の背後に隠されていったのである。「上流性」の「標章」の獲得とそれを隠蔽する方策との矛盾に満ちた共存の結果、驕奢を覆い隠す質朴・清閑、そして営利追求を覆い隠す勤倹の道徳といった〝隠蔽文化〟とでも呼びうる文化を、彼らは生み出すことになったのである。

彼らがこうした文化を生み出したことは、富の掌握や華やかな社交文化といった金銭的・文化的な彼らの突出にたいして、大衆的な圧力がきわめて大きかったことの証しでもある。そうした圧力をいかにかわすかは、実業家たちの大きな関心事であり、また、圧力をかわそうとする方策は、実業家文化に大きな影を落としている。本書で検討してきたように、実業家たちの隠蔽戦略や〝かわし〟の技法の分析は、彼らの文化の特質に迫るためには欠かせないであろう。本書でも少し引用したようなアーヴィン・ゴッフマンによる印象操作の諸戦略に関する諸説を援用することは、こうした戦略の分析にとって、ひとつの有効な手段であろう。また、大衆的な圧力にたいする実業家たちの反応に焦点を絞った分析は、経営史学の研究にとっても重要な課題であろう。[17] そうした分析は、経営史学の諸研究にとっては回避できない課題であるといってもよい。大衆的な圧力が、昭和初期に至って、メディアや軍部などによる財閥スケープゴートへと大きな展開をとげていくなかで、圧力回避の方策として講じられる諸戦略は、彼らによる企業管理活動の多くの部分を占めていたはずである。その意味でも、まずは、経営に関わるものを含む彼らの活動全体のなかに見える戦略的な諸動向を精密に追い、そうした諸動向の背後にある共通のパターンを析出していくことが重要になってこよう。

本書では、主に彼らの文化的な動向における戦略性を強調した。実業家たちの文化に関連するトピックなどは、これまでの経営史学的な研究にはなじみにくいテーマであるかもしれない。しかし、本書で明らかにした実業家たちの諸傾向や彼らをとりまく文化的な状況といったものが、彼らの経営管理や経営戦略との関連で論じられることをつうじて、従来の研究が一層深まっていくための一助になればと思う。そしてまた、本書で示した分析や既存の研究にたいする批判的な指摘がひとつのきっかけとなって、従来の学問領域を超えた新たな実業家研究や日本文化研究が進展していくことになればと考える。

（1）園田英弘「近代日本の文化と中流階級」青木保他編『近代日本文化論 五 都市文化』（岩波書店、一九九九年、一一四頁）。
（2）間宏「日本における産業化初期の経営理念——国際比較の理論的枠組みをめぐって」経営史学会編『経営史学』第二五巻第二号（一九九〇年、二頁）。
（3）間宏、前掲誌（前掲頁）。
（4）藤田の研究については、藤田貞一郎「明治期経営者国益思想の源流」安岡重明・天野雅敏編『日本経営史 一 近世的経営の展開』（岩波書店、一九九五年）を参照。また、由井による端的な指摘は、由井常彦「〔総論〕工業化と企業者活動」由井常彦編『工業化と企業者活動』（日本経営史講座 二）（日本経済新聞社、一九七六年）を参照。由井はそこで、「明治期の企業家たち」が「経済的な利潤とともに、理念的に、言い換えれば公的に認められた諸価値によって、動機づけられていた」と述べている。同書（四五頁）。
（5）由井常彦「安田善次郎の人物と思想」竹中靖一・宮本又次監修『経営理念の系譜——その国際比較』（東洋文化社、一九七九年、一七〇頁・一七二頁）。
（6）D.C. McClelland, *The Achieving Society*, Van Nostrand, 1961., D.C. McClelland and D.G. Winter, with Sara K. Winter and [others], *Motivating Economic Achievement*, Free Press, 1969. 作田啓一「報恩の教義とその基盤」隅谷三喜男編『日本人の経済行動 下』（東洋経済新報社、一九六九年）。
（7）鳥羽欽一郎『日本における企業家・経営者の研究』（産研シリーズ 一八）（早稲田大学産業経営研究所、一九八八年）。

(8) 宮本又次「経営理念史の課題」『季刊 日本思想史』第一四号〔ぺりかん社、一九八〇年、九－一〇頁〕。

(9) J・ヒルシュマイヤー・由井常彦『日本の経営発展――近代化と企業経営』〔東洋経済新報社、一九七七年、一八六頁〕。

(10) 森川英正『日本型経営の源流――経営ナショナリズムの企業理念』〔東洋経済新報社、一九七三年、七三頁〕。

(11) 前掲書〔八九頁〕。

(12) 前掲書〔七四頁〕。

(13) E・H・キンモンス『立身出世の社会史』広田照幸他訳〔玉川大学出版部、一九九五年、一五六頁〕。

(14) G. Simmel, "Die Mode" in *Philosophische Kultur*, Zweite um einige Zusätze vermehrte Auflage, Alfred Kröner Verlag, 1919. 円子修平・大久保健治訳『ジンメル著作集 七 文化の哲学』〔白水社、一九九四年、「流行」参照〕。

(15) Ph. Ariès, *L'enfant et la vie familiale sous l'ancien régime*, Plon, Paris, 1960. 杉山光信・杉山恵美子訳『〈子供〉の誕生――アンシァン・レジーム期の子供と家族生活』〔みすず書房、一九八〇年、二九五頁・三〇九頁〕。

(16) P. Bourdieu, *La distinction: critique sociale du jugement*, Minuit, 1979. 石井洋二郎訳『ディスタンクシオン Ｉ』〔藤原書店、一九九〇年、三八五頁〕。

(17) 明治三〇年代や昭和初期の三井にたいするメディア等による攻撃と三井がおこなった防衛的措置などについて、単発的な検討はある。代表的なものとして、安岡重明編『日本財閥経営史 三井財閥』〔日本経済新聞社、一九八二年、第七章〕を参照。

あとがき

〝金持ち〟や成功実業家について論じるなどというと、なにかきわめて通俗的な印象をもつのは、私だけではないはずだ。「セレブリティ」や「エスタブリッシュメント」への好奇心を煽る好事家的な書であるとか、金銭的成功のための秘訣が書かれたハウツーものなどを、すぐに思い浮かべてしまう。金持ちや金儲けというトピック――あるいはそうした言葉そのもの――は、あまりに世俗的でいわば野卑な意味を含みすぎている。財政・金融・消費あるいは企業経営に関する諸問題など、経済学や経営学が中心的な対象としているものを除外すれば、金持ちや金儲けそのものについて、いわば正面からアカデミックに論じたものは意外に少ない。このことには、そうしたトピックに纏わりつく学問対象としての〝いかがわしさ〟の烙印が、大きく作用していると思う。

私はかつて大学院生だった頃、ドイツの社会学者、G・ジンメルの社会学思想や近代性（モデルネ）に関する認識について、のめり込むように研究していたことがある。ジンメルは社会学の学問的アイデンティティの確立期における重要人物として位置づけられており、そのテキストは難解なことで知られる。しかし実は、彼が社会学の分野でとりあげてきたことの多くは、きわめて世俗的ともいえる日常的な瑣事である。流行や食事や社交などのエッセー的な小品は有名であるが、とくに『貨幣の哲学』では、吝嗇漢・売春といった世俗的なトピックをふんだんに盛り込んで、近代人の生活世界と金銭との心的なかかわりの多様なかたちを、さまざまに示唆している。金銭に媒介された私たちの日常的な観念、あるいはそこから誘導される間主観的で多様な相互作用の場に「社会」なるものが宿ることを、ジンメルは教えてくれた。本書で述べた金銭に関わる行論には、ジンメルを介した私なりのそうした金銭観や社会観が、少なからず混じり込んでいると自分では思っている。

また、金銭的な成功者を論じることには、〝いかがわしさ〟の烙印とは別個の問題がある。論じる対象と学問分野との噛みあわせの悪さといった点である。「近代日本の成功実業家を中心とする超富裕層」というターゲットは、いってみれば歴史学・経営史・社会学などの学問分野がそれぞれ扱っている領域の境界に位置する。したがって、そこでは対象となる事象をトータルかつ個性的に写すためのフォーカスを、うまく合わせづらい面がある。序論でも触れたが、実業家を経営主体としてのみ捉える視点からは、興味深い研究が数多く蓄積されている。しかし、彼らを近代という時代を特徴的に語るエリート層として、あるいは近代社会のなかでいわば大規模に蓄財・散財する個性的な主体として捉えようとする作業に、そうした蓄積が活かされているかというと、それは大いに疑問である。一方の学問分野から他方の分野へといった、一種の素人的で異教徒的な越境が必要な領域なのだと思う。

こうした学問的な周縁性をよそに、ノンフィクションのジャンルでは、成功した実業家や経営者に関する画一的で感覚的ともいえる言説が今なお生みだされつづけている。彼らは冒険的で革新的な実業家としてロマンティックに語られたり、人並みはずれた野心家として辛辣に語られたりしている。アカデミックな叙述のなかでさえ、こうした語りはときおり見られる。学問分野のはざまにあって、これまでうまく捉えられてこなかった彼らの社会的・歴史的意義とは、そもそもどのようなものか。また、彼らにたいする通俗的で画一的な把握のあり方はどのような経緯で現れたのか。さらに、そうした把握によって何が隠蔽されてきたのか――。実像と虚像の境界を超えて、金銭的な成功者という存在が投げかける問題は多様な広がりをもつ。本書では、こうした問題にかかわるいくつかの点について、私なりに考察し、また問題提起をおこなったつもりである。本書で深めきれなかったことや、とりあげていない昭和期以降の時代については、今後また論じる機会を持ちたいと思っている。

これまで私が書いてきた論考と本書との関係について、ひとこと述べておこう。本書は、「近代日本の実業家に関する社会学的研究――階層・威信・エートス」というタイトルで京都大学大学院文学研究科へ博士論文として提出し、その後、学位を認められた論考をもとにしている。ただし、研究者だけではなく、近代日本の富裕層や金銭的な成功者に関心をもつ方々にも読んでいただこうと思い、かなりの部分を書き改めた。大幅に削除した箇所もある。学位論文とは別の体裁になっているといったほうがよいかもしれない。なお、いくつかの章は、すでに公表した論文を下敷きにしているが、それぞれ多くの加筆・削除・修正を施しており、当初の原型をとどめないものが多い。論文と各章の対応を次に記しておこう。

「資産家番付の思想――経済エリートへの注目と産業化」（『名古屋工業大学紀要』第五五巻、二〇〇三年）……第二章
「近代日本における上流階級イメージの変容」（『思想』No.812、岩波書店、一九九二年）……第三章
「実業家文化の戦略と形式」（青木保他編『近代日本文化論　3　ハイカルチャー』岩波書店、二〇〇〇年）……第五章
「近代日本における実業家文化の変貌」（『名古屋工業大学紀要』第五四巻、二〇〇二年）……第六章
「近代日本における「実業界」という表象」（『名古屋工業大学紀要』第五三巻、二〇〇一年）……第七章
「近代日本における実業家の言説空間」（『ソシオロジ』四一－二、一九九六年）……第九章

本書は多くの方々との出会いがなければ刊行されなかったであろう。井上俊、宝月誠、筒井清忠、松田素二、落合恵美子、園田英弘の各先生方や、研究会や学会でかかわりをもった方々、そして先輩・後輩・友人諸氏である。社会学的分析の奥深い領域へと導いていただいたり、歴史社会学の世界へと案内していただいたり、また、研究の方向性や手法についてアドバイスや批判をいただいたりしたことのすべてが、本書をつくりあげている。厚く感謝を申し上げる。とりわけ、学部生時代から今日まで折々にご指導をいただいている宝月先生には、重ねて謝意を表したい。また、筒井先生が主宰された研究会を通じて竹内洋、広田照幸の両先生方と面識を持ち、さまざまな刺激を頂戴したことも、私の研究にとっては大きな出来事であった。さらに、本書の一部が、かつて参加させていただいた国際日本文化研究センターでの共同研究、および、文部科学省科学研究費補助金にもとづく研究〔平成一二～一四年度、平成一五～一七年度の基盤研究〕のなかで温められたものであることも、記しておこう。また、写真や図版の掲載を許可してくださった各機関にもお礼を申し上げたい。

最後に、よくできた息子や夫とはとてもいえない私を支えてくれた家族にも、ありがとうと言いたい。そして、新曜社編集部の津田敏之氏は、私が以前に書いた論考の、趣旨や内容のみならず論述スタイルにまで関心を寄せてくださり、また、一般読者の方々にも向けた書籍のかたちへと本書を導いてくださった。深謝したい。

新緑の名古屋にて

永谷　健

著者略歴

永谷 健（ながたに・けん）

1963年生まれ，京都大学文学部卒業。
京都大学大学院文学研究科博士課程（社会学専攻）単位取得退学。現在，名古屋工業大学大学院工学研究科准教授。京都大学博士（文学）。

専門は文化社会学，歴史社会学。おもな論文に，「エッセイズム・アナロジー・アイロニー」〔居安正ほか編『ゲオルク・ジンメルと社会学』世界思想社，2001年〕，「実業家文化の戦前・戦後」〔中久郎編『戦後日本のなかの「戦争」』世界思想社，2004年〕，“The Acceptance of Simmel in Japan,” in: *Jahrbuch für Soziologiegeschichte, 2005* などがある。

新曜社

富豪《ふごう》の時代《じだい》
実業エリートと近代日本

初版第1刷発行 2007年10月30日
初版第2刷発行 2008年2月20日

著 者 永谷 健 ©

発行者 塩浦 暲

発行所 株式会社 新曜社
〒101-0051 東京都千代田区神田神保町2-10
電話（03）3264-4973（代）・FAX（03）3239-2958
e-mail info@shin-yo-sha.co.jp
URL http://www.shin-yo-sha.co.jp/

印 刷 亜細亜印刷株式会社 Printed in Japan
製 本 イマヰ製本

ISBN 978-4-7885-1074-6 C 3036

新曜社の本

単一民族神話の起源　小熊英二 著　四六判464頁 本体3800円

〈日本人〉の境界　小熊英二 著　A5判792頁 本体5800円

ディスクールの帝国　金子明雄・高橋修・吉田司雄 編　A5判400頁 本体3500円

大衆モダニズムの夢の跡　竹内洋 著　四六判320頁 本体2400円

文化遺産の社会学　荻野昌弘 編　A5判368頁 本体5500円

帝国と暗殺　内藤千珠子 著　四六判416頁 本体3800円

群衆の居場所　中筋直哉 著　A5判304頁 本体4200円

ジェンダー家族を超えて　牟田和恵 著　四六判272頁 本体2400円

表示価格は消費税を含みません